中外翻译简史

A SHORT HISTORY OF
TRANSLATION AND INTERPRETATION
IN CHINA AND OTHER COUNTRIES

高华丽 编著
Huali Gao

ZHEJIANG UNIVERSITY PRESS
浙江大学出版社

前　言

　　20 世纪末，当国外(主要是西方)翻译理论纷至沓来进入中国之时，像许多翻译方向的研究生和翻译爱好者一样，我感到目不暇接，十分欣喜；然而又感到很茫然，不知从何处着手进行学习和研究。一方面是因为我们长期以来，主要把注意力放在翻译实践上，翻译理论主要是翻译家们对自己的翻译实践进行总结得出的经验，不谈论系统的理论；另一方面是因为在我国几千年的翻译活动中，翻译理论方面从未出现过像西方翻译界那样蔚为壮观、流派纷呈的局面。随着我们学科意识的增强，翻译学的建立成为广大译人的共识。如何融入世界翻译研究的潮流，建立什么样的翻译学，成为大家关心和争论的焦点。当前，我国一些高校建立了翻译专业或翻译系，基本形成了既有本科阶段教育，又有硕士、博士阶段教育的完整的翻译专业教学体系，为国家的现代化建设培养急需的高素质的翻译人才。如何在提高学生的翻译实践能力的同时有效地提高翻译理论水平，就成了摆在翻译教学工作者面前的一项艰巨任务。

　　《中外翻译简史》一书，是编者从实际的翻译理论教学出发，通过学习和总结我国翻译学者们的研究成果，为那些想初步了解中外翻译历史的学生和翻译爱好者而编。为了不使读者的兴趣消失在冗长的读史中，本书力求简明扼要地介绍和总结每个历史阶段的重要翻译事件和重要翻译人物的功绩，不求面面俱到，中外皆然，使读者在较短的时间里对这些事件和人物有比较清晰的印象。通过对该书的学习，读者可以对中国两千多年的翻译史和国外(尤其是西方)两千多年的翻译史有个大致的了解，对翻译在促进世界文明进步中所作出的贡献有个大致的了解，对中国翻译和其他国家的翻译进行初步的对比，找出各自的特点，为进一步深入学习和研究翻译理论打下基础。

本书的编写，笔者主要采用和参考了马祖毅、王秉钦、谭载喜、廖七一、郭建中、李文革等学者的研究成果和观点。在中国翻译简史部分，主要采用马祖毅(五四以前)、王秉钦(五四以后)的研究；在西方翻译简史部分，主要采用谭载喜、廖七一、郭建中、李文革等的研究。在此谨对他们表示崇高的敬意和感谢！本书也从所列出的其他参考文献中获得了许多启示，在此也向这些文献的作者表示感谢！本书的责任编辑张颖琪先生为本书的出版提出了许多很好的建议，付出了辛勤的劳动，在此谨表示诚挚的感谢！

最后，感谢笔者所在的中国计量学院外国语学院为本书的出版所提供的部分资助和大力支持。

由于笔者的时间和水平所限，肯定存在疏漏和不当之处，希望各位同道及广大读者斧正。

编　者
于杭州下沙高教园
2009 年夏

目　录

第一部分　中国翻译简史

中外翻译简史

第二部分　外国翻译简史

中外翻译简史

第一部分
中国翻译简史

第一章

周朝到东汉桓帝前的翻译活动

我国有详细史料记载的翻译活动从周代开始。

据《左传》记载，我国周王朝的疆域之内，杂居着不少异族，种类繁多，主要有：山戎、犬戎、戎州己氏、东山皋落氏、姜戎、白狄、赤狄、根牟等。西周疆域之外还有更多种族。例如在东北有无终，东南有东夷、徐、楚、吴、越，西南有庸、卢、彭、濮、蜀等；西方还有秦和西戎。华族要与这么多的异族交往，不借助翻译是不行的。那时，翻译不同地区语言的翻译人员官职名称不同，如翻译东方民族语言者，称之为"寄"；翻译南方民族语言者，称之为"象"；翻译西方民族语言者，称之为"狄鞮"；翻译北方民族语言者，称之为"译"。

在周代，译员又统称"舌人"。周代诸侯之国也设有"行人"。《后汉书·南蛮西南夷传》载有来使与周公姬旦的应对，他们是通过三道翻译才得以交流思想，这也许是我国最早的口译记录。周代的《越人歌》，可以看做我国历史上第一篇诗歌翻译，表达越人对身为令尹的楚王同母弟鄂君子皙的仰慕之情。

《越人歌》是越语记音，歌词如下：

今夕何夕兮？

搴中洲流（又作"搴舟中流"）。

今日何日兮？

得与王子同舟。

蒙羞被好兮，

不訾诟耻。

心几玩(同顽)而不绝兮，

得知王子。

山有木兮，

木有枝。

心悦君兮，

君不知。

秦始皇统一中国后，改称周代的行人为典客。

西汉因袭秦制，开始设典客，又另设典属国。景帝中六年(前144年)更名为大行令。武帝太初元年(前104年)，又改名为大鸿胪。王莽改大鸿胪为典乐。到汉成帝河平元年(前25年)，又省去典属国，并入大鸿胪。但成帝在建始四年(前29年)，又以尚书主客曹取代了典属国。

东汉的外事机构，与西汉大致相同，也设大鸿胪，又设"客曹尚书主外国夷狄事"，并"分客曹为南主客曹、北主客曹"。东汉末，又并南、北主客曹为客曹。

汉武帝时始通西域，在与西域五十余国交往中，从译长到侯王"皆佩汉印绶，凡三百七十人"(《汉书·西域传》)。未设译长之国，也有译员。汉代在国内也设有译长，属黄门，主传译和奉使。

关于汉代口译员的活动情况，《史记》和前后《汉书》都很少记载，基本都略而不提译人。可见译人在当时是多么不受人重视。但是东汉时翻译过三首诗，其中不但记载了作者和译者，而且保存了原诗的汉字记音。这三首诗是白狼王唐菆写的《远夷乐德歌》、《远夷慕德歌》、《远夷怀德歌》。做诗的年代是东汉明帝永平年间(公元58—75年)，译者是犍为郡掾田恭。这三首诗是歌颂大汉天子的，是当时益州刺史朱辅执行睦邻政策的结果。这三首诗《东汉观记》只记录了字音，可惜未记录下白狼文。但是，仍不失为语言学上极有价值的材料。以下是这三首诗的译文汉字记音(原文汉字记音因为太拗口难读，在此省略)：

远夷乐德歌

大汉是治，与天合意。

史译平端，不从我来。

闻风向化，所见奇异。

多赐缯布，甘美酒食。

昌乐肉飞，屈伸悉备。

蛮夷贫薄，无所报嗣。

愿主长寿，子孙昌炽。

远夷慕德歌

蛮夷所处，日入之部。

慕义向化，归日出主。

圣德深恩，与人富厚。

冬多霜雪，夏多和雨。

寒温时适，部人多有。

涉危历险，不远万里。

去俗归德，心归慈母。

远夷怀德歌

荒服之外，土地墝埆。

食肉衣皮，不见盐谷。

吏译传风，大汉安乐。

携负归仁，触冒险陕。

高山岐峻，绿崖磻石。

本薄发家，百宿到洛。

父子同赐，怀抱匹帛。

传告种人，长愿臣仆。

据说，在公元前 2 年，即西汉哀帝元寿元年，译过《浮屠经》。我国早期译经多是"口授"，《浮屠经》应该是我国最早的佛经译本。有的学者认为汉代传译的《四十二章经》是佛经最早的译本。但是，我国翻译佛经，确凿可考者应自东汉桓帝时安世高译出的《明度五十校记经》开始。

【小结】

从周朝到东汉，对翻译活动的记载很少，看不出来有什么特色。

第二章
东汉桓帝末年到宋代的翻译活动

2.1　佛经翻译

　　佛教创立于公元前 6 世纪至公元前 5 世纪的古印度。到公元前 3 世纪，孔雀王朝阿育王大弘佛法，派遣僧徒四出传教。从此，西域地区的一些国家先后信奉佛教。《魏书·释老志》记载，西汉武帝"及开西域，遣张骞使大夏。还，传其旁有身毒国，一名天竺，始闻有浮屠之教"。张骞是在汉武帝元狩元年（公元前 122 年）回国的。佛教的传入，大概是在他回国以后的年代里。到了东汉，统治阶级阶层中已有人祭佛，而在公元 65 年之前佛教就流传于中国了。

　　佛教在中国得以流传，有其深厚的历史背景。在汉武帝时，董仲舒创立了谶纬神学。而佛教大肆宣扬人生极苦，涅槃最乐，要人厌世，忍辱修行，希冀死后进入"极乐世界"。这种教义，正与谶纬之学不谋而合。所以佛教一经传入，便首先在统治阶级中传播开来，并逐步取得合法地位。佛教徒为宣传其宗教教义，必然要输入印度的佛教经典，于是佛经的翻译活动开始了。

　　我国的佛经翻译，从东汉桓帝末年安世高译经开始，魏晋南北朝时有了进一步的发展，到唐代到达极盛，北宋已经开始衰微，元以后便是尾声了。翻译佛经的力量主要有二：一部分是从西方到中国的僧侣。据统计，从东汉桓帝建和初到南宋元嘉末（公元 147—453

年），大约三百年间，来中国的西方僧侣就有 60 人之多（可能更多）。另一部分是西行求法求经的中国僧侣。从魏甘露五年（公元 260 年）到唐天宝十年（公元 751 年），约有 105 人，不知名的也有百余人。这些人一般都从事翻译工作，回国的约有四分之一。据最新统计，自后汉末年至北宋末年（2 至 12 世纪）约一千年间，直接参加翻译的有 150 余人。其中有史可征，属于次大陆来华的僧侣学者有 71 人。

自后汉到南北朝所译佛经的原书，以俗语及西域古代文字为多。南北朝所译佛经，其原本有梵本，也有胡本（即转译的西域文本，一是用西域文字音译梵文的本子，二是用西域文字意译梵文的本子）。隋以后所译佛经的原本，则统属梵本。

从东汉末年到北宋末年的佛经翻译，大致分为四个阶段：第一阶段，草创时期（从东汉桓帝末年到西晋）；第二阶段，发展时期（从东晋到隋）；第三阶段，全盛时期（唐代）；第四阶段，基本结束时期（北宋）。

2.1.1 佛经翻译的第一个阶段（公元 148—316 年）

我国大量进行佛经翻译是从东汉桓帝建和二年（公元 148 年）开始的。最早的翻译家有两人：安清和支娄迦谶。

安清

安清，字世高，西域安息人，据说是安息国的太子。他自幼刻苦好学，博学多识，笃信佛教，持戒精严。轮到他继承王位时，便将王位让给了叔叔，离开本土，出家修行，游化西域各地。于桓帝建和二年（公元 148 年）到达洛阳，至 172 年（灵帝建灵五年）二十余年间，译出有关止观法门的种种经论。灵帝末年，关洛扰乱，到了广州，转向会稽，在市上被殴斗者误中身死。

安世高译籍有 35 部，41 卷。现存 22 部，26 卷，其中有《大安般守意经》、《人本欲生经》、《阴持入经》、《道地经》等，开后世禅学之源。

安世高所译经论主要内容是传播小乘佛教的基本教义与修行方法，由于他通晓华语，故译文比较能正确地传达出原本意义。但从总的方面来说，还是偏于直译。有时为了顺从原文结构，不免重复颠倒，对于某些术语的翻译也欠精确。安世高的翻译也有通过口授而由别人记录整理的。

支娄迦谶

继安世高译经的是桓帝建和元年(公元147年)来洛阳的支娄迦谶。

支娄迦谶，西域月支人，简名支谶。他也通晓华语，到灵帝中平年(公元184—189年)为止"传译梵文"，译出若干部佛经，如《般若道行经》10卷、《般舟三昧经》2卷、《首楞严经》等。

《般若道行经》开后世般若学之源。

支谶所译经典全属大乘佛教，其译文比较流畅，但为了力求保全原本的面目，往往多用音译。

朱士行

中国第一个去西方求法者是朱士行，他是后世认为的汉土第一个真正的沙门。据说支谦在翻译竺佛朔所口授的佛经时，遇到不了解的地方就略而不译，因此首尾不相连贯，讲不通。朱士行深以为憾，于是"誓志捐身"，西行去求梵本。他在魏甘露五年(公元260年)从雍州长安(今陕西长安县)出发，西渡流沙，辗转到了于阗，在那里"写得正品梵书胡本"《放光般若》九十章，二万余颂，计六十余万字。因受当地声闻学徒的百般阻挠，经本未能及时送出。到西晋太康三年(公元282年)方能派遣他的弟子弗如檀(意译法饶)送回洛阳。他本人则老死在于阗，终年80岁。

孙吴时期共译经189部，计417卷，孙吴的佛教重镇是建康

（今江苏省南京市），主要译经人员 5 名。当时的译经名家为支谦与康僧会。

支谦

　　支谦，一名越，字恭明，本月支人，故姓支。他受业于同族人支亮，支亮则受业于同族人支娄迦谶，世称"天下博知，不出三支"。东汉末年，洛阳一带兵荒马乱，支谦随族人避乱南渡到东吴，孙权拜他为博士。他译经的时间是从孙权黄武元年到孙亮建兴三年（公元222—254 年）。在这三十多年间，"他搜集了各种原本和译本，未译的补译，已译的订正。特别是对支谦的重要译作如《道行》、《首楞严》等加以重译，又帮助从印度来华的维祇难和竺将炎翻译。他到东吴后曾得到吴王的信任，叫他辅导太子登。后来太子死了，他就去穹窿山过着隐居生活，以六十岁卒于山中"。

　　支谦译经较多。改"胡音"为汉意，也就是用意译取代音译，并且做得比较彻底。支谦的译文力图适应汉人的口味，译文的忠实性就不能不受一定的影响。他的主要译籍，凡是涉及重大哲学方面的概念，几乎都是来自《老子》，而较少受《庄子》的影响，这与两晋以后的译注有着明显的区别。由于他过分追求美巧，不免离开原著，所以遭到后来的译学家们的激烈批评。其实，从三国到西晋，支谦所开创的译风占据着重要的地位，它对佛教普及化，起着相当大的作用。支谦还首创"会译"的体裁。他曾把《无量门微密持经》和两种旧译对勘，区别本末，分章断句，上下排列，很下过一番工夫。译文加注，也始于支谦。

康僧会

　　康僧会，康居人，世居印度，后随父经商迁居交趾（越南）。十余岁时，双亲亡故，便出家为僧。他博览三藏、六经、天文、图纬之学。公元 247 年来到建康，孙权为他建塔，因此始有佛寺，称为建初寺。康僧会译有《六度集经》、《旧杂譬喻经》等共 7 部 20 卷。他的译文文辞典雅，而且运用了老庄的名词典故。此外，他还注释过《安般守意》、《法镜》、《道树》等经。

■文、质之争

黄武三年(公元 224 年)在支谦和维祇难、竺将炎之间发生了一场文、质之争。公元 224 年，维祇难带来胡本《昙钵偈经》(即《法句经》)至武昌，与竺将炎共译。其后支谦又从竺将炎重受《法句经》，并重行校译。支谦批评竺将炎"虽善天竺语，未备晓汉，其所传言，或得胡语，或以意出音，近于质直"，并在一开始就嫌竺将炎所译"其辞不雅"。由此，在中国翻译史上关于信、达、雅的问题已被提出。质派用以支持自己观点的不仅有佛经，而且有玄学依为经典的《老子》和《周易》，尤其有玄学的"言不尽意"的课题。这场争论，质派虽然在理论上获得胜利，但却是由文派最后成书。

竺法护

西晋的统治集团十分腐朽，既崇尚老庄哲学，又崇尚佛教。竺法护是此时杰出的翻译家。

竺法护(约 230—308 年)，梵名昙摩罗刹，是世居敦煌的月支侨民，原姓支，8 岁从竺高座出家，改姓竺，据说"诵经日万言，过目则能(记忆)"。他感到曹魏末年的僧徒只重视寺庙图像，而忽视对西域大乘经典的传译，深以为憾，于是随师游西域诸国，学会了 36 种语言，搜集大量经典原本带回长安。据近人研究，竺法护的译籍尚存 84 部。

竺法护译经的特点，可分为三方面：

一是种类繁多，范围广阔。他的译本，有般若经类，有华严经类，有宝积经类，有大集经类，有涅槃、法华经类，有大乘经集类，有大乘律类，有本生经类，又有西方撰述类等。当时在西域流行的经典大部分被翻译过来了，这就为大乘佛教在中国打开了广阔的局面。

二是存真偏质，提高质量。以前译家对原文往往随意删略，法护则尽可能传达出原本的真意。竺法护偏重于质朴，与安、支的"朴拙"完全不同。那是存真的质，是"言准天竺，事不加饰"。

三是助译者多，共襄其成。参加竺法护译经活动的都是当时佛教界的著名人士。

【小结】

从东汉末年到西晋这一阶段佛经翻译有以下四个特点：

第一，翻译佛经的主要力量是外籍僧人和华籍胡裔僧人，而以汉族知识分子信徒为辅助力量。这一时期的翻译尚未得到政府的支持，而是在民间信徒们的资助下分散进行的。

第二，翻译往往全凭口授，即由外僧背诵某经，一人口译成汉语，叫做"传言"或"度语"，另一人或数人"笔受"，即笔录成汉文，再进行修饰。为此，传言者既要兼通华梵两种语言，又要对经典理解透彻。这样的人才在当时是不多的。由于译经多凭口授，而翻译又纯属个人的活动，能背什么经就翻译什么经，或想译什么经就翻译什么经，这样便不能有选择有计划地加以介绍。单凭口授译经，无原本可资校对，加上传言的水平有高有低，译出的经典是否可靠，就值得怀疑了。所以竺法护等要搜求大量梵本回国翻译。

第三，从翻译方法来说，一方面由于当时处于佛经翻译的草创时期，译经僧侣对佛教经典抱有虔敬态度，惴惴然唯恐违背经旨；另一方面是经验不足，语言学知识贫乏，不懂得忠实于原文的条件是要合乎译文语言的规范，因此一般都采用直译法。三国时的支谦和康僧会主张译文中减少胡语成分(即音译)，不死扣原文，注重译作的辞藻文雅，在文字质量上确实提高了。但却产生了另一个偏向，就是删削较多，文简而不能表原义。于是竺法护再予纠正，译文又偏于"质"。

第四，佛教是外来的唯心主义神学，大搞唯心主义哲学的中国统治阶级与之一拍即合，是乐于加以利用的。但在接受的同时，又必须加以改造，以适应当时统治阶级的需要。汉代统治者用神仙方术的思想来改造佛教，外来僧侣为了传教也迎合当时的社会思潮。魏晋之时，谈玄之风甚炽。统治阶级便用玄学来改造佛教，而外来或本土的僧侣也多与名士交游。上述情况，在佛经翻译中必然有所反映。早期译经时介绍佛学的名词、概念，往往从当时流行的道家著作中寻找哲学名词、概念来比附，没有专门的佛学术语。

2.1.2 佛经翻译的第二个阶段(公元 317—617 年，从东晋到隋末)

十六国时，佛教盛行，其原因一方面是统治者的提倡，另一方面战争频繁，统治者残酷，百姓困苦不堪，反抗又遭到失败，希望找到救星。加上佛图澄、释道安和鸠摩罗什的积极活动，佛教便有了大量信徒。

佛图澄以法术见长，骗得后赵的石勒、石虎奉之若神明，愚昧之徒也纷纷信仰。但佛图澄对于有识之士则专门传授佛教哲学，培养了不少名僧，释道安就是其中之一。

释道安

释道安(314—385)，俗姓卫，常山扶柳(今河北省衡水县西南)人，出身士族。12 岁出家受戒，从佛图澄受业，后被提拔为大弟子。他潜心研究佛学。道安后期的活动，主要是译经，兼讲授般若诸经。他对佛教的贡献是：总结了汉以来流行的禅法与般若二系学说；确立成规；主张僧侣以释为姓，为后世所遵行；整理了新旧译的经典，编出目录。他整理和编纂了第一部经典目录——《综理众经目录》。后人就是靠他的经录来了解当年的情况。

公元 383—385 年，前秦苻坚开始有组织地翻译佛经，聘请中外名僧协力分工。官方主持人是秘书郎赵正，释道安发挥了很大的作用。苻秦译场所译的经论，基本上是采用直译法，这是受了赵正的影响。在他指导下的翻译，对原文不增不减，除将倒装句的词序加以改正外，其他几乎照原文移译。释道安也同意赵正的见解，主张直译，认为简略而不像原文那样繁复的译文，其实是掺了水的葡萄酒。关于译文的"文"、"质"问题，他们采取这样的原则，即经文的文质，是由其本身决定的，译大乘经可以"文"一些，译戒律就非"质"不可了。至于毗昙一类，有一定的格式，不能删略。

释道安不懂梵文，在研究般若的过程中，开始研究翻译，主要是通过对同本异译的比较而进行的。他把翻译中的文质两种倾向提了出来，以便进一步探讨。到他参加译场工作，有了实践经验，又听了参与译事者的见解，他的认识便日渐成熟，于是在《摩诃钵罗若波罗蜜经钞序》里提出了著名的"五失本，三不易"理论。他的意思是翻译梵文佛经，有五种情况容易使译文失去原来的面目，有三种情况不易处理好。失本的五种情况是：第一，梵文的词序是颠倒的，译时必须改从汉语语法；第二，梵经质朴，而汉人喜欢华美，要使读者满意，译文必须作一定的修饰；第三，梵经中同一意义，往往反复再三，译时不得不加以删削；第四，梵经于结尾处，要作一小结，将前文复述一遍，或一千字，或五百字，译时也得删去；第五，梵经中话已告一段落，将要谈别事时，又把前话简述一遍，然后开始，译时又必须删除。所谓"三不易"就是说，其一，圣人是依当时的习俗来说话的，古今时俗不同，要使古俗适应今时很不容易；其二，把古圣先贤的微言大义传达给后世的浅识者，很不容易；其三，释迦牟尼死后，弟子阿难造经时尚且非常慎重，现在却要由平凡的人来传译，也不容易。

鸠摩罗什

鸠摩罗什（350—409），父亲鸠摩炎本是印度人，后弃相位到龟兹，娶龟兹王妹为妻。罗什9岁随母出走，到小乘佛教中心罽宾国

学习小乘，后改学大乘。13 岁随母返回龟兹。苻坚答应道安提出的
迎接罗什来华的请求，于公元 385 年命吕光灭龟兹，劫罗什到凉
州。不料其间苻坚被杀，吕光在凉州割据称王，罗什也就留居凉州
十五六年。吕光父子鄙弃佛学，罗什只好"蕴其深藏"。他虽不能
传教，但却逐渐熟悉和掌握了汉语，为以后入关译经创造了条件。
姚秦弘始三年（公元 401 年），姚兴遣使西迎罗什，同年十二月二十
日到达长安，罗什在逍遥园开始译经，从此开始了译经生涯。所
译经论，据《开元释教录》刊定为 74 部，384 卷，现存只有 39 部，
313 卷。

　　鸠摩罗什译经的过程如下：先由罗什将梵文口译成汉语，讲出
义旨，并拿旧译本来对照，经过详细讨论，写成初稿，还要以"论"
证"经"，再作修改。译文用字也极为审慎，胡本有误，用梵本校正，
汉言有疑，用训诂来定字。全书完成，再经总勘，即复校一遍，确
实首尾通畅，才作为定本。罗什精通佛学，又晓汉语，再得到众多
名僧的协助，因此所译经论的质量，不论在语言的精美上，还是在
内容的确切上，都是前所未有的。

　　罗什倾向于意译。在意译原则的指导下，他也常常对原文加以
删削。他虽然侧重意译，但处理手法却很纯熟，"有天然西域之语趣"。
他曾与僧睿论西方辞体，说："天竺国俗，甚重文藻。其官商体韵，
以入弦为善。凡觐国王，必有赞德。见佛之仪，以歌咏为尊，经中
偈颂，皆其式也。但改梵为秦，失其藻蔚，虽得大意，殊隔文体，
有似嚼饭与人，非徒失味，乃令呕秽也。"其意思是：天竺辞体华美，
经中偈颂，应能配上音乐吟唱。但译成汉语，则美处全失，虽然保
存了大意，辞体则很不相似，好像把饭嚼烂了给人吃，非但没味，
而且令人恶心呕吐。其实，他在这里提出了译文如何表现原作的文
体风格问题。

　　罗什译经，不像以往的译者借用玄学的名词来译佛学概念，而
是付出了许多心血去创立佛教专用名词，这就使译文更加忠实于原

作。他还提倡译者署名，以负文责。他对翻译工作一向一丝不苟。他的翻译，力求忠实于原文。但由于"未备秦言名实之变"，对汉语的含蕴处不甚了解，有些意思表达得不确切。

■南北朝时期的佛经翻译情况

晋宋之间的大诗人谢灵运也是一位佛经翻译家。在参加治改南本《大般涅槃经》时，曾对北本《大般涅槃经》的舛漏鄙陋文字作过认真的修改润色。谢灵运文章秀发，超迈古今。经过他的修改润色，的确胜于原文。

真谛

梁陈之间，又有著名译家真谛(499—569)。他是西印度优禅尼人，原名拘那罗陀，学成之后，四出游历，在扶南时碰到梁武帝派人送扶南使者回国，并邀佛家大德，他就被推荐偕来中国了。由于梁末政局动荡，真谛在流徙中，仍然坚持译经。后来病死在广州。据《高僧传》记载，23 年中，真谛所译经论、记传 64 部，合 278 卷。经过刊定，现存 26 部，87 卷。

真谛所传，主要是大乘瑜伽行学派，以所译《摄大乘论》对中国佛教思想影响较大。真谛的翻译在尽量采用汉文，少夹梵字译音方面，是下了一番工夫的。

隋文帝统一南北朝，结束了西晋末年以来近三百年的分裂局面。据《隋书》、《集古今佛道论》及《续高僧传》记载，隋文帝杨坚在尼姑庙里出生，而且由尼姑智仙抚养长大。杨坚即位后，大力扶植佛教。随后的隋炀帝"亦厚皈依佛教"。这两个皇帝既修治旧经 620藏，2 万 9 千余部，还置翻经馆，招聘翻经道俗 24 人，在长安大兴善寺和洛阳上林园两个译场开展活动。据《开元释教录》说，隋朝"所出经论及传录等，总共六十四部，三百一卷"。

其间参与译经的有北天竺僧人那连提黎耶舍、天竺僧人阇那崛多、费长房和彦琮。

彦琮

彦琮(557—610)，俗姓李，出身士族，赵郡柏(今河南西平县西)人，10 岁出家，通梵语。前后译经 23 部，合 100 余卷。

彦琮总结翻译经验，著有《辨证论》，主张译经必须以梵本为依据。他推崇释道安的"五失本、三不易"。他评论了历代译人的得失，提出"八备"，即做好佛经翻译工作的八项条件：

第一，诚心爱法，志愿益人，不惮久时(诚心热爱佛法，立志帮助别人，不怕费时长久)。

第二，将践觉场，先牢戒足，不染讥恶(品德端正，忠实可信，不惹旁人讥疑)。

第三，筌晓三藏，义贯两乘，不苦暗滞(博览经典，通达义旨，不存在暗昧疑难的问题)。

第四，旁涉坟史，工缀典词，不过鲁拙(涉猎中国经史，兼擅文学，不要过于疏拙)。

第五，襟抱平恕，器重虚融，不好专执(度量宽和，虚心求益，不可武断固执)。

第六，耽于道术，淡于名利，不欲高炫(深爱道术，淡于名利，不想出风头)。

第七，要识梵言，乃闲正译，不坠彼学(精通梵文，熟悉正确的翻译方法，不失梵文所在的义理)。

第八，博阅苍雅，初谙篆隶，不昧此文(兼通中国训诂之学，不使译本文字欠准确)

以上八条，确是经验总结，甘苦之谈，并非对于译人的苛求。

彦琮在《辨证论》里还提出翻译要例十条：安之所述。大启玄门，其间曲细，尤或未尽。更凭正文，助光遗迹，粗开要例，则有十条：字声一，句韵二，问答三，名义四，经论五，歌颂六，咒功七，品题八，专业九，异本十。各疏其相，广文如论。

他对这十条未加任何论述。钱锺书先生在《管锥篇》中说彦琮的"十条、八备，远不如(道)安之扼要中肯也"。

【小结】

东晋至隋这一阶段的佛经翻译有如下特点：

一、苻坚、姚兴开始组织译场，选拔大批人才参加翻译活动，翻译由私译转入了官译，由个人翻译转入了集体翻译。在当时的条件下，集体讨论能大大提高翻译的质量。传译与讲习相结合。译主不但译经，而且讲经，在以后唐宋译场里一直保持这种做法。这一时期译场很多，但都属于临时性的，到隋代在上林园设置翻馆，就成为常设机构了。

二、这一阶段的翻译原本往往不止一种，这就便于相互校勘，使译文更正确。此时期由于去天竺求经者日多，从陆路或海路纷纷传入梵本，便有条件按梵本翻译，由于梵本数量较多，先译哪种，便有了选择的余地。此外，由于译出的经典不断增加，佛经的目录学也应运而生，如道安的《综理众经目录》等。

三、在翻译理论和技巧的研究上，这一阶段也有所发现和进步。三国时支谦不主张在译文中夹杂梵音，并追求文字的典雅，对初期的直译法有所突破，但因追求"巧"而不免失真。赵正和道安有鉴于此，还是坚持直译，务求以忠实为主，不事藻饰。道安在多年整理旧经和参加译事的基础上，总结出了"五失本，三不易"的翻译规律。彦琮总结翻译经验，对译人提出"八备"，比较符合实际。鸠摩罗什懂得梵汉两种语言，提倡意译，主张只要不违原意，则不必拘泥于原文形式。这在南北朝的译经实践上产生了一定的影响。这一阶段的译员兼通华梵两语者多，加上有不少有修养的人协助工作，译文质量比前一阶段确实有所提高。

四、这一阶段的南北两方的统治者都把佛教作为阶级压迫和民族压迫的工具来加以利用，因此佛教在南北方都得到发展。佛经翻译为顺应当时的风气，由翻译经部转向较多翻译论部。北方崇尚经学，南方崇尚玄学，译经活动也受此限制。

2.1.3 佛经翻译的第三个阶段(公元 618—906 年)

这一阶段是我国佛教的全盛时期，佛教学派宗派林立。

唐代佛教的发展，使译经活动也受到统治阶级的重视，这一阶段的佛经翻译事业达到了顶峰，主要集中在贞观至贞元这段时期。其特点是：主译者以本国僧人为多，他们都精通梵汉语；译经的计划性更强，节译者极少，而往往翻译全集。苻姚时期的译场制度，到这一时期发展更为完备。所译佛经，在忠实原著方面大大超过了前代。我国佛经翻译史上的四大译家(鸠摩罗什、真谛、玄奘和不空)，有两名(玄奘和不空)出在唐代。

玄奘

此时期的翻译大家首推玄奘。据马祖毅的划分，唐代译经的情况，以玄奘为中心，分为三个时期：公元 645 年前的译经情况，玄奘 19 年的译经情况和公元 664 年以后的译经情况。

(一)公元 645 年前

唐初来长安的外籍僧侣中较著名的是波顿。唐高祖武德九年(公元 626 年)，波顿应邀随唐使来长安。他与其他 19 名翻译人员，四年之间共译出《大庄严论》等 3 部，合 35 卷。较著名的中国译者有慧颐和慧净。

(二)玄奘 19 年的译经情况

玄奘(600—664)，通称"三藏法师"，姓陈，名祎，洛州缑氏(今河南省偃师县)人，世家出身，高曾祖父四代都做过官，"大至将军、国公，小至县令"。由于受到次兄影响，15 岁在洛阳出家。他十分勤学，遍访名师，由于感到"所说纷纭，难得定论"，决定去印度求学。公元 629 年，他离开长安私自出国，历尽艰险，4 年后到达北天竺那烂陀寺。

那烂陀寺是当时印度佛教的最高学府，也是个占有一百多乡镇土地的封建庄园，人口逾万。按寺规，除戒贤法师外，下面应该有十多个精通五十部以上经律论的"三藏法师"，但始终缺一名额。玄奘一到就补上了，于是享受到最高待遇。在那里，他博学广纳，成就远远超过当时一般学者的水平，颇有名气。

玄奘载誉回国所带各种梵文经典 657 部，于贞元十九年(公元645 年)正月回到长安，受到热烈欢迎。他没有接受唐太宗的建议去做官，而是决心献身译经事业。19 年间共译经论 75 部，1335 卷，比其他三大译家罗什、真谛、不空所译卷数的总和还多六百余卷，占唐代新译佛经总卷数的一半以上。玄奘所主持的译场，与前一阶段的译场相比，在组织方面更为健全。翻译阵容庞大，职司多至 11种：译主、证义、证文、度语、笔受、缀文、参译、刊定、润文、梵呗、监护大使。

玄奘精晓梵语，深通佛理，汉文又好，译时出口成章，只要记录下来就行了。道宣对玄奘译文的评价："比较起罗什那样修饰自由的文体来觉得太质"，"比较法护、义净那样朴拙的作品又觉很文"，同样，玄奘的翻译较之罗什的只存大意可以说是直译，但比较义净那样佶屈聱牙倒又近乎意译。就翻译贵能达意而言，玄奘的译文是成功的。他的翻译最擅胜的地方在于，由于学力的深厚，和对于华梵语文的通彻，所以能够自在运用文字来融化原本所说的义理，借以发挥他自己信奉的一家之言。换句话说，就是玄奘能很熟练而巧妙地拿一家之言来贯通原本，甚至改动原本。这在从前没有梵文原典的对照是看不出来的。玄奘对以前的旧译本，凡错误艰涩，不易晓读，或"中间增损，多坠全言(有失原意)"者，都一一予以重译。他还制定了五不翻的原则，即：一、秘密故；二、含多义故；三、无此故；四、顺古故；五、生善故。

印度柏乐天(P. Pradhan)和我国张建木曾对勘过玄奘译的《集论》

和《俱舍论》，著文指出玄奘运用了下列翻译技巧：

一、补充法。为了使读者了解，常常加几个字或一两句话。

二、省略法。玄奘的译文删节的地方很少，并且限于不重要的地方。

三、变位法。玄奘的译文有时候改变梵文的次序。

四、分合法；玄奘在翻译梵文复合词时用此法。

五、译名假借法。玄奘有时候用另一种译名来改译常用的专门术语……这种改译，有时可使含义格外清楚。

六、代词还原法。玄奘常把原文的代名词译成代名词所代的名词，名词前加"此"、"彼"字等样，有时不加。

可见，玄奘的译文质量很高，非常熟练地运用各种翻译技巧，达到形式与内容的高度统一，其所以能如此，正如柏乐天所说，他"是把原文读熟了、嚼烂了，然后用适当的汉文表达出来"。在翻译实践中，理解是表达的前提，玄奘经常"三更暂眠，五更复起"，坐在灯下圈点第二天要译的经论，可见他在理解上下了很大的工夫。

玄奘的工作态度勤恳又认真。他不浪费一分一秒的时间，工作日程安排很满。他不赞成节译的偷懒办法。他还注意不同版本的校勘工作。在选择翻译材料方面，他对各派经典兼收并蓄。全部经学分六科，玄奘都有传译。

玄奘主持译场时期，还培养了一些翻译人才，在以后的译经事业中发挥了一定的作用。

我国的佛经翻译，到玄奘可说已登峰造极。他死时，唐高宗曾惋惜地认为是失去了国宝。

(三) 公元 664 年以后的译经情况

公元 664 年以后的佛经翻译到德宗(780—805)已告一段落。后来武宗灭佛。到宣宗下赦恢复佛教时，佛教元气大伤，再不见往昔的气象了。

玄奘 19 年的工作，为唐代以后的佛经翻译打下了比较坚实的基础，他那个译场的组织制度，在实叉难陀和义净主持的佛受记寺与荐福寺两个翻译院里基本上承袭下来。660 年后，政权归武后掌握了。高宗与武后存在着争夺权力的矛盾。高宗借用道教徒为自己的拥护者，武后则以佛教徒为自己的拥护者。对于译经问题，武后比高宗更为热心赞助。这时期著名翻译家有义净、不空等。

义净

翻译家义净(635—713)与法显、玄奘并称为"三大求法高僧"。他是齐州人(今山东历城县人)，俗姓张，字文明。他曾历尽艰险，单身独往印度，25 年间，留学那烂陀寺 10 年，搜罗了梵本经律论近400 部。回到唐京后，武后亲自到上东门外迎接，把他安置在佛受记寺内。义净回国后，到武则天久视元年(公元 700 年)之后，便开始独立翻译，11 年中共译出经律论 56 部，230 卷。据研究，义净译经散文部分忠实，韵文部分就不然，有许多删节。

禅宗的南宗在唐时勃然兴盛，与中国的老庄哲学相结合，宣扬主观唯心主义，主张我即是佛，心外无佛，后来推倒一切外在的佛和佛法，不持戒，不坐禅，不读经，但求顿悟，把佛教改造得完全适合中国士大夫的口味，致使晚唐五代时佛经翻译趋于消沉。其次，经过汉末到贞元末年这段漫长的时期的不断翻译，佛教经典已大体上全介绍过来了，有学问的僧徒往往把精力转向探索佛理，根据统治阶级的需要来改造佛教，著书立说，因此对佛经翻译兴趣不大。加之统治阶级也不大力提倡和支持翻译，故佛经翻译开始衰微。

【小结】

这一时期是佛经翻译的鼎盛期，以玄奘的翻译最引人注目。玄奘的翻译精神，他所制定的五不翻原则和翻译方法，成为后世译人的楷模。

2.1.4　佛经翻译的第四个阶段

宋太祖赵匡胤黄袍加身后，开始大兴佛教，佛教又兴盛起来了。到太宗太平兴国七年(公元982年)，开始组织译场，翻译印度佛教晚期的经典，于是恢复从唐代元和六年(公元811年)以来已中断的翻译活动。赵匡胤鼓励献经者，对求经者予以资助。太平兴国五年，印僧天息灾和施护同时入京，太宗要他们为译经做准备工作。宋太宗在太平兴国寺西侧建造译经院(后来院里附带培养翻译人才，改名传法院)，开始了宋代官译佛经。天息灾在太平兴国八年上书说，历朝译经，多靠梵僧，而天竺离此遥远，如无梵僧，势必使译经工作停顿。为此，请求在京城内选儿童50人学习梵语，好培养出翻译人才来。太宗同意，从500个儿童中挑选出惟净等10人授业。培养出译经事业的后继人才，译经就不完全依靠梵僧了。

宋朝的主译僧人均授以试光禄鸿胪卿或少卿的官衔，到神宗三年(公元1080年)才取消。凡受试卿者改赐"译经三藏大法师"、授少卿者改赐"译经三藏法师"称号。宋初有不少官员参与译经工作。

北宋译经以密教典籍为多，这是由于北宋之初，正是印度密教兴盛之时，因此密教梵本流入不少。宋代统治者注意到密典中有些违反佛教传统的不纯部分，禁止翻译此类经本，也就限制了翻译活动。

【小结】

宋代的译场组织虽然极完备，译经总数几乎接近唐代所译之数，但质量上却不如唐代，因笔受者理解不透，译文艰涩，令人难懂，还有文段错落的现象。另外一个特点是，五代以来，我国木版雕刻技术有了很大发展，因此宋代所译经文往往随刻随印。

2.1.5 佛经翻译产生的影响

一、佛经翻译对思想界的影响

自佛经传入后，印度佛教的唯心主义哲学逐步与中国原有的老庄哲学相结合，到南北朝时期，这种唯心主义思潮发展到极盛阶段。而佛教的传播，又推动了中国道教的创立，道教徒大量剽窃佛经，制造道书，想与佛教争一日之长短。自此以后，儒佛道之间展开了剧烈的斗争。"大体上，儒家对佛教，排斥多于调和，佛教对儒家，调和多于排斥；佛教和道教互相排斥、不相调和(道教徒也有主张调和的)；儒教对道教不排斥也不调和，道教对儒家有调和无排斥。"特别是儒家与佛家在南北朝时展开了一场无神论与有神论的论战，在斗争中促进了唯物主义思想的发展，范缜写出了《神灭论》。儒佛道的斗争一直持续到唐代。到南禅宗学奠定之后，儒与佛才调和，随之佛与道也调和了。宋代，儒佛道混合产生了理学。

二、影响了史书中对帝王的描写

三国两晋南北朝的史书里，受佛经的影响，对帝王相貌的描写往往是"垂手下膝，顾自见其耳"，"发委地，手过膝"，"日角龙颜，垂手过膝"，"身长八尺，方颡广额，美须髯，发长委地，垂手过膝"。

三、对语言的影响

通过佛经翻译输入了大量佛教词汇，随着历史的发展，成为汉语词汇的组成部分。如"菩萨"、"阎罗王"、"世界"、"刹那"、"五体投地"、"因缘"、"果报"、"供养"、"意识"、"解脱"、"一尘不染"、"有缘"、"无缘"、"劫"等。语法结构上受梵文影响的有"如是我闻"、"打骂于他"、"取笑于我"等。汉语的反切法也与佛经的翻译有关。因为翻译佛经，接触到拼音的古梵文，而翻译有时要求音译正确，于是汉语的反切四声就产生了。到隋朝，我国就出现了一部《切韵》书籍。唐末僧人守温根据唇舌鼻齿喉 5 个发音部位，制定了一套共有 30 个字母的汉语辅音字母表，宋人增补为 36 个，形成了完整的辅音体系。而陆法言的《切韵》和孙缅的《唐韵》又建立起汉语的元音体系。《切韵》到宋代更发展成广韵。有了辅音(声母)和元音(韵母)，于是我国原来就有的用两个字合起来注音的"反切"有了进一步的发展。此外，"四声"的确立，也与佛经翻译有关。据陈寅恪说，"宫商角徵羽"(古代五音)是中国本体，平上去入是西域输入的技术，平上去的分别是由于当时转读佛经三声，与印度古"声明论"的三声相符，和入声相配，便成为四声了。

四、佛经的翻译对我国文言文的文体也多少产生一些影响

关于佛经译文总的文体特点，梁启超曾加以归纳成十条：

(1) 普通文章中所用"之乎者也矣焉哉"，佛经一概不用；

(2) 既不用骈文家之绮丽词句，亦不采古文家之纯墨格调；

(3) 倒装句法极多；

(4) 提挈句法极多；

(5) 一句或一段中含解释语；

(6) 多复牒前文语；

(7) 有连缀十余字乃至数字而成之名词(一句中含形容格的名词)无数；

(8) 同格的语句，铺叙排列，动致数十；

(9) 一篇之中，散文、诗歌交错；

(10) 其诗歌之译本为无韵的。

五、对中国文学的影响

印度古代作品，譬喻颇多，表现了丰富的想象力。佛经中的大量比喻传入中国，在当时的确影响了不少人。

佛教经典里还保存了不少古代印度的民间故事和寓言，故事的每一小段后，都有偈颂。这种散文之中夹有韵语，便是我国话本及章回小说的"诗曰"、"有诗为证"、"有一首词儿道得好"的来源。

印度的《罗摩衍那》中罗摩的故事和《贤愚经》的故事，对我国的《西游记》等小说的故事情节都产生了影响。有些佛经，本身就是小说，有的也带着小说或戏剧的形式。这种结构的文学体裁都是中国没有的。它们的输入，对后代弹词、平话、小说、戏剧的发达都有直接或间接的影响。元人的杂剧也有取材于佛经故事的。唐代的变文散韵夹杂、唱白并用，其产生和流行，与佛教有密切关系。

　　六、对医学和天文历算的影响

　　（见 2.3）

2.2　　其他方面的汉译

2.2.1　　其他方面的口笔译活动

　　魏、晋、南北朝和隋代掌管四方民族和外国交往事务并配有译员的官方机构，大体沿两汉之制，或有所损益，或有所省并。

　　从三国到隋的正史中均略而不提译员的具体传译情况。

　　凡周边民族或外国来朝贡时，如呈表文，政府有关机构的译员必将其译成汉文。从诸国的表文中，可看出所用佛教词语颇多，足见公元五六世纪，南海诸国佛教之盛行。多数表文似有固定程式：首赞上国，歌颂圣德；次夸本国，愿为臣服；继谈道路悠远，不克亲来觐见，故特遣使奉贡，尚乞俯纳。六朝盛行骈俪文体，译员之文笔亦受影响，讲求藻饰，虽非四六体，却多采四字句，间有对仗，与当时的佛经文体颇相似。有些国家的表文却不事铺张，要言不烦，译笔亦简洁可观，如盘盘、丹丹、狮子三国。

　　古代亚洲各国分别受中国、印度两大文化影响，表现于精神及物质生活之各个方面。日本、朝鲜、越南多受中国文化影响，缅甸、泰国、柬埔寨、印尼及东南亚各国主要受印度文化影响。

　　有关唐代口译人员的活动材料较前代多。如唐代帝王狩猎，如有诸蕃同侍左右，必有译员随从；也有伴随军旅出征或参加盟会的译员，他们都称中书译语，属于中书省。此种译员，可以出使外国，带"折冲都尉"头衔。与弘胪寺和礼部主克郎中下属的译员不同，后者主要在国内接待和伴随外宾。

唐朝与周边民族和外国的交往十分频繁，因此译员的需要量很大，久居中国的蕃胡人兼通华语者，往往被选用为译员。唐朝和隋朝的互市监，监内有译员在买卖场中服务，译员还兼有导游任务。

宋朝接待周边民族和外国使节的机构有以下三种：

一是在礼部设主客，以主客郎中主其事，承袭唐朝的制度，对于"蕃客朝贡"等事，要录报"风俗衣冠。贡献物色，道里远近，并其本国王公名"等，每月上报。加上其他机关的录报、牒报及人事任免事项，便可编成"邸报"。

二是鸿胪寺，"掌四夷朝贡宴劳给赐迎送之事"，"分隶国信所、都亭、怀远驿、礼宾院"……中兴后，并入礼部。

三是客省引进使，"设客省使、副使各二人，掌国信使(携带国书的使臣)见辞宴赐及四方进贡、四夷朝觐贡献之仪，受其币而宾礼之，掌其饔饩；赠送(谷物、饲料、牲畜等)饮食，还则颁诏书授以赐予……"南宋初，客省并归东上阁门。

外国使臣来朝觐，按理应有译员伴随传语。《新唐书·礼乐志六》详细记载了外国使者朝见的礼仪，却略而不提译人。而《宋史·礼志二二》在记述"契丹国使入聘见辞"时却没有漏掉"通事"的活动。宋代译员的具体口笔译活动，在《宋史》内有零星记载。

2.2.2　十六国及北朝民歌的翻译

西晋亡后，东晋与宋齐梁陈均偏安江左，北方则为十六国、北魏、北齐、北周。在此期间，匈奴、羯、氐、羌、卢水胡各族，以及最后崛起的鲜卑族拓跋部，先后入主中原，建立政权。这些民族，在其尚未与汉族自然融合之前，在经济生活方面、文化语言方面、风俗习惯方面，都与汉族不同。民间彼此交往，仍然免不了传译。民间的各族歌谣，也不能舍其本族语来创作。

北魏孝文帝在太和初期正式设立乐府官署。搜集整理民歌的繁荣时期，是在北魏的世宗和明帝之时。北魏末年尚存民歌 500 曲，但到了唐代，只剩下 53 曲了。汉歌时期，是指后魏以来用汉语写的民歌。

这一时期翻译的作品有北齐斛律金唱的敕勒族民歌《敕勒歌》。

> 敕勒川，
> 阴山下。
> 天似穹庐，
> 笼盖四野。
> 天苍苍，
> 野茫茫，
> 风吹草低见牛羊。

这首民歌，生动地描绘了草原上苍茫雄伟的景象，也间接反映了敕勒人的生活面貌，千百年来，脍炙人口。

2.3　医学历算等类书籍的翻译

2.3.1　医　学

印度的医药是随佛经翻译而传入我国的。隋代及以前所译的医方，载在《隋书·经籍志》及郑樵《通志》里的计有 15 卷，如《龙树菩萨和香法》2 卷、《龙树菩萨药方》4 卷、《龙树菩萨养性方》1 卷等；《宋史·艺文志》也载有印度医书 4 种，如《耆婆六十四问》1 卷、《婆罗门僧服仙茅方》1 卷等。上述诸书，均已不存。

现在收录在《大藏经》里的佛教医书计有 21 部，如《佛说婆罗门避死经》、《佛说佛医经》、《佛说小儿经》等。据佛教经典所说，天竺医学有 8 种方术，或多或少地传入了我国。

印度医学的传入，对我国古代医学产生过一定的影响。两晋南北朝以至隋唐的医书都带有印度医学色彩。佛教医学认为人的身体是"四大"构成的，即所谓"地水火风阴阳气候，以成人身八尺之体"。一切疾病，均起源于"四大"不调……对不同病症，应采取不同治疗方法。这些理论，已为中国古代医书所吸收。古代印度的医疗实践，也影响了中医。印度古代著名的外科手术，在三国时期传入中国。孙思邈《千金方》还吸收了耆婆、龙树的药方。我国古代用金针治疗眼病的方法，就是得自印度僧人。佛教还用禅定来治疗各种疾病，也为中国传统医学所吸收，发展成为气功治疗，今天仍为现代医学所应用。北魏时，我国的针灸也影响了印度医术。在唐代，阿拉伯医方传入中国的也很多。

2.3.2　天文历算

我国最早翻译介绍天文知识的佛经，是安世高译的《舍头谏太子二十八宿经》，还有吴竺律炎和支谦合译的《摩登伽经》(是《舍头谏太子二十八宿经》的另一异本的汉译)。其中的二十八宿全都改译成中国名称了。这两本经书所介绍的天文知识，远不如我国当时的天文知识先进，所以介绍后，对我国的天文学并未产生任何影响。

随着佛经的翻译，印度的历算书籍也传入我国。《隋书·经籍志》及郑樵《通志》收有 8 种，如《婆罗门天文经》21 卷、《婆罗门算法》3 卷、《摩登伽经说星图》1 卷等。

瞿昙悉在开元年间编著《开元占经》时，将印度的《九执历》也介绍了过来。这一印度古历，是根据九曜运行编制的。所谓九曜，即日、月、水、火、木、土、金七曜，再加上假想的两个星座——罗睺和计都(梵音)。《九执历》是根据一种梵文原本译出，还是由当时各种印度天文学文献摘编而成，学者尚有不同意见。

《九执历》中还介绍了印度的数学知识，如拉值制数码、圆弧量法和弧的正弦。

印度的七曜术早在汉代就传入中国。七曜：日、月、荧惑、岁星、镇星、太白、晨星、罗睺、计都，通则为九。七曜术早期经中亚、西域一带传入中土，带有这一地域的色彩。对于中国来讲，七曜术最突出、最诱人之处是它提供了西方的生辰星占学这一种全新的方术。中国传统天文学中只有军国星占学，但是印度传来的生辰星占学很快就归于沉寂了。七曜术还有另一方面，即各种择吉推卜之术，中土历谱演变为历书，是受《摩登伽经》、《宿曜经》等外来学说的启发和影响。

聿斯经是七曜术的旁支，在唐代传入中土，流行于唐宋时期。聿斯经可能曾经对中国八字算命术的产生和确立起过相当重要的作用。

有人认为，引进阿拉伯天文知识修撰的《应天历》有两大贡献：第一，使用阿拉伯日月食和五星行度计算法，考校日月食和五星行度；第二，将每夜分为五更，每更分为五点，点以击鼓为节，中国之更法自此开始。

2.4　景教、摩尼教经典的翻译

景教，是基督教的一个分支，5 世纪时为叙利亚人聂思脱里所创，称为基督教的聂思脱里派(Restorian Christianity)。此派在东罗马遭到排斥，就传布到波斯。唐太宗贞观九年(公元 635 年)波斯景教徒阿罗本携带经本来长安，受到优厚待遇。阿罗本发展的教徒，多属贵族大官，教徒们自称其为景教。景教的活动一是翻译经典，二是医治疾病。景净是翻译景教经书的主要人物，曾译三十几部经。借医传教，历来就有。唐代的景教，对当时的思想界究竟产生了什么影响，因材料不足，难以考索。武宗会昌五年灭佛，景教也受到牵连，无数教徒被勒令还俗，景教便告一段落。

摩尼教(Manuhaeism)，又称明教，波斯人摩尼(Mani，216—277)所创，以巴比伦古教为本，参以基督教和祆教，再加上东方思想，倡善恶二元论。其主要经典有《二宗经》和《三际经》。所谓"二宗"

是指明与暗。明为善为理，暗则为恶为欲。明暗斗争，时有轩轾，但明终克暗，至安乐处。"三际"是指初际、中际和后际。初际明暗相背，中际明暗相糅，后际明暗划分。摩尼教所奉的神，称为"明使"，又称为"明尊"，就是摩尼。

摩尼教经典是唐武宗延载元年(公元 694 年)传入我国的，还由唐传入回鹘。会昌灭佛，摩尼教也受到牵连。据吴晗考证，南宋的方腊起义和元末的红巾起义，都与摩尼教有关。

2.5 少数民族的翻译活动

这一时期西藏、辽、金、西夏、高昌回鹘族的翻译活动各有特色。一方面，他们通过翻译汉语文化，学习汉文化，促进自己民族文化的发展；另一方面，他们也通过翻译汉语和其他语言的佛教经典。

第三章

元代的翻译活动

3.1　概　况

在公元 11—12 世纪，现今的蒙古草原及其周围，散布着不少大小游牧部落，其中的蒙兀部（即蒙古部）把各部落统一之后，便统称为蒙古。铁木真在公元 1206 年建立起蒙古国。1278 年，忽必烈灭了宋朝，统一中国。元朝统治了 89 年，其疆域"北逾阴山，西及流沙，东尽辽右，南越海表"，比汉唐盛世的领土还要广阔。

从元世祖忽必烈开始，元朝共传十帝，除文宗和顺帝外，"诸帝多不习汉文"。举凡接见，均借助于"通事"，蒙古语称为"怯/却里马赤"。因此，元朝和辽、金一样，都设有译史和通事。

译史是笔译吏员，有蒙古译史和回回译史之分。前者的职责是将中央下达的或由地方和某些部门向中央和皇帝呈报的公文、奏章、材料等译成蒙古文字，供皇帝审阅或蒙古官员执行。路辖府州以下，与中央机构不发生直接联系，而且极少有蒙古官员，无需专设译史。后者是专为色目官员服务的，其职责是将公文、表章、报告、表册等译成波斯文字，供色目官员照办。

"通事之设，本为蒙古、色目官员语言不通，俾之传达。"由于通事终日活动在官员左右，其作用便大于译史。有时，通事还常作官府代表办理公事。

元代培养译员，设有专门学校。蒙古族是统治民族，而译史又是当时的高级吏员，所以很多人去学习蒙古文。

除译史、通事外，元朝在中央政权机构内还设有专门为皇帝服务的翻译部门和官员。

3.2 蒙汉文互译的情况

元代的翻译，主要有两个方面：一是蒙汉两种文字的互译，二是其他文字的翻译。

3.2.1 蒙汉互译分类

一、诏书制诰及官方文书的翻译

元世祖在蒙古新字制定之后，便规定诏书制诰及官方文书一律以蒙文为正本，附以各地区的文字。因此，诏书之类必须译成汉语。但也有例外，也有单用汉文的情况。

政府机构的公文也有不少是用"白话"翻译的。这种白话其实并不是元代的白话，而是一种不伦不类的典型硬译文体。有如下特点：

(1) 大量夹杂音译的蒙古词语。例如："不竺奚"、"也里可温"、"云都赤"等。

(2) 不是用汉语的正常术语，而是硬译蒙古词语。例如："勾当"(公务)、"见识"(主意)、"这的每"(这些人)、"不拣谁"(任何人)等。

(3) 硬译蒙古的语法，破坏了汉语的习惯说法。

1) 命令祈使句在动词后加"者"。例如：

奉圣旨："那般者。"——皇帝说："照办。"

上位识者。——请皇上决断。

2) 条件句式用"呵"表示假设，或表示一个动作引导出另一个动作。例如：

做呵，他每不怕那么。——如果做，他们也不怕。

奏呵，奉圣旨："那般者。"——经启奏，得旨："照办。"

3) 以"有"表达现在时，以"来"或"有来"或"了"表达过去时。例如：

敕书行有。——现在颁敕诏。

道不是有来。——曾经斥责。

都烧毁里了者。——已烧毁。

4) 以"上头"表示"由于"、"因为"，词序与汉语相反，放在构成原因的词或句子后面。例如：

交众百姓安心的上头。——由于使百姓们安心。

5) 以"根底"硬译蒙古语中的介词"在"、"向"、"从"、"同"、"把"等，而且后置。例如：

百姓每根底竞争有。——同百姓发生纠纷。

百姓根底不便当。——对百姓不方便。

6) 以"也者"表示不肯定语气，用在谓语后面；以"一般"表示慎重的不肯定语气，多用于上奏时。

百姓受苦也者。——百姓恐怕要受苦。

这般呵，宜底一般。——如果这样做，似乎适宜。

7) 以"那无"表示疑问口气，词序与汉语不同，例如：

勾当行了来那无？——公事不是办了吗？

8) 宾语移植到谓语之前，例如：

一两或一钱偷料来的拿住呵。——拿住偷了一两一钱的人。

此外，还有把长宾语、长定语掺杂在一个句子中，使句子复杂化，读起来非常吃力。

二、汉本典籍的翻译

元朝统治者属于文化比较落后的少数民族，因此必须讲究一套"御民"之术，过去的汉族帝王在这方面有比较丰富的经验。儒家经典就提供了不少治民、愚民的方法。元世祖在至元元年就开始选儒士编修国史，译写经书。统治者常听的是国语和汉文两种语言讲的《帝范》、《资治通鉴》等书。据《元史》零星记载，所译的书籍主要有：《大学衍义》、《孝经》、《贞观政要》、《尚书》、《帝范》、《忠经》、《帝戒》、《帝训》等。

三、汉族大臣奏章的翻译

由于元朝诸帝及蒙古大臣多不学汉文，因此汉族大臣所上的奏章必须经过翻译，再呈御览。

四、国史的编译

元代的各朝都组织力量编写前一朝的历史，名为"实录"，还撰修过《经世大典》。这些国史均是汉文写的。在翰林院编写各朝实录时，又往往把汉文本《实录》转译成蒙文，送呈皇帝审阅。

3.2.2 其他方面的翻译工作

一、用蒙文翻译汉文以外的其他文字

八思巴用蒙古新字翻译《戒本》500 部，只是难以断定原文是藏文还是梵文。

搠思吉翰节儿的最大贡献是编成一部蒙古语语法书《蒙文启蒙》并从事佛典翻译，他的译本尚能见到的是《菩提行经》和《班家拉查经》。后者用韵文翻译，是蒙古学史的重要参考文献之一。原件藏德国科学院东方研究所。

从藏文译的《萨迦格言》，是最早的一部格言体哲理诗集。

从吐鲁番出土的文书中有畏吾蒙古字译本《亚历山大传奇》，此书写的是马其顿王亚历山大亲求长生圣水的故事。原书成于公元 1世纪，有拉丁文、阿拉伯文、波斯文、突厥文译本多种。就目前所知，传入中国的仅见蒙古文译本。

意大利修士蒙·高维诺(Jean de Monte-Corvino)经印度来中国传教，终生留在元朝京城。他曾把《新约》等译成蒙文。

二、用汉文译蒙文以外的其他文字

山东长清县大灵岩寺千佛殿东壁的元代藏、汉两体碑。

河南浚县天宁寺里的藏、汉两体碑，属保护庙产的布告。

北京图书馆藏有《回回药方》一书，是元末由阿拉伯文译成汉文的，明初用木刻版印出。

伊朗合赞汗时的大丞相剌失德·哀顶丁·法都剌，以半生的精力编写一部世界史，即《史集》。其中关于蒙古这部分最为翔实，因为有元朝的官员孛罗亲临伊朗协助。据说还邀请了两位中国文人替他翻译汉文材料，但没有记载这两位中国文人的姓名。

第四章

明代到鸦片战争前的翻译活动

4.1　明代初中期的翻译活动

4.1.1　回回历书的翻译

明太祖朱元璋洪武元年(1368 年)改太史院为司天监，同时为了适应国内回教各民族的宗教和生活习惯，仿照元朝的办法设置回回司天监，征召元朝太史院使张佑、回回司天监海达儿、阿都剌等十四人修订历算，编制每年的回回历书。洪武十五年(公元 1382 年)，诏翰林李翀、吴伯宗、回回太师马沙亦黑、马哈麻等人译回回历、经纬度、天文等书。

回回历书，是从元朝手里接收过来的。"其法不用闰月，以三百六十五日为一岁，岁十二宫，宫有闰日。凡百二十八年而宫闰三十一日。以三百五十四日为一周，周十二月，月有闰日。凡三十年月闰十一日。历千九百四十一年宫月日再会。"到洪武十六年五月，该书译完，共 14 卷，书名是《明译天文书》。在此书的《说杂星性情》一章中，介绍了星分六等，这是"星等"概念在我国的初次出现。它介绍的 20 个星座，比托勒密星表中的大 13 度，比阿尔·苏菲(Al-Sufi, 903—986)星表中的大 0.18 度。原书的星表并非实测，而是依据岁差每六十年差一度的公式加上去的。回回历书的五星位置计算方法，主要是从希腊天文学中继承下来的，略有修改。这种计算方法，现在看来是不合理的，但考虑到行星离地球的距离及用三角函数来详细求得经纬度，在我国天文史上还是第一次，而且对明末清初天文学者学习西方天文知识起了先行作用，所以应该予以肯定。

4.1.2 "蒙古译语"的编纂和《元秘史》的翻译

蒙古译语的编纂，目的是为明朝使臣学习蒙古语提供一种教材。但是实际上，蒙古译语仅是单词的翻译，若要用以造句成篇、表达思想，却是不行的。虽然该书下册收了十二篇文章作为学习的课文，加之这些课文仅是一些单调的公文。为弥补其不足，有必要翻译内容丰富的《元秘史》。《元秘史》即《脱卜赤颜》。洪武年间，马沙亦黑和火原洁的翻译方法是根据当时还存在的畏吾蒙本，用汉字另拼蒙文，并在每个单字右旁附加汉字译文。到永乐年间，称之为《元朝秘史》，收在《永乐大典》十二卷"元"字韵中。当时的汉文旁译，是最彻底的硬译，是运用蒙古语法写成的汉文。如：那的后，人名（王罕）的第人名（额儿客合剌）人名（王罕）兄自的行被杀时逃躲着去着，种名（畏乃蛮）的人名（亦难察）皇帝行投入了。（道阔梯步的新译：其后，王罕之弟额儿客合剌，将（被）其兄王罕所杀也，逃去，投乃蛮之亦难察罕焉。）

《元秘史》成于翰歌歹汗时代，成书的时间当在 1240 年。这是一部既具有历史价值，又具有文学价值的蒙族巨著。它从成吉思汗二十二代前的远祖孛儿帖赤那、豁埃马阑勒时起笔，直到翰歌歹汗十二年，叙述了大约五百年的历史发展过程。从中，我们可以了解有关蒙古族的起源、13 世纪蒙古的社会制度、人民的生活与风俗、文化遗产和宗教信仰，以及当时的蒙古军事组织、作战方法和兵器性能等。该书的文学性表现在其语言形象、笔调雄浑，描绘了战争场面和成吉思汗为首的人物的活动，全书散韵结合。

4.1.3　明代的外事翻译活动与四夷馆的创立

明代接待外宾并配有翻译人员的官方机构是鸿胪寺和主客清吏司。永乐年间(1403—1424)，复设会同馆于北京，安顿外来使节。正统六年(1441 年)定为南北二馆。北馆六所，南馆三所。设大使一人，副使二人(其中一人分管南馆)。朝鲜、日本等使臣例于南馆安顿，其他周边各卫及土司、各王府公差使节等于北馆安顿。凡外来朝贡觐见者，来去必有通事陪同。如有意摆脱通事而擅自进京者，则以违法论处。迎送途中若出事故，通事及伴随人员，亦必治罪。明代的通事，可以出使。

■明代的四夷馆

明代的四夷馆，是我国最早的培养翻译人才的外语学校。与隋唐宋三代作为官方外事翻译机构的四方馆有所不同。明初与邻邦外蕃和海外国家交往十分频繁，口笔译人员奇缺，因此不得不设立专门学校培养翻译人才。

来贡国家，必须呈表。表的翻译，便是一项繁重的工作；来使的接待，也必须有口译人员出场；成祖锐意通四夷，如陈诚五使西域、郑和七下西洋等频繁出使，必有通事随行。永乐五年，四夷馆应外事翻译的需要而设。原为八馆，后又增添两馆，学习蒙古、西藏、印度、缅甸、暹罗(泰国旧称)及回教等国家的语言。如女真馆习译女真族语文，回回馆习译波斯语文，西天馆习译印度语文，西蕃馆习译西藏语文，高昌馆习译回鹘语文等。毕业的学生分发各部，充当译员，凡外国人与中国官员书信往还，谈话交际，都由他们翻译。四夷馆的生员，一开始是选国子监生入学，人给一石米，后来则选官民子弟入馆学习。

在明成祖以前，通事、搞翻译的一向不受重视。明成祖却与众不同，提高了翻译人员的身份，准许他们在开科时就试，"合格，准出身"，可以中进士。可惜明代并没有把这一规定坚持下去，译员的地位以后仍然不高。在孝宗弘治三年(1490 年)，由于政治待遇降低，四夷馆的学生学习松懈，不专心学习，想另谋出路。孝宗为了鼓励他们专心学习，规定了以下政策：馆生三年会考合格者，月给一石米，又过三年会考优等者，与冠带作译字官；再过三年，会考优等者，授以八品职事，习以备用；三年考试仍不中者，则黜退为民。

　　四夷馆各馆的译字生，由教习带领分班学习。译字生的课程，起初主要是专攻翻译杂字，即学习一般的翻译技能。后来，主要课程定为三门：翻译杂字、译写来文和回答敕谕。所用的教材，大概是两种语言的对照读物。四夷馆译字生所译的文件，均汇编成册，为各馆馆课，统称为永乐《华夷译语》。

4.2　　少数民族的翻译活动

4.2.1　　回族的翻译活动

　　我国回族的来源有二：一是 13 世纪初叶开始东来的中亚细亚各族人、波斯人和阿拉伯人。从 1219 年成吉思汗西侵到 1258 年旭烈兀攻陷巴格达，蒙古贵族先后征服了葱岭以西、黑海以东信仰回教(伊斯兰教)的各民族，他们大量迁徙到中国来了。同时，由于东西交通大开，一些西方商人也自愿到中国定居。二是曾经久居中国的对外贸易港口的阿拉伯人。他们早在 7 世纪就开始来到中国，原是侨民，他们组成日后回民的一小部分。

　　我国回族原来使用的语言是阿拉伯语、波斯语和汉语。后来汉语取得优势，阿拉伯语和波斯语为汉语所取代，汉语就变成回族的共同语言了。我国回族信奉伊斯兰教，或称回教。伊斯兰教从唐代传入中国之后，直到明万历三十七年(1609 年)《古兰经》仍"未经汉译"。明末清初是中国伊斯兰教史上的一个重要历史转折时期。我国北方的穆斯林开始建立经堂教育制度，传习经典，培养宗教职业者。原来由阿拉伯文或波斯文编写的教材，在汉语取得优势的情况下，不得不转译成汉文。

在我国南方，以南京、苏州为中心，回族学者的汉文译著活动变得大为活跃，凡是伊斯兰教的哲学思想、历史、人物传、典礼制度、语言文学等各方面的内容都有所涉及。比较重要的译著有：张中的《归真总义》、《四篇要道》，王岱舆的《清真大学》、《正教真诠》、《希真正答》，等等。其中以王岱舆、马注、刘智、马德新及蓝煦的一部分作品影响较大。

明清两代的中国穆斯林学者推出一批伊斯兰教译著，打破了伊斯兰教与儒佛道意识形态长期隔阂的局面。这些译著，将伊斯兰教理论观点与儒家理性学说相结合，又丰富了儒家理性学说的内容。穆斯林学者们以"学通四教"的精神从事译著，又为伊斯兰教在中国学术界取得了一定的地位。他们的译著，看起来只是伊斯兰教经典的翻译和注释，实际上不少是结合中国特点和汲取中国思想资料后的一种创作。这种结合，无论对伊斯兰教，还是对中国封建社会的思想史、宗教思想史，都有一定的意义。

明清年间中国穆斯林学者们译著的出现，并不是一帆风顺的。他们中的绝大多数都经历了不少艰辛，或不为人所理解，孤寂见忌，或有德无权，有学无势，译著既难，印刻更为不易，如袁国祚因刻刘智的译著而蒙受乾隆十七年回族文字狱的折磨。

关于《古兰经》的翻译，刘智等的译本太古雅了。用汉文正式翻译《古兰经》的，据说是始于马德新的《宝命真经直解》。《古兰经》的全译本，据马坚说，最早是李铁铮所译的《可兰经》，1927年出版于北平。到 1981 年马坚的译本，《古兰经》的全文译本有 7种之多。马坚的译本，是用白话文体，他说："《古兰经》的原文，在当年是一种极美妙的白话文，到现在仍然是一般阿拉伯人所能听懂的文章，故以白话文译出。""我在翻译的时候，力求忠实、明白、流利。"他的译本，是迄今较完美的本子。

4.2.2　蒙族的翻译活动

我国的蒙古族，在明清两代也进行过大量的翻译活动，所译书籍大多数是从汉文、藏文、满文译成蒙文的。最主要的是佛经的翻译和汉籍名著的翻译。

元代蒙族入主中原，上层贵族普遍皈依喇嘛教。公元1368年，元顺帝仓皇北遁后，蒙古族与西藏喇嘛教的直接联系中断了二百余年。明代中期，在16世纪70年代再次建立了与西藏喇嘛教的联系，并为在蒙古地区推行喇嘛教迈出了关键的一步。蒙古学者继续译全了《甘珠尔》和《丹珠尔》的经卷；喇嘛教的传入，刺激了蒙古文化的兴盛。金碧辉煌的庙宇，标志着建筑、雕塑、绘画艺术已经到了很高的水平；卷帙浩繁的藏经翻译、刻印表现的是充满宗教气息的历史和文学作品，促进了造纸、印刷和创作事业的进步。这是积极方面。但从消极方面来看，蒙古社会因此产生重大的变化，蒙古人沉溺于虚幻的说教，渴望灵魂的解脱，迅速丧失了原本的勇武素质，达到了统治者"兴黄教即所以安众蒙古"的目的。

蒙古族翻译家翻译了藏族的医学著作《四部经典》。

在翻译佛经的同时，还从藏文和印度梵文翻译了许多文学作品，如《米拉传》、《月亮孩子》、《纸鸢》、《故事海》、《三十二个木头战士》等。

清朝统治者曾严禁蒙古族接受汉族文化，也不给蒙古人发展本民族文化的条件。尽管如此，蒙古族的翻译家们仍然把许多汉籍译成了蒙文，如《万象考成》、《资治通鉴纲目》、《四书集注》、《三字经注解》、《本草纲目》、《医学大全》、《今古奇观》、《聊斋志异》、《水浒传》、《三国演义》、《红楼梦》等下不百种。文学作品的翻译对于蒙古文学的发展有着巨大的意义，蒙古早期小说的作者并不是盲目模仿，而是以创造性的态度接受其他民族的文化。

4.2.3　傣族和彝族的翻译活动

傣族的翻译活动：约在 7 世纪，缅甸骠国的上座部佛教，即小乘佛教，就传入今云南的傣族聚居区，后情况不明。11 世纪下半叶，蒲甘王朝重兴上座部佛教。这一派的佛教经典是用巴利文书写的。传译的傣文经典，保存了小乘经典的原始面貌。傣族僧人根据佛教教义加以阐发的自著经典，则大量保存了傣族聚居地区的历史、地理、语言、文学材料。他们不仅翻译许多印度古代传说，而且增添了不少傣族人民自己创作的民间故事和寓言笑话。上座部佛教的传入和巴利文经典的翻译，对傣族文学产生了巨大影响。

彝族文宗教经典中，只发现一种翻译作品，即《太上感应篇》。该书的每节译文后面都有较详细的注释，并结合彝族社会的风俗习惯和宗教迷信加以阐述。这些注释解说，因搜集资料较多，现在倒成了研究彝族原始宗教、风俗习惯、历史传说和语言文字的重要资料。

4.3　明末清初耶稣会士与中国士大夫相结合的翻译活动

基督教传入中国，可分为四个时期：第一次是在唐代传入的景教，即基督教的聂思脱里派；第二次是在元代，当时元世祖忽必烈遣请罗马教皇派宣教士来中国传道，称也里可温派，即蒙古语之福音教；第三次是在明末清初，传入的是罗马教，即天主教；第四次是新教，就是耶稣教，第一个来中国传教的是英国伦敦布道会的马礼逊(Robert Morrison)，他的传教从嘉庆十二年(1807 年)开始。

第三次基督教的传入，在 16 世纪中叶到 18 世纪。16 世纪，欧洲的一部分国家已进入资本主义原始积累时期。作为资产阶级先遣队的殖民主义者已经开始了海外掠夺。首先来到中国沿海进行掠夺的是葡萄牙人和西班牙人，接着是荷兰人。其他如英国人、法国人也相继前来，企图掠夺中国。耶稣会的传教士就是在这个时候来到我国从事宗教活动的。

明末清初来华的传教士中，知名的总计在 70 名以上，有译著成书 300 余种，除宣扬宗教迷信的书籍外，其中有关科学约 120 种。有些著述实际上就是编译。在这 120 种左右的科学书籍中，利玛窦、汤若望、罗雅各和南怀仁四人的译著就达 75 部之多。

1580 年，意大利人罗明坚（Michael Ruggieri）随葡萄牙商人到广州贸易，向两广总督贿赂，才得以在肇庆建立了一所教堂。1583 年，罗明坚又把利玛窦（Matteo Ricci, 1552—1610）带来中国。数年后，罗明坚回欧洲，利玛窦便独自留居肇庆。

利玛窦

利玛窦，意大利马切拉塔城人，1568 年进入罗马学院，接受宗教、数学、物理教育。1571 年成为耶稣会士，在玛利亚学院进修各种知识，并立志赴东方传教。1582 年来澳门学习汉语，取名利玛窦，字西泰。次年随罗明坚至肇庆，在其住所内陈列出欧洲制造的自鸣钟、三棱镜、浑天仪，墙上挂着东西两半球图，以吸引来访者。他通过讲学、谈话和拜访，介绍西方科技知识，广交朋友，企图发展教徒。利玛窦深感要在中国传教，非得皇帝首肯不可，于是决意北上，拜访京城，觐见至尊。后来，买通宦官马堂，于万历二十九年（1601年）到北京朝拜神宗，以报时自鸣钟、万国图志、西琴、天主图像、珍珠镶嵌十字架、三棱玻璃柱等上贡。神宗"嘉其远来，假馆授粲，给赐优厚"。这样便使天主教在中国取得了合法地位。在北京期间，他终日与士大夫周旋。他首创了中西结合翻译介绍西方科技文献的历史，还第一次把《四书》译成拉丁文，开了将中国典籍介绍到西方的先河；他第一个采用拉丁字母为汉语注音，并与罗明坚合作编写了第一部《葡华字典》。1610 年 5 月 11 日，利玛窦在北京病逝。后人为了纪念他，曾将他在中国几十年所写的笔记、书信汇编成《中国札记》

和《中国书简》，于 1910 年在意大利出版，成为西方汉学家了解中国当时的文化艺术、风俗习惯、思想伦理和社会情况的宝贵材料。

4.3.1 天文学和数学

徐光启

徐光启（1562—1633），字子先，号玄扈，上海人。先世经商，后来家道中落，从事农业和手工业生产。1597 年中举，到 1604 年（万历年）42 岁才举进士。先后任礼部侍郎、礼部尚书、翰林院学士、东阁学士、文渊阁学士等职。他是中国明末的爱国科学家和科学文化运动的组织者，在介绍西洋自然科学和提高中国科学水平方面作出了卓越的贡献。

李之藻

李之藻（1565—1630），浙江杭州人。我国明代著名的科学家、翻译家和出版家。他的译著，不但数量可观，而且质量较高。他和徐光启等广译算学、天文、水利诸书，为欧籍入中国之始。

明代所通行的历法，一种是《大统历》，它的一切数据和计算方法都是根据元代郭守敬的《授时历》(1280 年)，因长期沿用而很少修改，不免常出错；另一种是《回回历》，为回民所应用。这种历法于公元 599 年所制，13 世纪从阿拉伯国家传入，因历时久远，在应用时差错也十分明显。所以到明朝末年，修改历法就成为刻不容缓的一项工作了。耶稣会士抓住这个机会开展活动，想通过修改历法，取得中国皇帝的重用，以利于传教。由于改革的呼声日高，参与翻译西方历书的有庞迪我、龙华民、熊三拔(Sabbathinus de Ursis, 1575—1672)，中国方面有徐光启、李之藻。徐光启早在 1611 年就撰写了《平浑图说》、《夜晷图说》，还借助熊三拔的讲解，写出《简平仪说》，介绍测量用仪器简平仪。李之藻根据西方天文学家阐释周髀浑天、盖天的专著《浑盖通宪图说》，推动了17世纪中国天文学的发展。崇祯二年(1629年)五月，钦天监对日食的推算再度失误，而徐光启采用西洋历法所作的预测却准确无误。朝廷上下议论纷纷，礼部再次上疏，极力推荐徐光启、李之藻修历，崇祯帝终于同意了。经过徐光启、李之藻、李天经的努力，崇祯七年，《崇祯历书》终于编译出来了，共137卷。值得一提的是，虽然耶稣会士参加编译的《崇祯历书》大量引用过哥白尼《天体运行论》里的材料，并且承认哥白尼是欧洲四大天文学家之一，但他们不可能违背宗教禁令，所以在论述宇宙结构时仍然采用了地心说，未能把哥白尼的日心地动说介绍过来。到1757年，罗马教廷被迫宣布解除对哥白尼《天体运行论》和日心地动说的禁令。在乾隆二十四年(1759年)出版的《皇乾礼器图说》里才正式介绍哥白尼的日心地动说。

徐光启在主持修改历法时，凡是所写成的历书，不论是译是撰，都要经他润色。他本人在奏疏中也提及此事："但讨论润色，原拟多用人员，今止臣一人，每卷必七八易稿。"徐光启主持修改历法，对西历的翻译并不盲目地生搬硬套。他认为制定历法的任务是正确反映日月五星的运转规律，使之与天行符合，因此译书时非常重视测验。

明代初年以后，在中国知识界，都蔑视一切自然科学。在数学方面，宋元时期的有关著作大都散失。在这种情况下，利玛窦和徐光启合译了《几何原本》。徐光启非常重视此书的翻译。译本中的许多名词，如点、线、直角、曲线、平行线、角、直角、锐角、钝角、三角形、四边形等等，都是由徐光启首次定下来的，不但在我国沿用至今，而且影响了日本、朝鲜等国。译稿经过反复定征，一校二校，甚至三校，遗存的《三校〈几何原本〉》尚有那一年徐光启点窜的手笔。其后，徐光启在与西人合作编译的《大测》里，终于把平面三角和球面三角介绍进来了。

在测量方面，徐光启又与利玛窦合译了《测量法义》一卷。这是一部关于陆地测量方面的数学著作。中国有经纬度的精确概念，当始于此。在翻译过程中，徐光启善于吸收西洋科学对中国可以相互启发、相互补充的地方，并加以发挥。例如，他译了《测量法义》之后，接着写出了《测量同义》和《勾股义》两书。

在几何方面，崇祯四年(1631 年)，艾儒略(Giulio Aleni，1582—1649)与瞿式谷译出《几何要法》四卷。艾儒略是意大利神甫，又是数学家和天文学家，学识渊博，兼通中西，有"西来孔子"之称。他在华 29 年，著作甚多，其中不少是介绍西方科学文化的，但多年来鲜为人知。

利玛窦关于几何学的论著有《圆容较义》，1608 年由李之藻笔述，专论圆的内接外接，于 1614 年印行。李、利又合作编译了《同文指算》，也于 1614 年刊印。西洋笔算在唐代传入我国时，因人嫌其繁琐，弃而不用，直到明代，大多数人仍采用筹算和珠算。《同文指算》译出后，因书中所介绍的笔算技法简便可行，引起普遍重视。清代学者在此基础上加以改进，终于使笔算的运用在我国重新得到普及。

1634 年编成的《崇祯历书》中，介绍平面三角和球面三角学的极多。专门的译著则有邓玉涵的《大测》2 卷(1631 年)、《割圆八线表》6 卷，罗雅各《测量全义》10 卷(1631 年)。《大测》主要根据托雷美的《数学大全》编成。《割圆八线表》是有度有分的五位小数三角函数表，属于对英国数学家纳普尔于 1614 年完成的对数的介绍。《测量全义》所介绍的三角学超过了《大测》，涉及平面三角学和球面三角学，在数学中开辟了新的研究领域。该书前五卷介绍了阿基米德的《数论》中的《圆数》和《圆球圆柱书》，使阿基米德的三大定律初次进入中国；第六卷则介绍了圆锥曲线和多面体，其椭圆面积和椭旋转体积以及多面体，均可以增补古代中国数学内容，引起清代数学家们对之作进一步研究的兴趣。

清朝康熙帝爱好自然科学，对天文数学具有特殊的兴趣。为此西方传教士为他编译的有关这方面的讲义和书籍有数种，这里不赘述。因此，他对中西文化交流起过不小的作用。

4.3.2　物理学和机械工程学

力学方面翻译的代表作是《泰西水法》和《奇器图说》。前者是熊三拔和徐光启合译的。徐光启为了要兴修水利，请熊三拔共译此书。徐光启翻译时，是在中国有水利灌溉方法和工具的基础上，选择其中对当时具有实用价值，或确实属于先进方法者，经过制器和实验，才编入书的。《奇器图说》是邓玉涵口授，王徵笔录的。主要讲述重心比重原理61条；杠杆滑车轮轴原理91条。每条都有例证。还讲述了起重、引重、转重、取水以及用水力代人力的诸器具和其用法。王徵本人就是我国著名的科学家，精通物理学与机械工程学，著有《诸器图说》及《额辣济亚牗造诸器说》二书，他自己制作的奇器就有55种。

4.3.3　采矿冶金

采矿冶金的书籍，目前发现的只有《坤舆格致》一种。口译者是汤若望，笔录者是杨之华、黄宏宪等。此书原本是亚格利科拉的《金属论》。李经天从富国强兵的良好愿望出发，想把此书运用于采矿冶金，由于有些朝臣的反对，没有成功。

4.3.4　军事技术

明朝末年，既饱受倭寇之患，又遭北方兴起的满洲贵族的侵凌，保卫疆土成了当务之急。徐光启研究军事，与传教士交游，深知西洋火器之利，于是上书熹宗，"力请多铸西洋大炮，以资城守，帝善其言"，派人到澳门招聘西人来铸炮，称为"红衣"大炮(亦称佛朗机炮)，在与清军的战斗中发挥了作用。

关于西人根据西书编译而成的军事著作，则有赵士桢的《神器谱》；祝融佐的《海外火攻神器图说》；孙化元的《西洋神机》2卷。

4.3.5　生理学和医学

西方传教士在译著的宗教文献中就点滴介绍过西方医学理论，如汤若望在《主制群征》里传递了西方人体解剖的最新知识，介绍了心肝脾胆的作用、血液的生成与功用等。关于这方面的专门著作，有《泰西人身说概》、《人身图说》、《药露说》等书。这些医学书籍的介绍，对中国医学界产生了一定的影响。如明清之际的医学家汪昂在其著作《本草备要》中，即有"脑为元神之府"、"灵机记忆在脑上"之说。清康熙时的医学家王宏翰著有四卷本《医学原始》(1688年)，在第二卷中多采用艾儒略《性学描写》、高一志《空际格致》、汤若望《主制群征》里的医学理论。乾隆时医学家王清任则善于用尸体解剖来验证生理和医疗方法，在其所著《医林改错》里亦有"灵机记忆，不在心在脑"，纠正了中国"心主神明"的传统说法。

4.3.6　生物学

康熙十七年(1678年)，葡萄牙使臣本笃(Bento Pereyra)想到中国内地贸易，向清圣祖(康熙)进贡一头狮子，以求觐见，好提出通商的要求。意大利教士利类思(Ludovicus Buglio, 1637来华)为其写了小册子《狮子说》；次年，他又奉康熙之命写了另一本小册子《进呈鹰说》。这两本小册子，前者写了狮子的形体、性情、狮子忘恩、狮体治病、借狮箴敬、解惑；后者是一本有趣的动物学书，把动物的心理、性情、饮食及训练、治病都谈到了。方豪认为，这两本小册子都是译自亚特洛望地(Aldrovandi, 1522—1607)的《生物学》。

4.3.7　舆地学

在地图方面，李之藻译刻过利玛窦的《坤舆万国全图》；西班牙人庞迪我曾奉命翻译《万国全书》，后来艾儒略又加以增补。乾隆年间来中国的蒋友仁曾向清王朝"进《增补坤舆全图》及新浑天仪，奉旨翻译图说”，何国宗、钱大昕“为之详加润色”。

这些世界地图的翻译，使当时的中国人开阔了眼界，具有了五大洲的观念。

耶稣会士曾把中国古老的地理制图知识传到欧洲，用我国的网格绘图法绘制军事地图，并帮助炮兵进行测绘，准确发炮，同时，他们又把欧洲测绘地图的方法传来中国。康熙帝还利用传教士进行了一次全国性的测绘(康熙四十七年—五十五年)。以后出版的地图多以此图为蓝本。

1662 年刊印的《职方外纪》是中国历史上第一部用汉文撰写的世界地理著作，作者是艾儒略。据载，这本书是根据庞迪我的译稿加工整理而成。艾儒略还在 1673 年刊行《西方答问》一书，以百科知识形式介绍西方文化。

4.3.8　语言学和文学

在语言学方面，用拉丁字母为汉字注音，从利玛窦的《西字奇迹》开始(1605 年)。1625 年，金尼阁在王徵的协助下，在利玛窦拉丁字母拼音方案的基础上，还从庞迪我等的汉语语音学研究中得到启示，经修改扩充，完成了《西儒耳目资》一书。我国语言学界罗常培先生指出，该书的重要性，首先在于用罗马字分析汉语的因素，使向来被人看做繁杂的反切，变成简易的东西。其次，用罗马字母注明字的字音，使现在对于当时的普通音仍可推之大概。而且，给中国音韵学的研究开出一条新路，使其后的音韵学者受到一定影响。

1575 年到达福建沿海的西班牙奥斯会会士拉达(M. de Rada)曾根据泉州土音(闽南话)用西班牙文编过《华语韵编》，这是西方企图编纂中西字典的首次尝试。1584—1588 年间，利玛窦曾与罗明坚合编过《葡华字典》，可惜未完成。谢务禄(Alvarus de Semedo，葡萄牙人，1613 年来华)撰有《字考》，是汉葡-葡汉字典。孙璋(Alexander de la Charme，法国人，1728 年来华)编有拉丁文对照字典和华法满蒙文对照字典。

耶稣会士极少介绍西方文学，仅利玛窦在《畸人十篇》和庞迪我在《七克》中曾经介绍和翻译过《伊索寓言》。天启五年（1625 年）在西安刊行过《况义》一卷，即《伊索寓言》的选译本。由金尼阁口授，张赓笔传。但该书仅选译寓言 22 则。

4.3.9　经院哲学、神学及其他宗教文献

古代希腊哲学家亚里士多德（公元前 384—前 322）的学说，由葡萄牙高因勃拉（Coimbra）耶稣会大学讲义译成汉语的有：方毕济所译《灵言蠡勺》（论灵魂）；傅汎际（Francisco Furtado, 1587—1640，葡萄牙人，1621 年来华）与李之藻合译的《寰有诠》（论天），1631 年合译的《名理探》（逻辑学）；高一志（Alphonso Vagnoi, 1566—1640，意大利人，1605 年来华）译的《修身西学》（伦理学）和写的《空际格致》一书（据说是根据高因勃拉大学的讲义编译的）；康熙十六年，南怀仁所译 60 卷《穷理学》（据说是《明理探》的续译）。

早期的教会本来是反对亚里士多德哲学的，到罗马教皇格列哥里九世时（1227—1241 年在位）便改变政策，转而利用亚里士多德哲学来修补千疮百孔的基督教神学体系。亚里士多德动摇于唯物主义和唯心主义之间，但归根到底还是倾向于唯心主义。高因勃拉大学讲解亚里士多德哲学的讲义，是经过一番改造的。他们抓住亚里士多德哲学里的一些僵死的东西，而不是活生生的东西。

傅汎际与李之藻合译的《名理探》（逻辑学）和南怀仁所译的《穷理学》，输入了亚里士多德的逻辑学，在当时还算是有些价值。

利类思译有《超性学要》和安文思（Gabriel de Magalhaes, 葡萄牙人，1640 年来华）译有《复活论》。据了解，两书均是译自托马斯·阿奎那（1225—1274）所著的《神学大全》。前者是第一部分，后者是第三部分。托马斯·阿奎那是 13 世纪经院哲学的集大成者，经院哲学的特点是既不研究自然，也不研究社会问题，仅仅研究和讲习基督

教教义。它否认经验，排斥实践，从神学教条出发，玩弄形式主义的概念游戏，是彻头彻尾的唯心主义的先验论。天主教的经院哲学在托马斯的《神学大全》里获得了最完备的形式。托马斯的反动思想在中世纪就遭到人文主义思想代表者意大利彭波那齐、荷兰爱拉斯谟和法国蒙台涅等人的抨击，到耶稣会士们来中国传教期间，资产阶级革命初期的哲学家们更是与之进行了针锋相对的斗争。

《圣经》及其他宗教书籍的翻译也是重要的组成部分。

正式刻印的宗教书籍有：艾儒略的《天主降生言行纪略》八卷，又名《出像经解》。该书资料多取自《新约》，是《圣经》最早的汉译本。他还有《旧约创世纪》的节译，到光绪十四年(1888 年)才编入《道原精萃》。

在教会中极受重视，仅次于《圣经》的是葡萄牙传教士阳玛诺(Emmanuel Diaz, Janoir)译的《轻世金书》等。

宣扬天主教教义的书，首先是罗明坚的《天主圣实录》(1584 年)，其次是高母羡(P. Juan Cobo)1593 年在马尼拉出版的汉文《天主教教义》。该书比利玛窦在南昌刻的《天主实义》还要早三年。1629年又刻印了汤若望等所译的《主制群征》二卷。

此外，还有一些宗教的传记，如高一志译的《圣母行实》等。

明末清初来华的耶稣会士还把中国的经籍和文学作品译成外文，做过一些向西方介绍中国文化的有益工作。据伯希和说，现存最早的中国书的西译本是罗明坚翻译成西班牙文的《明心宝鉴》。耶稣会士还分别把四书五经、《老子》等译成西文。在文学作品方面，有马若瑟译的袁杂剧《赵氏孤儿》。伏尔泰和歌德都受过该书的影响，前者写了《中国孤儿》一剧，后者写了悲剧《爱尔庞诺尔》(未完成)。特别是歌德，读了中国古典文学作品后，产生了如下感想，"我越来越看出，诗歌是人类所共有的。……'民族文学'一词，现在已经没有什么意义，'世界文学'时代已经在望了，每个人都应当努力催促它的来临"(同上)。其他中国书籍的翻译有法国人殷弘绪(Franciscus-

Xaverius d'Entrecolles，1698 年来华)所译朱熹的《劝学篇》和《养蚕术》、《帛币志》；还有刘向的《列女传》、《古今敬天鉴》、《古文渊鉴》等和王叔和的《脉经》等书籍。

【小结】

　　耶稣会虽然是欧洲各殖民帝国的先遣队，但他们到了东方，发现中国当时仍然具有力量，凭借武力还远不足以打开中国的大门，不得不改变策略，在日常活动中采取大量的文化和宗教活动形式。在中国和欧洲正处于互相隔绝的状态下，完全出于耶稣会东来之本意之外，这些文化和宗教活动竟成了中西两大文明的交流活动，耶稣会士竟成了交流中西两大文明的中间人。作为欧洲封建势力代表的组织，耶稣会来华的扩张目的遭到了失败；作为交流中西文化的中间人，一些耶稣会士的工作却留下了相当的影响。有的耶稣会士基于对天主教的虔诚信仰，并非自觉地为殖民主义侵略服务。他们来华后一心传教，著书立说，在中国生活、工作了数十年，把中国作为第二故乡，成了中国人民的朋友。

　　明清之际，从利玛窦到最后一个传教士钱明德去世，大体上经历了二百年的时间。其间，在中国翻译史上形成了继佛经翻译后的第二个高潮，而在中西文化交流史上则形成了第一个高潮。耶稣会士进行中西文化交流，虽然功不可没，但如果没有中国皇帝和士大夫的协助与合作，却是难以成功的。

　　首先，明清之际的中国皇帝，除雍正外，对欧洲传教士一般都采取宽容友好的态度，因此，传教士才能在中国立足并作出成绩。尤其是康熙皇帝本人爱好科学，鼓励传教士翻译介绍西方科学，并组织他们测绘地图，研究《易经》，发挥其专长，在他的直接支持下，编成西方数学输入的集大成著作《数理精蕴》。

　　其次，是中国士大夫对传教士学习汉语的协助。

　　第三，中国士大夫对传教士的译著稿进行笔录、润色、作序介绍、刻印流传。

西方传教士所介绍的虽非当时欧洲最先进的科学技术，但毕竟为中国士大夫闻所未闻，所以他们都乐于与之交游，努力学习西学，尤其以徐光启、李之藻为代表。在这样的情况下，学界空气变换。清代的经世致用之学，一般以讲求实行、实证、实用、实效为主。

4.4　清代初中期满汉蒙藏诸文字的互译及外事翻译

清朝是以我国少数民族之一的满族君临国家的。1644年，明朝灭亡。从清世祖福临顺治元年算起，清王朝统治中国达240多年。

早在天聪三年(1620年)，皇太极就下令建立文馆，以"翻译汉字书籍"和"记注本朝政事"为职掌。翻译汉文书籍，对正从奴隶制向封建制飞跃的满族统治者来说，具有特别重要的意义，因为通过阅读那些汉籍，可以大大丰富满族统治者的文化知识、政治统治经验和军事上的战略战术；可以知己知彼，吸收汉族的先进文明。皇太极特别重视学习历史知识，经常从中国古代皇帝的成败得失中吸取经验教训。"远效尧舜禹汤文武之法，近仿汉高祖宋太祖之制"。

公元1644年，清军入关，逐步统一了中国，也逐步设置了各级官制。清朝贵族是以少数统治多数，广大汉族人民不识满字，于是设立了"笔贴式"，以沟通两族的语言。"笔贴式"系满语，意为翻译缮写满、汉文的低级官吏，通过"考除"、"考选"、"补调"，从八旗满汉军旗人员中任用。

清朝很重视各族语言文字的教学，从中央到地方都曾设有官学(包括京师官学和地方官学)，学习满文、蒙文、汉文等。学成后，经选拔分别在部、院和地方衙署供职，成为各级官吏、笔贴式及口译人员。清初，在北京设置了国子监、八旗官学等学校，招收八旗子弟入学，他们均为愿意学习国书(满文)、汉书的八旗子弟。乾隆十一年(1746 年)在呼和浩特又增设一所满汉翻译官学，招收各旗蒙古子弟，培养满蒙翻译人才。

清朝的科举考试还特设翻译一科。此科分满洲翻译和蒙古翻译两类，涉及满、汉、蒙古文。翻译考试有童试、乡试、会试三种。这是清朝选拔满、蒙文翻译人才的一种办法。

清朝在中央一级还特设翻译机构，如：内阁蒙古房、内阁汉本房、理藩院蒙古翻译房、内阁实录馆、内翻书房。

汉文典籍有不少都翻成了满文，如：《春秋》、《易经》、《孝经》、《孔子家语》、《明史》、《内政辑要》、《菜根谭》、《劝学文》等；文学方面，从《诗经》、诸子散文到唐宋古文、传奇、元明小说、戏曲，都有满文译本，还有历史演义等等。不过文学作品中的诗词歌赋，因翻译时最难传神，译本只有寥寥数种。

魏象乾

雍正、乾隆年间，有一位叫魏象乾的翻译人员曾总结汉满文字翻译经验，著有《繙清说》。他对诸如翻译原则、标准和初学翻译如何入门等问题的论述颇有见地。他提出的翻译标准，是要忠实再现原文的内容和风格，为此，从总的方面来说，应做到"不增不减，不颠不倒，不恃取意"，但也不能绝对化；从译文的角度来看，为求通顺可读，尽译其意，亦非增不可，非减不办，非颠倒不成，非取意不行者。魏氏认为，当时汉译满诸书中，以《资治通鉴》和《四书注》"最为妥当，实得汉文之奥旨，清文之精蕴者"，可为初学者翻译之范本。他特别推崇《孟子》的满文译本。

当然，这期间还有满文译成汉文、蒙文译成汉文的。晚清时期，也有满、汉、蒙、藏诸文字的互译。

■清代初中期的外事机构和口笔译活动

清代初期，设有鸿胪寺、理藩院和礼部的会同馆，作为接待和管理藩属贡吏和外国使臣的机构。鸦片战争后，完全属于封建性国家机构的礼部和理藩院已不能胜任与外国交涉的任务，乃于咸丰十年(1860 年)建立了总理各国事务衙门来管理一般的外事工作。到光绪二十七年，又把总理各国事务衙门改为外务部。

康熙十五年(1676 年)，俄国沙皇遣尼古拉·加夫里诺维奇·斯帕法里出使中国。这位使臣虽掌握希腊文、拉丁文等多种语言，却不通东方语言。于是，康熙帝命令法国耶稣会士南怀仁任翻译。斯帕法里在北京逗留三个多月，南怀仁做了大量口笔译工作，包括将沙皇致中国皇帝的信，斯帕法里代表俄国政府向清政府提出的十二条谈判提纲等重要文件译成满文，将斯帕法里带来的过去明朝和清朝皇帝致沙皇的四封信分别由中文和满文译成拉丁文。

康熙二十五年(1687 年)，清廷以意大利耶稣会士闵明我(Philippus Maria Grimaldi)为专使，去俄国京城觐见彼得大帝，商谈外交事务。

康熙二十八年五月，清廷又命葡萄牙耶稣会士徐日升(Thomas Perira)和法国耶稣会士张诚随大臣索额图北赴中俄交界处尼布楚，勘议两国边界。在谈判过程中，两位会士兼任中国官方翻译官。同年九月七日，中俄签订《尼布楚条约》，中国收回了黑龙江以北失地两千里。

1729 年，雍正帝觉得在接见外国使臣时，由教士传译，有所不便，于是在北京创立"译学馆"，选拔满汉八旗贵族子弟入馆学习拉丁文。起用西方传教士充当外事活动的译员，说明当时的四译馆和会同馆内的译字生、序班等在清廷与西方国家的外交活动中已无法施展其才能了。为中俄交涉之需，康熙帝曾创建过俄罗斯文馆，培养翻译人才。康熙和嘉庆都通过提高生员的待遇勉其勤学。生员数量一直维持在 25 名至 27 名。俄罗斯馆于 1862 年并入同文馆。清内阁大库残存的乾、嘉、道三朝的俄文档案尚有十九本，道、咸、同三朝的《筹办夷务始末》及《清季外交史料》亦收有俄国外交文件的译本。但哪些是俄罗斯文馆师生的翻译，尚待考证。

第五章

鸦片战争到五四运动前的翻译活动

1840 年爆发了鸦片战争。英帝国主义的炮舰结束了清王朝从雍正元年开始的闭关自守时代。

林则徐

林则徐(1785—1850)，字无抚，一字少穆，晚号竣村老人，福建侯官人。他从 13 岁(1798 年)"郡试冠军"起到 53 岁(1838 年)"以钦差大臣莅广东，查办海口事务"止，40 年间，在科举和仕途上一帆风顺。他注重实际，关心国事和民生疾苦，做事精细努力，因而取得了较高的社会威望，并得到清王朝一定的重视和信任。中英鸦片事起，清王朝的统治阶级中分主战与主和两派，林则徐是对外抵抗派的首领，也是 19 世纪 40 年代中国封建社会开始崩溃之际睁眼看世界的第一人和向西方学习进步技术的开风气者。在对待外国侵略的问题上，他和地主阶级当权派始而盲目虚骄，后又屈辱投降的态度不同，主张严禁鸦片而不反对正当的中外贸易，要求抵抗侵略但不排斥学习敌人的长处，用魏源的话来讲就是"师夷之长技以制夷"。林则徐在广州禁烟期间，"日日使人刺探西事，翻译西书，又购其新闻纸"，他曾设立译馆，编译过《四洲志》、《华事夷言》等书，引起很多人注意。林则徐的朋友魏源将《四洲志》及其他译文汇编为《海国图志》，于 1844 年出版，1847 年又加以增修。此书对日本明治维新产生过影响。林则徐自己译过的材料有:《海国图志》第八十三卷的《华事夷言》录要;《澳门月报》五辑,即论中国、论茶叶、论禁烟、论用兵及论各国夷情。林则徐手下的主要译员有:袁德辉、亚孟、林阿适(亚林)和梁进德。这些译员还从事过汉译英的工作。他组织翻译的资料还有《各国律例》。

5.1 鸦片战争后清朝的外事机构与翻译活动

自鸦片战争失败后,清政府对外国侵略者逐步采取屈服的政策。当时的礼部与理藩院已不能胜任与外国侵略者交涉的任务,于是在咸丰十年(1860 年)十二月建立了总理各国事务衙门,简称总理衙门、总署或译署,这是办理洋务及外交事务的总机构。其官职分为大臣和章京两级。大臣无定额,均属特简,由总理各国事务亲王、郡王、贝勒为总领。凡该所掌管事宜,均由王大臣率属拟定,遵约行事,重要者奏报皇帝裁决。章京担任具体工作,又分总办章京、帮办章京、章京、额外章京四种。总署下设英国股、法国股、俄国股、美国股、海防股、司务厅、清档房、收掌处、电报处、银库,又辖总税务司、同文馆、南北洋通商大臣、出使各国大臣、总领事、领事。光绪二十七年更名为外务部,增设翻译官 15 人。1875 年开始设出使各国大臣,一律由外务部管理和派遣。

清政府在 1828 年曾经有过"出使各国大臣应随时咨送日记等件"的规定,内称"凡有关系交涉事件及风土人情,该使臣皆当详细记载,随时咨报"。因此从现存的诸出使大臣的日记中可以看到随侍译员参加外事活动的情况。如出使英法大臣曾纪泽于光绪五年九月初一向法国总理呈递国书的情况,被记载于《出使英法俄国日记》中。1880 年 6 月,清政府派出使英法大臣曾纪泽兼充出使俄国大臣,命其对崇厚与俄国所签的丧权辱国条约再议。曾据理力争,坚韧不拔,终于为国家争回一部分领土主权。《杨儒庚辛存稿》一书内收有清朝驻俄公使杨儒在 1900 年(庚子)到 1901 年(辛丑)与俄国商谈撤退侵华俄军及交还东三省的文件。杨儒在 1901 年 3 月与沙俄谈判中忧急成病，中风跌伤，至次年 2 月死于俄京住所。

5.2　甲午战争前的西学翻译

林则徐以后的翻译活动，以甲午战争为分界线。甲午战争(1894年)以前的西学传播有两个主要渠道：一是官方的洋务机构，二是在华的教会机构。

5.2.1　官方的洋务机构

鸦片战争后，中国沦为半殖民地半封建的国家，中国人民深受帝国主义和封建主义的双重压迫与剥削，终于爆发了太平天国运动和捻军等农民起义。加之第二次鸦片战争的惨败，清政府中的一部分官僚感到封建王朝岌岌可危、风雨飘摇，不得不采取对策，发动了自救的洋务运动。洋务运动的主要人物，在中央是清朝贵族奕訢、文祥等人，在地方上则是官僚军阀曾国藩、李鸿章、左宗棠以及后起的张之洞等人。洋务运动的总的指导思想是"中学为体，西学为用"，主要内容包括两个方面：一是输入一些外国工业(军需工业)，造船制炮，镇压革命，兼御外侮；二是改革教育，办新学堂，以培养买办和外事翻译人员。其附带结果是译刊了西方的一些自然科学和社会科学书籍。

一、同文馆

为了学习外国语言文字，奕訢等又于 1860 年(咸丰十年)奏请创立同文馆。1866(同治五年)年，奕訢又提议在同文馆设算学馆，遭到大学士倭仁的反对。其实，同文馆的建立，一开始就为守旧势力所反对。奕訢与倭仁反复辩论，算学馆终于在同治六年建立了。

同文馆的教习有总教习、教习和副教习三类，副教习均从优秀学员中选任，又分副教习、副教习行走和记名副教习三种。

　　学习翻译既为同文馆学员的主要课程与活动，于是总教习丁韪良便筹组了翻译馆，报请总理衙门批准，馆内教习和学员，凡译书有成者，可获奖励，如升授官职。在 1876 年，同文馆就附设有印书处。同文馆师生所译之书，据说有二百余种，但常见的如下：

　　丁韪良所译《万国公法》(*Wheaton's International Law*)、《陆地战役新选》、《西学考略》、《格物入门》(*Natural Philosophy*)；编有《同文津梁》(*Chinese Students Manual*)；本人口授，由席淦、贵荣等笔述的有《格物测算》(*Mathematical Physics*)，即光学测算、重学测算等七种。《万国公法》被认为是最权威的著作，作者惠顿是美国著名律师，曾被派往欧洲担任外交官达 20 年，回国后在哈佛大学任国际法教授，于 1836 年出版此书。丁韪良在入同文馆以前就译出此书。同治三年，适逢普鲁士与丹麦交战，天津海口的丹麦船被普鲁士所扣，恭亲王奕訢等援引此书有关则例与普鲁士使臣辩论，普鲁士使臣即行认错，将所截获船只移交中国。1875 年在解决马嘉理案时，清政府也援引此书的条文进行交涉。

　　毕利于(M. A. Billllequin, 化学教习，法国人)译有《法国律例》(*Code Napoleon*)、《化学指南》(*Chemistry for Beginners*)；与承霖、王钟祥合译有《化学阐原》(*Advanced Chemistry*)；编有《法汉字汇》(*Franco-Chinese Dictionary*)。《法国律例》即《拿破仑法典》的第一次中译本。梁启超在《读西学书法》中评道："《法国律例》名为'律例'，实则拿破仑治国之规模在焉，不得以刑法读。唯译文繁讹。"《化学指南》与《化学阐原》是中国最早的化学教科书。清末有人批评此二书译笔皆佶屈聱牙。

　　汪凤藻译有《新加坡律例》(*Penal Code of Strait Settlements*)，又译有丁韪良著《中国古世公法论略》(*International Law in Ancient China*)及丁韪良鉴定的《富国策》(*Fuwcetts' Polit Economy*)和《英文举隅》(*English Grammar*)，与丁韪良合译并由丁韪良鉴定的《公法便

览》(*Woolsey's International Law*)。《富国策》凡三卷，述商情商理与自由贸易之旨。《中国学塾全书目》评道，该书"为此学最早之译本。今日坊间理财学之本，层见迭出，然细按之，则大半徒有佳名，其内容多不合教科书之用，反不如此本之繁简得中，说理清楚，为独胜也"。

德贞(Dudqeon，医学与生理教习，英国人)，译有《全体通考》(*Physiology*) 18 卷，是一部较系统的生理教科书，又编有《药材通考》，乃是讲解西洋药物学的书。

另外还有其他译者所译的医学、历史、数学、天文学等书籍无数。

李鸿章以"上海、广州两口交涉事件较多，势不能以八旗学生兼顾"为由于同治二年奏请在上海成立外国语言文学馆，即广方言馆。考选江浙一带 14 岁以下文童及年轻小官吏入馆学习，毕业后从事教育。笔译者所译西书则更多。但广方言馆与同文馆相同，所培养的学生，以后多进入外交界，担任驻外公使、参赞及翻译官等职。

同治三年两广总督仿上海，奏请后在广州设立广方言馆。

二、江南制造总局的翻译馆

在译介西学方面，与京师同文馆相颉颃的洋务机构是江南制造总局的翻译馆。

江南制造总局是 1865 年李鸿章奏准成立的。1867 年，李鸿章会同曾国藩、丁日昌在江南制造总局内附设翻译馆。次年六月正式开馆，由徐寿主其事，分设翻译、格致、化学、制造各书提调一人，口译二人，笔述三人，校对图画四人。

翻译馆的译书方法，傅兰雅叙述为："至于馆内译书之法，必将所欲译者，西人先熟览胸中而书理已明，则与华士同译。乃以西书之义，逐句读成华语，华士以笔述之。若有难处，则与华士斟酌何法可明。若华士有不明处，则讲明之。译后，华士将初稿改正润色，令合于中国文法。有数要书，临刊时华士与西人核对；而平常书多不必对，皆赖华士改正。因华士详慎郢斫，其讹则少而文法则精。"关于科技名词的翻译，傅兰雅总结出如下三条：

一、华文已有之名。设拟一名目为华文已有者，而字典内无处可察，则有二法：1) 可察中国已有之格致或工艺等书，并前在中国之天主教师及近来耶稣教师诸人所著之格致、工艺等书；2) 可访问中国客商或制造或工艺等应知此名目等人。

二、设立新名。若华果无此名，必须另设新者，则有三法：1) 以平常字外加偏旁而为新名，仍读其本音，如镁、砷、矽等；或以字典内不常用之字释以新意而为新名，如铂、钾、钴、锌等是也；2) 用数字解释其物，即以此解释为新名，而字以少为妙，如养气、轻气、火轮船、风雨表是也；3) 可用华语写西名，以官音为主，而西字名音亦代以常用相同之华字。凡前译书人已惯用者则袭之，华人可一见而知西名；所已设之新名，不过暂为试用，若后能察得中国已有古名，或所设者不妥，则可更易。

三、作中西名目字汇。凡译书时所设新名，无论为事物人地等名，皆宜随录于华英小簿，后刊书时可附书末，以便阅者核查西书或问西人。而各书内所有之名，宜汇成总书，制成大部，则以后译书者有所核查，可免混名之弊。

江南制造局翻译馆就曾做过有益的工作，如出版过《金石中西名目表》(1883)、《化学材料中西名目表》(1885)、《西药大成药品中西名目表》(1887)和《汽机中西名目表》(1890)等书。

制造局翻译馆的译书活动，主要是在 19 世纪 70 年代至 90 年代，但在 1909 年后仍在译书。根据 1909 年该馆出版的《江南制造局译书提要》所录，共出书 160 种。内容包括声学、光学、学务、天学、补遗、政治、商学、格致、地学、农学、矿学、附刻、医学、兵制、工艺、兵学。翻译馆译书的选择，决定于当时以何种为迫切需要。制造局译书，偏重于自然科学，在当时出版过一些由傅兰雅翻译的颇有影响的书籍。如数学方面有傅兰雅译、华蘅芳述的《代数术》；傅兰雅译、江衡述的《算式集要》；傅兰雅译、华蘅芳述的《三角数理》。物理学上有：傅兰雅译、徐建寅述的《电学》，该书在当时影响最大；傅兰雅译、王季烈述的《通物电光》是及时介绍 X 光最新技术的书籍；金楷理译、赵元益述的《光学》是 19 世纪西方近代光学在中国传播的主要代表作；傅兰雅译、徐建寅述的《声学》是晚清所译光学著作中影响最大的一部，流传了二十多年。在化学方面，国内化学家与化学史家认为，傅兰雅译、徐寿述的《化学鉴原》及其续编与补编、《化学考质》、《化学求数》和傅兰雅译、徐建寅述的《化学分原》等书，在近代化学传入中国的早期，发挥过重要作用；天文学、地质学方面的译作有伟烈亚力译、李善兰述、徐建寅补充的《谈天》；金楷理译、华蘅芳述的《测候丛谈》；马高温译、华蘅芳述的《地学浅释》与《金石识别》。在医学方面，译介得比较完整系统，部头不大，学术性强，为医院所乐于采用。主要译本有：傅兰雅译、赵元益述的《儒门医学》、《西药大成》；舒高第译、赵元益述的《保全生命论》、《济急法》；徐寿、赵元益述的《法律医学》以及舒高第译、邓昌掞述的《妇科》、《临阵伤科提要》等。

翻译馆对社会科学的书译得不多，占总译书数的五分之一。政治类译本影响最大的是傅兰雅译、应祖锡述的《佐治刍言》，是戊戌变法前介绍西方社会政治思想最为系统而篇幅又最大的一部书；史志方面有李景镐译的《西美战史》；交涉方面有傅兰雅译、汪振声述的《公法总论》；兵制方面有傅兰雅译、华蘅芳述的《防海新论》。

江南制造局和京师同文馆的翻译机构都属官办，历时都较长，翻译方法相似，但译出的质量却不可相提并论。其原因是制造局翻译馆的中方译员，如徐寿及其子徐建寅、华蘅芳等人都是科学家，而同文馆的笔述者都是学生。至于同文馆所译之书，已知者仅 20 余种，而制造局翻译馆所译之书则 160 种，为前者的 6 倍。

马建忠

马建忠是洋务派中具有维新思想的语言学家，他著有译论《拟设翻译书院议》。

马建忠（1845—1900），字眉叔，江苏丹徒（镇江）人。自幼接受中国传统文化的熏陶。后来开始攻读西学。光绪二年（1876年）被派往法国留学。精通英、法、拉丁语，亦谙希腊文，获得博士学位，曾任驻英法公使郭嵩焘的译员。回国后在李鸿章幕下办理洋务。因反对洋务派的垄断政策，遂与之分道扬镳。甲午之冬，向清廷呈奏折《拟设翻译书院议》。他建议设翻译书院来专门培养翻译人才，同时有计划地译书。他说，"译书一事"乃"当务之急务"。如欲不见欺于外人，必须了解外人的"情伪虚实"。他认为亟须翻译之书有三类，包括各国的时政、外交、行政、生财和自然科学诸科。他还强调翻译书院必须以教、学、译和出书相结合。但此建议未被采纳。

马建忠总结性地指出一般译者的缺陷，他说："盖通洋文者不达汉文，通汉文者不达洋文，亦何怪所译之书皆驳杂迁讹，为天下识者所鄙夷而讪笑也。"针对上述情况，马建忠提出了翻译标准——"善译"："其平日冥心构考，必先将所译者与所以译者两国之文字深嗜笃好，字栉句比，以考彼此文字孳生之源，同异之故，所有相当之实义，委曲推究，务审其声之高下，析其字之繁简，尽其文体之变态，及其义理精深奥析之所以然。夫如是，则一书到手，经营反复，确知其意旨之所在，而又摹写其神情，仿佛其语气，然后心悟神解，振笔而书，译成之文，适如其所译而止，而曾无毫发出入于其间，夫而后能使阅者所得之益，与观原文无异，是则为善译也已。"

马建忠写此文时是1896年(光绪二十年)，比严复出版《天演论》(1898年)为早，只是不像严复那样把翻译标准提得更为明确罢了。

王韬

另一位具有早期维新思想的是王韬(1828—1897)，江苏长洲人。他在介绍西学方面也作出了贡献。中秀才后，乡试落第，乃致力于经世之学。1849到上海墨海书馆担任翻译工作，历时13年。后因向太平天国写信提过建议而被通缉，逃往香港。在英华书院协助院长理雅谷(James Lagge, 1815—1897)将四书五经等译成英文。1867 年冬，随理雅谷赴英，次年应邀以华语在牛津大学讲孔子学说。1870年春返港，为《华字日报》撰稿。1873 年，王韬和黄平普自办《循环日报》，评论洋务，主张变法。他提倡工商业"民办"，反映了发展民族资本主义的工商业要求。但到中法战争时，他又主张妥协求和。晚年在上海主持傅兰雅等人办的格致书院。1889 年，他写了《西学图说》，用最新的天文学成果说明哥白尼学说是颠扑不破的真理，还翻译了《西国天然学源流》，批判死抱儒家经典不放和实用主义的态度。认为历史是前进的，后人总要超越前人；行星循椭圆轨道运动，乃是万有引力的作用，绝非假象。经过长达一二百年的斗争，哥白尼学说终于在中国取得了胜利。

他还翻译或编译有《新约》、《旧约》、《格致西学》、《法志》《俄志》、《美志》、《西事》、《普法战纪》等作品。《普法战纪》中收王韬翻译的两篇诗歌，这是首次向中国介绍法国和德国的诗歌。

5.2.2　外国传教士在华的翻译机构

嘉庆十二年(1807 年)，伦敦布道会派马礼逊(Robert Morrison, 1782—1834)来广州，耶稣教(或基督教)于是传入。当时清政府禁止传教，马礼逊便进东印度公司当翻译，以商人身份留居，着手翻译《圣经》，并编写布道小册子。6 年后，伦敦布道会派来米怜(William Miline)当他的助手，编印了最早的华文杂志《察世俗每月统纪传》(*Chinese Monthly Magazine*，1815 年发行)。鸦片战争前，欧美教会派遣来华的教士，总共不过 20 人。到 1827 年，荷兰传教会派郭士立(R. F. A. Gufzlaff)来华，耶稣教才渗入内地。郭士立改订马礼逊、米怜所译的《圣经》，洪秀全合刊为《新旧遗诏圣书》。鸦片战争后，教会团体随着外国侵略势力涌入中国，到道光末年，在中国的西方传教士共有 140 人，其中曾经编译著书小册子问世的有 39 人，书目共有 266 种。咸丰、同治以后，耶稣教在中国更加活跃，单就 1860

年至 1890 年，传教士在中国发行的期刊就有 76 种，其中宗教性质的有 40 种。"世俗"的，即文化性质的有 36 种。为了更快传教，传教士想出了出版书报的办法。主要机构有：

墨海书馆(The London Mission Press)为传教士在上海最早建立的有铅印设备的编译出版机构，主其事者为麦都思教士(Dr. Water Henry Medhurst, 1796—1857)，成立于 1843 年(道光二十三年)。王韬曾在该馆工作过。该馆出版过伟烈亚力、艾约瑟、韦廉臣与李善兰所译书籍。艾约瑟将我国数学家戴煦的《对数简法》、《续对数简法》、《外切率密》和《假数测圆》合刊的《求表捷法》译成了英文。这恐怕是中国数学家的论文最早被译成外文的。

益智书会(The School and Text Book Series Committee)是傅兰雅(1839—1928，英国人，1861 年来华)于光绪三年(1877 年)倡组的。傅兰雅曾任该会总编辑兼执行主席。该会决定编写初级和高级两套教科书，共 98 种，傅兰雅独自编写了 42 种。其中最具规模、最有影响的是他编写的《格致须知》和《格物图说》两套书。此外，傅兰雅还在该会出版了他所译的《化学卫生论》、《居宅卫生论》、《延年益寿论》、《孩童卫生编》、《初学卫生编》、《治心免病法》等影响较大的卫生学方面的著作。1902 年清政府颁行新学制，各地所采用的教科书，有相当一部分直接采用傅兰雅和益智书会所编的教科书。

傅兰雅

傅兰雅来华初，先在香港任教员。1863 年任北京同文馆英文教习。1867 年入江南制造局任翻译，历时 28 年，先后共译书 77 种，占该馆译书总数的三分之一以上。清政府曾授予他三品衔，又颁给"三等第一宝星"。1894 年，他定居美国，任芝加哥大学东方语文学教授，致力于中西文化交流。傅兰雅在中国 35 年，以传播宗教开始，以传播科学结束，一生做了四件大事：一、在中国译书 129 种，涉及基础科学、应用科学、军事科学、社会科学各个方面；二、创办了近代中国第一份专门性的科普杂志《格致汇编》;三、参与创办近代中国第一所科普学校"格致书院";四、开办了中国第一家科技书店"格致书室"。

广学会(Society for the Diffusion of Christian and General Knowledge among the Chinese),原名同文书会,光绪十三年(1887 年)由英国教士韦廉臣在上海创立,光绪十八年(1892 年)改名为广学会。1906 年英文名称改为 Christian and Literature Society of China,其工作以编译新书为主。该会组成分子主要是在华外籍官员、商人与传教士之领袖人物。骨干人物为英国李提摩太(Timothy Richard)、慕维廉(William Muirhead)、艾约瑟(Joseph Edkins),美国林乐知(Young J. Allen)、丁韪良(W. A. P. Martin)、李佳白(Gilbert Reid),德国花之安(Ernst Faber)等。

其他译书机构还有:文会馆、美华书馆、土山湾书馆、科学仪器馆、汇文书院等。

甲午以前的翻译,基本上是由外国人口述,中国人笔录。洋务派和西方传教士所译的科学方面的书籍,大多数不是第一流的著作,不足以代表西方科学发展的水平。口译者缺乏专门知识,笔述者除少数外也如此。特别是笔述者不懂外文,无法选择,一切听口译者指挥。至于所译社会科学方面的书籍,只限于法律和史地等方面的一般知识,对于资产阶级的"哲学理法",则很少介绍。关于翻译本身的理论与技巧,口译和笔述均很少了解,率尔操觚,粗制滥造,除少数外,一般都有"文义难精"之弊。尽管如此,洋务派翻译了大量的西方科技书籍,普及了新颖的西方科技知识,其所起的巨大作用,仍然是不可抹杀的。

5.3 甲午战争后的西学翻译

甲午以后的中国形势,如康有为所指出,危急犹如"寝于火薪之上","俄北瞰,英西睒,法南瞬,日东眈,处四强邻之中而为国,岌岌哉!"这种危急局势刺激了一部分满汉统治者和有资本主义思想的知识分子,他们要求联合起来抵御外侮,变法自强,希望中国也走一次"明治维新"的道路。光绪二十四年(1898年),资产阶级改良主义派登上了政治舞台,企图通过变法来实现他们的政治纲领。日本人向西方学习有成效,中国也想向日本人学。所以在维新时期非常重视翻译,不但翻译西方的书,而且大量翻译日本的书。

维新派的变法自强,既以介绍西学为其途径之一,而他们理解的西学内容又是"定宪法以出政治","明格致以兴艺学",就势必对甲午以前的西学提出批判。因此到了维新派手里,新学与旧学之争,西学与中学之争,才开始大规模地展开。他们运用进化论、天赋人权论来反对天命、君权神授论,用自然科学、机械唯物论等来论证无神论。

翻译西书,若求速效,康有为、梁启超等都主张由日译文转译,理由是:"日本自维新三十年来,广求知识于寰宇,其所译所著有用之书,不下数千种,而尤详于政治学、资生学(即经济学)、智学(即哲学)、群学(即社会学),皆开民智,强国基之急务也";二是日本与我同文;三是学日文比学西文要快一点。经维新派的提倡,以后译自日文的书籍的确多于译自英、法、德、俄文的书籍。

甲午战争后至庚子年间(1895—1900年),译书之风大盛,各报馆翻译东西文报纸及书籍者约三十余家。

维新派宣扬西学,包括三个内容:一、资产阶级民主主义理论,特别是天赋人权和所谓的"民权平等之说";二、资本主义上升时期的自由主义与功利主义学说;三、自然科学及其方法论。

维新派学习外国,更多的是介绍外国历史以为中国变法的借鉴。其编译或撰写的书大致有四个方面:一、分别记述某些国家因循守旧,不图自强而导致亡国的情况;二、分别论述某些国家因改弦更张,维新变法,而导致国势昌盛的情况;三、总合考察某些国家民族盛衰兴亡的历史,总结出"尊新必胜,守旧必亡"的规律;四、为了反对和抵制人民群众的暴力革命，大讲近世资产阶级革命的残酷，以警告清朝统治者，劝其实行变法。

维新派人士中最著名的翻译家是严复，其次数梁启超。

第一个把西方资本主义经典著作系统地介绍到中国来的是严复。

严复

严复(1853—1921)，福建侯官(今闽侯)人，字几道。1867 年进船政学堂学习，除了学习传统封建典籍和英文外，还攻读数学、物理、化学、天文等课程。19 岁毕业。24 岁(1876 年)赴英留学，接受了西方资产阶级的政治文化思想。1879 年回国，任北洋水师学堂教习等职。从中日甲午战争到戊戌变法这一时期内，他激于爱国热情，通过译书、作论文、办报纸，宣传变法维新思想，攻击封建专制，提倡科学民主，全面提出资产阶级改良主义思想主张，成为当时维新运动的出色思想家和宣传家。1894 年，他发表过《论世变之亟》等文章，宣传"尊民叛君，尊今叛古"的观点，并第一次有系统地介绍西方资产阶级政治制度、学术及文化思想，在当时思想界产生了很大影响。

从戊戌变法到辛亥革命这 13 年中，严复除担任编译局总办、审定名词馆总纂等职外，主要从事翻译工作。辛亥革命后，严复的思想日趋保守，列名筹安会，为袁世凯做皇帝制造舆论根据。后来走上复古的道路，反对五四运动。

严复的译著都是些西方资本主义的哲学、政治著作，即当时所谓"西学"，宣传天赋人权和自由、平等、博爱，在中国思想界起了振聋发聩的启蒙作用。主要译著有：《天演论》(T. Henry Huxley, *Evolution and Ethics and Other Essays*)、《群己权界说》(John Stuart Mill, *On Liberty*)、《穆勒名学》(John Stuart Mill, *System of Logic*)、《群学肄言》(H. Spencer, *Study of Sociology*)、《原富》(A. Smith, *Inquiry into the Nature and Cause of the Wealth of Nations*)、《法意》(C. D. S. Montesquien, *Spirit of Law*)、《社会通诠》(E. Jenks, *History of Politics*)、

《名学浅说》(W. S. Jevons, *Logic*)。这些书都是西学的"精髓",合在一起,可以构成一个相对完整的治国的思想体系。

严复是我国翻译史上明确提出翻译标准的人。他在《天演论译例言》中说:

> 译事三难,信、达、雅。求其信,已大难矣。顾信矣不达,虽译尤不译也,则达尚焉。
>
> ……
>
> ……此在译者将全文神理,融会于心,则下笔抒词,自然互备。至原文词理本深,难于共喻,则当前后引衬,以显其意。凡此经营,皆以为达,为达即所以为信也。
>
> 易曰:"修辞立诚"。子曰:"辞达而已。"又曰:"言之无文,行之不远"。三者乃文章正轨,
>
> 亦译事楷模,故信、达而外,求其尔雅。……

"信、达、雅",这是严复提出的三条翻译标准,对后世的翻译实践起了很大的指导作用。如果就"信、达、雅"的字义来说,这个翻译标准还是正确的。信是忠实,达是通顺。雅,是本于《论语·述而》里的"子所雅言,《诗》、《书》执礼,皆雅言也"。所谓"雅言",就是诸夏的话。孔子教学生都用诸夏的话,别于各地方言。"雅"就其本意来说,就是用全国通行的规范化的语言进行翻译。然而,严复对"雅"字的解释,却不是这样。他把"雅"说成是"用汉以前的字法句法",译文力求典雅,但却使人费解。他鄙薄通俗文字及口语。他在《天演论译例言》中公开宣称:"用近世利俗文字,则求达难,往往仰义就词,毫厘千里。"梁启超曾劝他译书"改从通俗",他颇不以为然,说他自己的译作"非以饷学童而望其受益也。吾译正以待多读中国古书之人","若徒为近俗之辞,以便市井乡僻之学,此于文界,乃所谓凌迟,非革命也"。

严复从事翻译活动,具有较强的目的性。他译《天演论》,在于宣传"物竞天择"的进化论思想,"于自强保种之事,反复三致意焉"。

虽然他用"物竞天择"的生物学规律来解释社会发展和历史进化是完全错误的，但他的主观意图却在于说明中国如能顺应"天演"规律而实行变法维新，就会由弱变强，否则将要沦于亡国灭种而被淘汰。他译《名学》，则是在于介绍近代自然科学的方法论，提倡归纳法，反对先验主义。总之，他介绍这些著作，是与"中学"或"旧学"作斗争，并批判洋务派的"中学为体，西学为用"，说明学习"西学"不能只看到西方资本主义强国的"坚船利炮"和"善会计"、"善机巧"，而在于学习它们的自然科学方法和民主政治制度。因此，他成为中国近代思想史上最早系统地介绍西方资本主义经济、政治理论和学术思想，宣传资本主义"西学"、"新学"，以与封建主义的"中学"、"旧学"相抗衡的首要代表人物。

基于以上特点，严复所译的书就是他精心研究过的。凡与原书有关系的著作，他都涉猎过。因此他在所译作品的按语中能够旁征博引，详明解说。他还利用按语发挥本人的见解，批判中国的"旧学"，为了使读者了解原作者的生平，如译《原富》则并译《斯密亚当传》，译《法意》则并译《孟德斯鸠传》。

在《天演论》里，严复还译了赫胥黎所引的英国诗人朴柏(Pope)和丁尼生(Tennyson)长诗片段。如译自丁尼生长诗 *Ulysses* 中的几句是：

> 挂帆沧海，风波茫茫；
> 或沦无底，或达仙乡；
> 二者何择，将然未然；
> 时乎时乎，吾奋吾力；
> 不竦不戁，丈夫之必。

原文：To strive, to seek, to find, and not to yield,
　　　It may be that the gulfs will wash us down,
　　　It may be we shall touch the Happy Isles,
　　　… But nothing ere the end,
　　　Some work of noble note may yet be done.

英诗译成中文，恐怕要以此为最早。

梁启超

梁启超(1873—1929)，字卓如，号任公/饮冰室主人，广东新会人，举人出身，与其师康有为一起倡导变法维新，人称康梁。他是维新变法运动中的政治家、思想家，又是一位百科全书式的学者。他翻译的东西不多，但在翻译评论和翻译史研究方面，却作出了重大的贡献。1896 年，他研究前二十余年间译出的西书三百多种，编成有名的《西学书目表》，并写有《西学书目表序》。其后又发表了《论译书》、《译印政治小说序》等文章，提出为救亡图存必须发展翻译事业，培养翻译人才，制定当译之书，并统一翻译名词术语；提倡翻译政治小说，启发民智；主张用比较通俗的语言去翻译外国著述。在我国翻译史方面，他对佛经翻译及明清之际的科技翻译均进行过卓有成效的研究，写过《佛教之初输入》、《翻译文学与佛典》、《佛典之翻译》、《中国近三百年学术史》等重要文章。此外，梁启超创造了一种半文半白、通俗易懂的新文体，刘师培称其为"日本文体"。这说明梁氏的新文体和明治维新前二三十年的文体确有某种关系。例如他所译德富苏峰的《烟土披里纯》：

　　失火之家，其主妇骤然生力，往日烟盘捧之甚重者，于此持运算筹则绰绰而有余力。

　　记曰："夫微之显，诚之不可掩。"如此乎哉，可畏也。

　　彼寻常人刻画英雄之行状，下种种呆板之评论者，恰如冬烘学究之批评古文。

　　则虽平日娇不胜衣，情如小鸟，而以其儿之故，可以独往独来于千山万壑之中，虎狼吼咻，魍魉出没，而无所于恐，无所于避。

　　失火之家，其主妇运千钧之筒，若拾芥然。

这正体现了他的翻译思想"著译之业，将以播文明思想于国民也，非为藏山不朽之名誉也。文人结习，吾不能为贤者讳矣"。

梁启超还是译介拜伦的第一人。

梁启超的译述，态度严肃，力求忠于原著。比之王韬、严复所译外国诗更加通俗，顺口流畅。王、严、梁三人，堪称我国译述西方诗歌的先驱。

辛亥革命前的留学生运动中，留学生创办了许多刊物，这些刊物也收译作。特别是在 1902—1903 年间，留日学生翻译之风大盛。从 1901 年到 1911 年，以"译"字为报刊或书社名称者，就有 23 种，如《励学译编》、《劝学译编》、《新译界》等。还有许多私立和官办的编译机构，如"上海编译局"、"科学会编译部"、"江楚编译局"、山东大学堂的译书院等。主要译作：直接反映辛亥革命前历史的译作有 1903 年金一(金天翮)翻译的《三十三年落花梦》；介绍西方社会政治的书籍有杨廷栋翻译的《路索民约论》，马君武翻译的《弥勒约翰自由原理》等；介绍复国志士的译作有 1899 年罗普翻译的《佳人奇遇》；介绍欧美资产阶级革命的书籍有《美国独立战史》、《佛国革命战史》、《法兰西革命史》等；揭露帝国主义侵略和奴役殖民地的书籍有《波兰衰亡史》、《越南亡国史》、《印度灭亡战史》等；介绍国际形势和外交斗争的书籍有汉人魂译的《十九世纪革命时代》、吴铭译的《十九世纪大势变迁通论》等。20 世纪初，中国留学生通过日文书籍，初步接触了马克思主义，并将一些著作译成中文，介绍到国内，使中国人民第一次知道马克思和恩格斯的光辉名字以及他们的学说。近代中国系统介绍马克思主义的第一部译著当推《近世社会主义》。

朱执信

在革命党人中，朱执信(1885—1920)是真正研究马克思主义的人。

朱执信，原名大符，广东番禺人。他从 1902 年起就在广州组织"群智社"，集资购阅新书学报，探求真理。后去日本留学，参加同盟会，被选为评议部议员兼书记。回国后积极从事革命活动。辛亥革命后担任过广东军政府总参议、大元帅府秘书等工作，是孙中山的主要助手之一。1920年在虎门被桂系军阀杀害，年仅35岁。朱执信"在东京《民报》上以各种笔名发表文章，一方面宣传'驱除鞑虏，恢复中华，建立民国，平均地权'的口号，另一方面还分析资本主义社会'豪门'和'细民'之间的分配极不平均"，进而研究马克思主义，寻找答案。1906年1月，他在《民报》上发表《德意志社会革命家列传》一文，系统介绍马克思和恩格斯的生平，并加上自己的解释，翻译了《共产党宣言》末尾的十项纲领，还介绍了《资本论》的某些内容。朱执信在介绍了《共产党宣言》末尾的十项纲领后，指出"马尔克(马克思)素欲以阶级斗争为手段"，虽然"固恶战争"，但"以之去不平"，战争是"不可缺"的，因为"自草昧混沌而降，至于吾今有生，所谓史者，何一非阶级斗争之陈迹乎"。朱执信认识到地主、资本家都是"不耕不织"，"为刀斧鸩毒以劫取之者耳"，因此"掠夺不去，压制不息，阶级之争，不变犹昔"。他以资产阶级革命派的立场，提出"社会革命当与政治革命并行"的观点，即在中国资本主义尚未大发展之时，"当其未大不平时行社会革命，使其不平不得起"，并通过"土地国有"、"定地价税"等办法来达到这个目的。这当然是一种空想。但朱执信在同盟会成立初期，就企图采用马克思主义的某些观点来分析问题，这在当时是超出了一般民主派的思想水平的。

辜鸿铭

辜鸿铭(1857—1928)，原名汤生，自号汉滨读易者，福建厦门人。因为家属侨居海外，很小就到英国去读书，在一个著名的中学毕业后，考进伯明翰大学学工程。他精通拉丁文、希腊文、英文、德文、法文和俄文。归国后，他的工程知识无发挥余地，只好去当两湖总督张之洞的幕僚，清末又任过外部主事。辛亥革命后执教于北京大学。辜鸿铭笃信孔孟学说，以为非西方文明所能及。所以他向西方介绍中国经典，翻译了《中庸》、《论语》等经典。辜鸿铭与托尔斯泰通信是在 1906 年间。辜氏在这年的 3 月通过俄国驻上海总领事勃罗江斯基把他用英文写的《尊王篇》和《当今，皇上们，请深思！论俄日战争道义上的原因》两本书送给托尔斯泰。托尔斯泰先叫秘书复信感谢，到当年 9、10 月又亲自写了复信，题名为《致一个中国人的信》，开头就说：

> 我接到你的书，我怀着极大的兴趣读了它们，特别是《尊王篇》。
>
> 中国人民的生活，一向非常引起我的兴趣，我曾尽力想理解中国生活中我所能懂得的一切，这主要是中国的宗教智慧——孔子、孟子、老子的著作。最近这个期间，在欧洲人——其中在很大程度上也包括俄国人——对中国人民施加的种种暴行之后，中国人的一般情绪，特别引起我的兴趣，而且还将会引起我的兴趣。

托尔斯泰在这封长信中还预言说：我认为，在我们的时代，在人类生活当中正在发生一个重大的转变，而在这个转变中，中国将领导着东方民族，起着巨大的作用。

此信的译文刊登在《东方杂志》1911 年 1 月号上。

张庆桐

张庆桐(1872—？)，其生平不甚了解，只知道他是上海人，光绪二十三年(1897 年)去北京同文馆学俄文，光绪二十五年派赴俄国学习，六年后回国，曾任我国驻恰克图都护副使。张庆桐 1906 年游俄返国后著有《俄游述感》，书中谈到他与俄国文豪托尔斯泰通信的经过。梁启超的《李鸿章》一书于 1901 年出版后，不少俄国人想把它翻译成俄文。张庆桐正在俄国留学，与俄国人威西纳合作翻译。出版后，为了"广布"，便分赠各方，"一赠内外权要，一赠报界，一赠诗文巨子"。托尔斯泰是当时的"诗文巨子"之一，当然也是赠书的对象，因此后来便有了张庆桐与托尔斯泰的通信。他们之间的通信均系俄文。此信写于 1905 年 12 月 1 日。张庆桐在信中谈到想翻译托尔斯泰著作的想法，托尔斯泰非常高兴，在回信末尾写到"更伸一言，余甚喜与君相交。余之生平著作，君如能译布于中国，则尤所欣幸无穷者也。"张庆桐确有翻译托尔斯泰著作之意，可惜在回国时因禁带书籍而未果。

辜鸿铭和张庆桐是与俄国文豪托尔斯泰通过信并把中国书籍译成外文的两人。

5.4　　外国文学的翻译

晚清时期，创作和翻译小说之风极盛。《涵芬楼新书分类目录》，在当时可算是收录小说最多的，其中收进创作小说约 120 种，翻译小说达 400 种，出版日期最迟是宣统三年(1911 年)。据说，小说的实际数字约两倍于涵芬楼所藏，而翻译小说的数字大概两倍于创作小说。翻译小说主要有政治小说、教育小说、科技小说、侦探小说等。

各国名著翻译的情况简介如下。

5.4.1　　小说散文方面的翻译

希腊《伊索寓言》的最早译本是光绪十四年(1888 年)的《海国妙喻》，共 70 则，为天津时报馆代印的线装本。该书正式题为《伊索寓言》，是林纾 1902 年的译本。林译本的特点往往在单篇后附有"识语"，以抒发其忧国忧民之忧。

阿拉伯《天方夜谭》的翻译，最早是光绪二十六年(1900 年)周桂笙译的《一千零一夜》。1903 年出版绣像小说本佚名的《天方夜谭》14 篇；1906 年商务印书馆出版奚若所译的 4 册《天方夜谭》。此外，包天笑与屺瞻生也合译过选译本《天方夜谭》。

　　印度作品只有苏曼殊译的瞿沙(Ghocha)《婆罗海滨遁迹记》，发表在 1908 年东京出版的《民报》第二三和二四号上。

　　日本作品，最早译成中文的是鸿蒙陈人于 1815 年译出的古典小说《忠臣藏》。自梁启超把《佳人奇遇》和《经国美谈》介绍到国内后，一时之间日本政治小说和私小说纷纷译出问世。其中以林纾、魏易合译的《不如归》影响最大，被称为"家庭小说"的代表作。《不如归》写的是以海军少尉川岛武男的出征和爱妻浪子的疾病为中心展开的家庭纠纷故事。小说描绘了出身于名门的大家闺秀的不幸生活，对歧视妇女的封建旧观念，从人道主义立场进行了批判，并提出了当时社会所面临的一些迫切问题，如婆媳关系、夫妻关系，家族观念以及官商和军人勾结等问题。由于内容深刻，感情真实，文字优美，特别是它的反封建主题，引起中国读者广泛共鸣，被推为近代日本文学翻译中具有代表性的作品。短期内曾数次再版。1915年出版了《续不如归》，成为当时的畅销书。

　　英国小说最早介绍到中国的是《瀛寰琐记》中的《欣夕闲谈》，分上下卷，共五十回，译者自称蠡勺居士。1904 年印成的单行本，是经过译者删改重印的，署名则改为吴县藜床卧读生。书前有《重译外国小说序》，说他翻译的目的是要灌输民主思想，认为中国不变更体制，则决无富强之路。

　　狄福(D. Defore, 1661—1731)的《鲁滨逊漂流记》(*Robinson Crusoe*)，有 1902 年跛少年译的《绝岛漂流记》；1905 年和 1906 年又有从龛译本《绝岛英雄》和林纾译本《鲁滨逊漂流记》和《鲁滨逊漂流续记》。

　　斯威夫特(J. Swift, 1667—1745)的作品最早的译文是载于同治十一年(1872 年)四月十五至十八日《申报》的《谈瀛小录》。后来有佚名译的《汗漫游》，载《绣像小说》。后来林纾又节译为《海外轩渠录》(1906 年)，即今译之《格列佛游记》(*Gulliver's Travels*)。

　　司各特(W. Scott, 1771—1832)的作品，最早译成中文的是林纾译本《撒克劫后英雄记》(*Ivanhoe*)，1905 年商务版。以后林纾又译出 1907 年版《十字军英雄记》(*Talisman*)和 1907 年版《剑底鸳鸯》(*The Betrothed*)等。

兰姆(C. Lamb, 1775 — 1834) 的《沙氏乐府》(*Tales from Shakespeare*)，最早是达文社译的《海外奇谈》，出版于光绪二十九年(1903 年)，只选译了原作的十篇。

斯蒂文生(P. L. Stevenson, 1850—1894)的作品，有佚名译的《金银岛》(*Treasure Island*)，1904 年商务版。还有林纾译的《新天方夜谭》(*New Arabian Nights*)，1908 年商务版。

狄更斯(C. Dickens, 1812—1870)的作品，以林纾介绍得最多，有《孝女耐儿传》(*Old Curiosity Shop*)、《块肉余生述》(*David Copperfield*)、《冰雪因缘》(*Dombey and Son*)、《贼史》(*Oliver Twist*)、《滑稽外史》(*Nicholas Nickleby*)等；魏易又有《二城故事》(*A Tale of Two Cities*)文言本。林纾对狄更斯的小说颇为倾倒，曾把《孝女耐儿传》与《红楼梦》相比较，将《块肉余生述》与《水浒》相比较。

法国小说，以林纾译小仲马(A. Dumas Fils, 1824—1896)的《茶花女遗事》(*La Dame aux Camilias*)为最早，也最有名。

大仲马(A. Dumas, Père, 1803—1870)的作品翻译得较多。有伍光建译的《侠隐记》(*Lestrois Mouspuefaires*)、《续侠隐记》(*Apres Vingt Ans*)和《法宫秘史》(*Le Vicon de Charney*)，林纾译的《蟹莲郡主传》(*Comtess de Charney*)、《玉楼花劫》(*Le Chevalier de Malson Rogue*)，公短译的《大侠盗》，抱器室主人译的《基度山恩仇记》(*Comte de Monte Crysto*)共二册，包天笑译的《大宝窟王》，东亚病夫(曾朴)译的《马哥王后佚史》等。

雨果(V. Hugo, 1802—1885)，当时译为"嚣俄"。他的作品有苏曼殊和陈独秀合译的《悲惨世界》(*Les Miserables*)(节译本，仅一百余页)。1905 年和 1906 年，有小说林社出版的包天笑译本《侠血奴》(*Bug-Jargal*)和平云译本《孤儿记》，包天笑还译有《铁窗红泪记》(*Les dernier Jour d'un Condame*)；1910 年，小说时报社出版的陈冷血译本《卖解女儿》和狄楚青译的《嗌有情》(*Les Travailleurs Sur La Mer*)等。

莫泊桑的短篇小说，有陈冷血译的《义勇军》，胡适译的《二渔夫》和《梅吕哀》。但他的作品在五四运动以后才进行大量翻译。

美国小说，最早译成中文的是有"美国文学之父"之称的欧文(W. Irving, 1783—1850)的代表作《瑞普·凡·温克尔》。其后，林纾译过他的《旅行述异》(*Tales of Travellers*)、《拊掌录》(*Sketch Book*)和《大食故宫余载》(*A Chambra*)，先后于 1906 和 1907 年出版。

斯妥夫人(H. B. Stowe, 1812—1896)的《汤姆叔叔的小屋》(*Uncle Tom's Cabin*)，在 1901 年由林纾译为《黑奴吁天录》出版，产生了很大的影响。当时正值美国政府迫害旅美华工，此书一出，更激起中国人民的愤怒。这本书在美国也很有号召力。据说南北战争结束后，林肯总统举行记者招待会，见到斯妥夫人立刻伸出手来说：您就是写那本引起这次大战的小说的小妇人么？

1916 年，刘叔雅译的《佛兰克林自传》载于《新青年》；鲁迅和周作人译过爱伦坡的《妻》；之前，吴梼也译过马克·吐温(Mark Twain)的《山家奇遇》。

俄国名家著作方面，1900 年在广学会译刊《俄国政俗通考》里收有任廷旭译的克雷洛夫寓言《狗友篇》、《狐鼠篇》等。

普希金著作的最早译本是《俄国情史》。1909—1913 年间，毋我等又译出普希金的短篇《俄帝彼得》、《神枪手》、《棺材匠》等，发表在《小说时报》上。

莱蒙托夫小说的最早译本是 1907 年吴梼通过日文转译的《银钮碑》；1909 年包天笑译过契诃夫的《六号室》；1916 年，陈家麟、陈大镫合译《风俗闲评》二册，这是契诃夫短篇专集。

屠格涅夫的作品，最早为刘半农译的四篇散文诗，载于 1915 年《中华小说界》第二卷里；1915 年的《新青年》里又刊载过陈嘏译的《初恋》和《春潮》。

　　托尔斯泰的小说中译本，最早要算是教会报刊译载的宗教小说《托氏宗教小说》。其中共收了十二篇托尔斯泰用宗教题材写成的所谓"民间故事"。继此之后，其小说不断被介绍过来。如马君武译的《心狱》(即《复活》)，太溟等译的《复活记》，天笑生译的《六尺地》，半侬译的短篇小说《此何故耶》，还有林纾和陈家麟合译的《罗刹因果录》、《社会声影录》、《人鬼关头》，马君武译的《绿城歌客》，陈家麟和陈大镫合译的《婀娜小史》(即《安娜·卡列尼娜》)等等。

　　高尔基作品最早的中译本是吴梼在1907年翻译的《忧患余生》。高尔基当时被译成"戈厉机"。辛亥革命时期的《粤西》月刊曾译载过高尔基的《鹰之歌》。1916年半侬翻译了《二十六人》，1917年周国贤(周瘦鹃)又翻译了《大义》。

　　其他国家的作品，有林纾译的西班牙塞万提斯(M. Cervantes, 1547—1616)的《魔侠传》(*Don Quixote* 的文言节译本)，周作人译的匈牙利育珂摩尔(Jokai Mor, 1825—1904)的《匈奴骑士录》(*Egg az Isten*)，林纾译的瑞士威司(I. R. Wyss, 1781—1830)的《鹡巢记》(*The Swiss Family Robinson*)，包天笑译的意大利爱米西斯(E. de Amicis, 1846—1908)的《馨儿就学记》(*Coeur*)。而在鲁迅和周作人合译的《域外小说集》(1908)和周瘦鹃译的《欧美名家短篇小说丛刊》(1917)中则都翻译了丹麦安徒生(A. C. Anderson)、芬兰哀乐(J. Aho)、波兰显克微支(H. Sienkiewicz)等人的作品。

　　翻译外国小说最多的要数林纾。他是开创中国文学翻译事业的先行者和奠基人。

林纾

　　林纾(1852—1924)，福建闽县人(今福州人)，原名群玉，字徽，又字琴南。自号畏庐居士，别号冷红生。他出身清寒，幼年刻苦读书，在古文词方面颇有造诣，而且工诗善画，于光绪八年中了举。

光绪二十一年，北上到京城，与陈衍、高凤歧等上书，抗议割台澎辽东事。1902 年后，他先后在五城中学、金台书院、实业学校、闽学堂和京师大学堂(北大前身)任教。大概在 42 岁时，开始与别人合作翻译外国小说，直到逝世。

林纾自己不懂外文，在近三十年的时间里，孜孜矻矻地与别人合作，翻译介绍了英、美、法、俄、日、西班牙、比利时、挪威、希腊等国 183 种小说，所译字数达 1200 万，这在我国翻译史上是罕有的，就是在世界上恐怕也是少见。

康有为写过一首诗赠林纾，首句是"译才并世数严林"，以严复与林纾并提。林纾与严复是同乡，严复以译《天演论》萤声，林纾则以译《茶花女》闻名。这两本都是他们的第一部译作。严复精通英文，严于选材，慎重翻译，往往是"一名之立，旬月踟蹰"，所以一生所译，加在一起才 11 种。林纾不懂外文，翻译全靠别人口授，对材料自己无从选择，由于他"耳受而手追之，声已笔止，日区区四小时，得文字六千言"，所以一生所译，已刊未刊者加在一起共 183 种。严复译介的是西方资产阶级的政治制度和学术思想，他本身就是近代向西方寻找真理的著名资产阶级启蒙思想家。林纾介绍的是西方小说，而他翻译《茶花女》纯出偶然，"书出而众哗悦"，这就引起了他的兴趣，因而乐此不疲，不像严复的翻译一开始就具有较强的目的性。林纾走上文学翻译道路，看来纯属偶然。严复和林纾都坚持用古文翻译外国作品，并引以为豪。五四运动期间，他们都反对新文化运动，鄙视白话文。

由于林纾不懂外文，又不了解外国文学的情况，选材全仗别人，在已译出的 183 种小说中，属于名著的只有 40 来种。他的译作一般都是意译，有的则多有删节。像《唐·吉诃德》只译成薄薄的一本《魔侠传》，而莎士比亚的《亨利第五纪》(Henry V)则改译为小说了。林纾翻译的速度是惊人的，他下笔如飞，文不加点，就必定会造成译文的许多疵病和错漏。

林纾的译作尽管存在着谬误，而且闹了一些笑话，但不少场合还是能够表达原文的风格神韵的。郑振铎先生说："我们虽然不能把他的译文与原文一个字一个字的对读而觉得一字不差，然而，如果一口气读了原文，再去读译文，则作者情调都可以觉得丝毫未易；且有时连最难表于译文的'幽默'，在林先生的译文中也能表达出；有时，他对于原文中很巧妙的用字也能照样的译出。"郭沫若也说过，《迦因小传》(*Joan Haste*)在世界文学史上并没有什么地位，但经林琴南的那种简洁的古文译出来，真是增添了不少光彩！

林纾的译述方法，略述如下：

(1) 意译的增饰。林纾常在译文中增添原书没有的内容。如在《黑奴吁天录》第十三章的开头，增加下两句："著书者曰：吾于以上十二章，均叙悲惨断肠之事，令人寡欢。今吾须少易壁垒，令观者一新其耳目乎。"

(2) 意译的删削与撮译。林纾译述，主要是转达小说的情节，他认为无关的枝枝叶叶，往往不惜删去。如《茶花女》中描写马克的衣饰，有"克什米尔披肩"(Cachemire)、"厚茸茸的皮袖头"(I'epais manchon)，都是读者所不熟悉的，林纾则一一略去，仅用"御长裙，仙仙然描画不能肖"来总括。有时原文过于繁冗，用古文全译，吃力不讨好。删削又恐失原意，林纾便采用撮译的方法。如《块肉余生述》第一章描写来接生的医生，作者用了 127 个词，夸张地刻画医生的温和性格，林纾仅撮译为两句："医生平婉不忤人，亦不叱狗。"

(3) 夹注的运用。《黑奴吁天录》第十五章中译 honeymoon 为"蜜月"，注云："蜜月者，西人娶妇时，即挟其游历，经月而返。"在当时作此注释，是非常必要的。

林纾的翻译，大致分为两个时期，辛亥革命前的译作五十余种，十之七八都译得不错；辛亥革命后的译作虽多，却显得差劲了。钱锺书浏览过林氏的译作后，得出这样的结论："前期的翻译使我想象出一个精神饱满而又集中的林纾，兴高采烈，随时随地准备表演一下他的写作技巧。后期翻译所产生的印象是，一个困倦的老人机械地以疲乏的手指驱使退了锋的秃笔，要达到'一时千言'的指标。他对所译作品不再欣赏，也不再感兴趣，除非是博取稿费的兴趣。"后期"译笔逐渐退步，色彩枯暗，劲头松懈"这一情况，与林纾本人政治思想的变化不无关系。他以清室遗老自居，对民国是深怀敌意的。到新文化运动兴起的时期，林纾则拼命反对，顽固地维护旧文化和旧礼教，完全成为封建势力的一个代言人了。政治堕落，意气颓唐，当然不会像前期那样"精神饱满"、"兴高采烈"了。

　　林纾的译作，虽已少为人问津，但在当时所产生的影响却不能一笔抹杀。林纾使中国知识阶级接近了外国文学，认识不少第一流的作家，使他们从外国文学里去学习，促进本国文学的发展。不少从事新文学运动的先驱人物，也因阅读林译而受到启发，如朱自清、郭沫若等。

　　晚清的士大夫阶层，大多鄙薄小说，而且盲目自大，认为中国文学便是世界上最高最美的文学。林纾不为传统观念所囿，走在一些能读外国小说原文者的前头，大量介绍外国小说，对司各特、狄更斯等人的作品更是推崇备至，颇有要人们学习之意。他本人就模仿外国小说笔法进行过创作，尽管无大成就，但郑振铎认为"中国'章回小说'的传统体裁，实从他而始打破"。此外，林纾在翻译过程中还拿外国小说与中国古典作品进行比较研究。从而不只让我们看到了我们民族文学的世界历史地位，也看到了不同民族文学创作中某些带有普遍性的规律。

　　据寒光在《林琴南》一书中统计，协助林纾翻译外国小说的口述者共有 16 人，他们是：陈家麟(杜衡)、曾宗巩(又固)、毛文钟、林凯、胡朝梁(梓芳，别号诗庐)、力树爱、廖琇昆、严璩(伯玉)和严潜(培南)、陈器、李世中、林骙(季璋)、王子仁(寿昌)、王庆骥(石孙)、王庆通、魏易。据《春觉斋著述记》，还有魏瀚、叶于沅、蔡璐。

周桂笙

最早用白话介绍外国小说的是周桂笙。

周桂笙(1873—1936),字树奎,一字新庵,上海南汇人。肄业于上海中法学堂,精通英、法文,我国著名文学翻译家。最初,为梁启超主编的《新小说》撰稿,1906年起任《月月小说》译述编辑,专心从事小说翻译。同年,发起组织了我国翻译史上第一个翻译者协会"译书交通公会",对繁荣晚清小说翻译起了积极的作用。周桂笙的译作主要有童话《新庵谐译》,随笔《新庵译萃》,侦探、科学和儿童小说《毒蛇圈》、《八宝匣》、《失舟得舟》、《左右敌》、《飞访木星》、《福尔摩斯再生案》等等。他翻译时所用的文字一般是极平易的报章体,吴梼、陈鸿璧、包天笑等人都多少受到他的启发。《毒蛇圈》是用白话翻译最早的一部直译小说。他在该书开始特地郑重介绍这种以对话开头的新的小说形式,很快就有人响应。

徐念慈

徐念慈(1875—1908),字彦士,号觉我,江苏常熟人。精通英、日文,我国著名文学翻译家。1905年,在同乡曾朴主办的《小说林》任编辑,开始文学翻译生涯。徐念慈擅长翻译西方侦探小说。主要译作有:《海外天》、《黑行星》、《美人装》、《新舞台》。其中《黑行星》是用白话直译的,完全保持了西洋小说所特有的风格。徐念慈的译作虽然不多,但是,经他校阅或批注出版的翻译小说数十种。这些小说林出版社的翻译小说与商务印书馆出版的林纾等的小说相颉颃。他还研究小说,提出了许多超越时代的见解。当时,梁启超等人一反过去社会上对小说十分轻视的态度,给了小说以重要的地位,但又走向极端,甚至宣称小说可以左右人生,创造世界。而徐念慈则认为先有社会生活,而后才有小说,小说不能离开人生,因此小说无非是反映人生的一种文学作品。这代表了晚清革命派不同于改良派的小说理论。针对当时重复翻译多，浪费人力物力，徐念慈提出了这样的看法："譬如一西译书，而于其面书明原著者谁氏，原名为何，出版何处，皆印出原文，今名为何，译者何人，其于日报所登告白亦如之，使人一见而知，谓某书者即原本为某某氏之著也。至每岁之底，更联合各家，刊一书目提要，不特译书者有所稽考，即购稿者也不至无把握，而于营业上之道德，营业上之信用，又大有裨益。"可惜他的见解在当时无法变成现实，但是，对今天的译界仍有启示作用。

曾朴

这一时期，翻译西方文学名著最多的除林纾外，还有翻译介绍法国文学的曾朴和崭露头角的翻译家伍光建。

曾朴(1872—1935)，字太仆，后改为孟朴，笔名东亚病夫，江苏常熟人，我国著名小说家和文学翻译家。20 岁中举人，1894 年入同文馆学习法文，1905 年创办《小说林》杂志社。主要著作有：《孽海花》、《鲁男子》；译作主要是法国作家的作品：雨果的《欧那尼》、《九十三年》，莫里哀的《夫人学堂》，左拉的《南丹与奈侬夫人》等。

武光建

武光建(1866—1943)，字昭扆，笔名君朔，广东新会人，我国著名文学翻译家。他 15 岁入天津北洋水师学堂，曾受严复教诲。毕业后赴英国留学。1905 年随载泽赴西欧和美国考察，回国后开始专业翻译西方小说。所译书有一百三十多种。他用白话翻译，译作生动传神，深受读者欢迎。主要译作有：大仲马的《侠隐记》(即《三个火枪手》)、《续侠隐记》(即《二十年后》)，狄更斯的《劳苦世界》、(即《艰难时世》)和《二京记》(即《双城记》)，斯威夫特的《伽利华游记》(即《格列佛游记》)，费尔丁的《大伟人威立特传》、《约瑟安特路传》、《妥木宗斯》(即《汤姆·琼斯》)，夏洛蒂的《孤女飘零记》(即《简·爱》)，雨果的《海上劳工》，法朗士的《红百合花》，陀思妥耶夫斯基的《罪恶与刑罚》(即《罪与罚》)，阿志巴绥夫的《革命的故事》，塞万提斯的《疯侠》(即《堂吉诃德》)，霍桑的《红字记》，辛克莱的《大街》和《财阀》以及《英汉对照名家小说选》十册等。这些作品绝大部分是五四以后翻译的。

5.4.2　剧本的翻译

剧本方面的翻译有李石曾译的波兰廖抗夫(L. Kampf)的《夜未央》和法国蔡雷的《鸣不平》为最早。还有冷血译的法国柴尔的《祖国》，包天笑和徐卓呆合译的法国雨果的《牺牲》(Angelo, 1910)和爱迦耐斯克勒的《怨》，1916 年马君武译德国席勒(F. Schiller, 1759—1805)的《威廉退尔》1925 年东亚病夫编译的雨果的《枭歍》。英国莎士比亚的剧本有 1911 年包天笑改编的《女律师》(*The Merchant of Venice*)，1916 年林纾将《亨利第五纪》改译为小说。英国王尔德(O. Wilde, 1856—1900)的剧本，有 1915 年薛祺瑛女士译的《意中人》(*An Ideal Husband*)，1916 年陈嘏译的《弗罗连斯》，1918 年刘半农译的《天明》和沈性仁译的《遗扇记》(*Lady Windermere's Fan*)。1918 年 6 月 15 日，《新青年》出"易卜生专号"，刊登了他的三个剧本：陶履恭译的《国民之敌》(*An Enemy of People*)、罗家伦、胡适合译的《娜拉》(*A Doll's House*)，吴弱男译的《小爱友夫》。之前，林纾曾将易卜生的《梅孽》(*Ghosts*)改译成小说。

5.4.3　诗歌的翻译

董恂改译的美国诗人朗费罗(Langfellow)的《人生颂》算是我国最早翻译的英语诗歌了。这首诗曾为英国使臣威妥玛(Thomas Francis Wade)翻译，由于他的汉语表达能力实在太差，所以句法不顺不妥，有些地方甚至不通。埃及著名诗人蒲绥里所创作的优美的颂赞诗篇是世界闻名的文学作品，光绪十六年(1890 年)云南的回族学者马安里曾用诗经的体裁把它译成了汉语，连同阿拉伯原文一起刊行于成都。

马君武

介绍外国诗作较多的是马君武和苏曼殊两人。

马君武(1882—1939)，名和，字贵公，广西桂林人，生平著译甚多。1911 年从欧洲归国后，曾任南京临时政府实业部次长、广西省省长、广西大学校长等职。他研究化学，是中国制造无烟火药的第一人。他所作的诗具有爱国情感，格律自由，语言通俗，鼓吹新学思想，宣扬民族革命理想，表现了对腐朽的清王朝的憎恨和复兴中华的热烈愿望。在艺术上继承"诗界革命"的传统。1914 年出版《君武诗稿》，其中有他用歌行体翻译的外国诗 38 首，有英国拜伦的《哀希腊》，德国歌德、席勒及英国汤姆斯·霍特的诗。

苏曼殊

苏曼殊(1884—1918)，字子谷。曾在上海担任过《国民日报》等报刊的翻译、编辑，与陈独秀、柳亚子过从甚密。他在东京时曾向章太炎学过诗。郁达夫在《杂评苏曼殊的作品》中说他译的诗比他自作的诗好，他的诗比他的画好，他的画比他的小说好。他译过拜伦、彭斯、豪易特、雪莱、歌德、陀露哆等人的诗共十首。苏曼殊曾把中国古典诗歌的名篇翻译为英文，介绍到国外去，又把外国诗人的作品翻译为中文，介绍给国内读者。他把拜伦、雪莱、彭斯、德国的歌德以及印度女诗人陀露哆等人的作品译成中文，不仅介绍外国文学作品，促进中外文化交流的作用，而且还传播资产阶级民主自由思想。由于当时我国现代的新体诗还没有诞生，这些诗都是用古诗的体裁翻译的。苏曼殊曾把"按文切理，语无增饰，陈义悱恻，事辞相称"作为译诗的准则。从现存的译文来看，他有时还未能实践这一点。不过，他却译出了一种迥异于中国传统诗歌的异国味，无怪乎受到当时读者的欢迎和赞赏。但他的译文中好用古奥生僻的字眼，造成读者不必要的理解困难，也妨碍了诗意的流畅表达。不过，作为中国近代最早开始介绍外国诗歌，而且较有成绩的译者之一，苏曼殊还是功不可没的。

王国维

王国维(1877—1927)，我国著名的国学家、美学家和文学家。他虽不从事文学翻译，但对文学翻译理论却有所探索。王国维将"知人论世"的文学批评主张，"温故知新"的研究方法，应用到翻译理论中，认为文学的发展，离不开历史传统和社会现实，因而文学翻译者必须对于所翻译作品及其国家民族的这些情况，都有深入的了解，才能把翻译工作做好。他认为，两国文学"疆界所存，非徒在语言文字而已"，这是因为，由于不同国家道德风俗的悬殊，而所知、所感也因之而异，且"无形之情感"，较之"有形之事物"难知。这就是说，不同民族的文学，不独反映了这些民族的独特风俗，特有的世情，而且还反映着各自民族的不同心理和感情。由于后者更须深入其中，长期体验才能捕捉，人们在未曾达到这一步时，往往以本民族的心理感情去揣摩、理论对方，因此，较之前者，后者更难以深知。而做到这一点，又是搞好翻译必不可少的条件。他还认为，只有"老于本国之文学"，才能深知他国文学的妙趣，并把这种妙趣用本国的语言文学加以创造。

胡怀琛

我国最早对译诗理论进行探讨的是胡怀琛。胡怀琛(1886—1939)，安徽泾县人，辛亥革命后，与柳亚子主持《警报》、《太平洋报》编务。后任文明书局、商务印书馆编辑，上海通志馆编纂及上海沪江大学、中国公学、国民大学等校教授。他在1914年4月出版的《海天诗话》中曾有关于文学作品中可译和不可译的论述："或谓文学不可译，此言未必尽然。文学有可译者，有不可译者。能文者善于剪裁锻炼，未为不可译。若据文直译，则笑柄乃见矣。"认为中西用典，思想不同，不能直译，否则就会闹出笑话。又说："孰谓西诗无益于我乎？大抵多读西诗以扩我之思想，或取一句一节之意，而删节其他，又别以己意补之，使合于吾诗声调格律者，上也；译其全诗，而能颠倒变化其字句者，次也；按文而译，斯不足道矣。"

5.5　译名统一的问题

鸦片战争以后，翻译外国书籍日益增多，便产生了如何统一译名的问题。甲午以后，高凤谦在"翻译泰西有用书籍"一文中提出统一译名的方法，认为应该将西方所有之物，一一考据，中国有的，就用中国名作为该物之名，中国没有的，则应遍考已译之书，择通用的来用。在译书中见到的，要认真考虑该物的原质与功用。另取一名。"凡泰西所用之物，用中字西字，详细胪列，刊为一书，颁布通行。后之译者，以此为准，更不得改其他。"关于地名人名的统一，他建议："极宜将罗马字母编为一书，自一字至数字，按字排列，注以中音。西国以英语为主，以前译书多用英文也；中国以京音为主，以天下通行也。自兹以后，无论以中译西，以西译中，皆视此为本。"他感到统一译名，需要政治力量支持，因此提出将辑成之书"呈之总署，请旨颁行，令饬各省译局及私塾撰述，一体遵照，尤为便利"。梁启超在《论译书》一文中又补充了两点意见：一、官制名称应列一中西合璧表，使中西官名与官职相洽。如古今悉无相称之译名，则按西音译之；二、中西历年号不同，亦应列为表。他日译书，"则以其国之纪年为正文，而以孔子生年及中国历代纪年旁注于下"，使读者一目了然。盛怀宣等人也希望先做到统一普通常用的名词。宣统元年(1909年)五月，学部奏派候选道严复编定各科中外名词对照表及各种词典，九月复奏设编订名词馆，以严复为总纂。但结果不理想。因为严复"喜自立新名，将以往之译名多舍弃不顾"。

关于统一译名，除了以上官方的努力之外，私人也做了一些努力，外国教会在中国的出版机构也做了一些工作。

鸦片战争后，清代在统一译名方面虽然做了不少努力，但实际未能达到目的，原因是人才匮乏，力量又未能集中，加之以后借用日本译名，更增加了困难，而参加此项工作的人意见又有分歧。到民国时期，博医协会于 1915 年与江苏省教育会、中华医学会联合组成医学名词审查会。次年 8 月召开第一次会议，审查解剖学名词。1917 年该会扩大组织，成立执行委员会，审定化学名词。11 月准以教育部名义公布其解剖学名词。1918 年 10 月，教育部在南京召开中等学校校长会议，呈请划一科学名词。这便是中国政府推进统一译名的开始。

【小结】

甲午战争后的西学翻译，涉及内容广泛，不仅有严复的政治经济经典著作的翻译，有以林纾、伍光建等为代表的西方文学作品的翻译，还有影响中国翻译多年，至今仍备受推崇的严复的"信、达、雅"翻译标准的明确提出，译名的统一问题也开始有一些实质性的工作，可谓一个大丰收的时期。

第六章

五四新文学时期到新中国成立前的翻译活动

1919 年的五四运动是一场爱国主义的政治运动。在五四运动前后，在思想文化领域曾发生过一场规模空前的文化革命运动，在文化史上称为新文化运动。这是一场伟大的思想解放运动，分为两个阶段，五四运动以前是思想启蒙运动，五四运动以后是马克思主义在中国的传播。

启蒙运动是反封建的产物。封建社会造成人们蒙昧无知，为了廓清蒙昧，启迪理智，处在上升时期的资产阶级，需要一个思想上的启蒙运动。在世界历史上，启蒙运动可上溯到 15 世纪欧洲的"文艺复兴"。它发端于意大利，18 世纪遍及西欧各国，形成普遍的思想运动。

五四运动前的中国，孔教的精神枷锁禁锢着人们的头脑。伴随着孔教的盛行，神鬼之学猖獗；与孔教、神学相适应，文学上的"桐城谬种，选学妖孽"从思想上、文学语言上禁锢着人们的头脑。五四运动的启蒙思想家们，以意大利的文艺复兴和法国的启蒙运动为榜样，对中国的资产阶级革命——辛亥革命，进行了一次文化思想上的补课。他们从 1915 年 9 月开始，以《新青年》为阵地，高举"科学"和"民主"两面思想文化旗帜，"救治中国政治上道德学术上思想上一切的黑暗"，形成了具有伟大历史意义的文化思想运动。

6.1 新文学时期的文学翻译与马克思主义著作的翻译

6.1.1 新文学时期的文学翻译

五四运动以后出现的中国新文学，在文学史上一般指 1917 年—1927 年新文学时期的第一个十年，在中国文学史上标志着一个非常重要的新时期。从形式到内容，从广度到深度，都超过了过去任何时代的文学变革，其产生的社会影响更是任何其他时代的文学无法比拟的。

提倡新文学，反对旧文学；提出"文学革命"的口号，掀起白话文运动，这是五四新文学运动的重要使命之一。新文学运动的先驱陈独秀(1880—1942)发表《文学革命论》，首先提出"文学革命"的口号和文学革命的"三大主义"：推倒雕琢的阿谀的贵族文学，建设平易的抒情的国民文学；推倒陈腐的铺张的古典文学，建设新鲜的立诚的写实文学；推倒迂腐的艰涩的山林文学，建设明了的通俗的社会文学。这些进步的文学主张具有鲜明的反封建的战斗精神，对五四新文学运动起到了指导作用。

五四新文学首先在思想内容上显示出彻底的反帝反封建的特色；其次，在文学形式上(格式、方法、技巧、语言等)方面实现了"现代化"，以小说为例，在语言上以白话文取代了文言文，在格式上打破了传统的章回体、"聊斋体"、笔记体，代之以多样化的自由体，在中国文学新旧嬗变中吸收和借鉴外国文学的现实主义、浪漫主义和具有现代派特征的象征主义等创作方法以及细腻的环境描写、静态的心理描写、肖像描写等文学技巧。

1918 年 1 月《新青年》就全部改用白话文。1918 年 5 月 15 日《新青年》发表的鲁迅的第一篇白话文小说《狂人日记》，是中国文学史上第一篇真正意义上的白话小说，可称为中国现代小说的"开山之作"。

五四新文学运动使"文学革命"得到了空前广阔而深入的发展。随之而来的便是我国翻译史上文学翻译事业的最辉煌的时期。从陈独秀、李大钊主编的《新青年》，到郭沫若、成仿吾、郁达夫等领导的"创造社"主编的《创造季刊》（《创造周报》、《创造日》）；从茅盾、郑振铎、冰心、叶圣陶组织的"文学研究会"主编的《小说月报》，到鲁迅领导的"未名社"、"朝花社"主编的《莽原》、《奔流》、《译文》等新文学团体和新文学刊物，积极译介和出版了大量的外国文学作品，如俄罗斯文学、法国文学、被损害民族文学等。

这一时期的文学翻译有两大显著特点：

1) 五四新文学翻译是继西学翻译高潮之后涌现的又一次新的翻译高潮，与西学翻译高潮相比，无论在作品数量和质量上，还是在其影响范围上都是前所未有的，发生了根本性的变化，其重要标志是：我国新文学翻译事业的领导力量是著名的革命文学家鲁迅、瞿秋白、郭沫若、沈雁冰、郑振铎、郁达夫、刘半农、叶圣陶、巴金等和著名政治家、思想家、理论家陈独秀、李大钊、张闻天、成仿吾等。他们既是第一流的文学翻译家，又是文学翻译战线上的先锋和主将。正是由于这些先进的革命分子的积极倡导和辛勤努力，我国的文学翻译事业才得到了健康、广泛、深入的发展。他们把翻译事业同反帝反封建的斗争结合起来，彻底改变了五四以前翻译界那种混乱的、无原则的落后现象，扫荡了不良的译风，奠定了我国现实主义翻译路线的基础。同时，还培养和造就了一大批成就卓著的专业翻译家，如耿济之、曹靖华、李霁野、金人、朱生豪、傅雷等。

2) 五四运动前后，俄罗斯文学翻译与其他欧洲国家文学翻译相比，形成了一条波澜壮阔的巨流，在中国出现了一个声势浩大的、崭新的俄罗斯文学翻译局面。鲁迅把介绍俄罗斯文学喻为普罗米修斯给人类偷火，当做给起义的奴隶私运军火。

陈独秀

陈独秀(1879—1942)不仅是五四新文学运动的倡导者之一,而且也是我国现代著名文学家和五四新文学运动时期的翻译家。从 1902 年到 1916 年,翻译出版了法国著名作家维克多·雨果的《惨社会》(《悲惨世界》)、《汉译英文选》;发表译学论文"西文音译私议"。

张闻天

张闻天(1900—1976),是老一辈革命家,但很少有人知道他也是五四时期新文学运动的一位热忱斗士。他以丰富的翻译、多彩的创作和深刻的评论投入新文学运动,成为我国现代文学史上第一代革命文学家和文学翻译家。他精通英、法、俄、日等语种,1921 年,21 岁的他就开始了文学翻译生涯,翻译了许多世界文学名著:英国王尔德的《狱中记》、西班牙倍那文德的《热情之花》、俄国安特列夫的《狗的跳舞》和柯罗连科的《盲音乐家》、英国勃兰兑斯的《拜伦论》和《罗素论文集》。1924 年起转入文学创作时期,以长篇小说《旅途》和话剧《青春的梦》引起社会强烈反响,推动了新文学运动的蓬勃发展。

陈独秀和张闻天在文学翻译上起着先锋和主帅作用。

耿济之

耿济之(1898—1947),五四新文学运动时期杰出的俄国文学翻译家。1918 年开始从事俄国文学翻译,主要译作有:托尔斯泰的《家庭幸福》、《复活》,柴霍甫(契诃夫)的《犯罪》、《侯爵夫人》,郭克里(果戈理)的《疯人日记》、《巡按使及其他》,屠格涅夫的《猎人日记》、《父与子》,陀思妥耶夫斯基的《白痴》、《死屋手记》,奥斯特罗夫斯基的《雷雨》,苏联高尔基的《马特威·克里米亚金的一生》,还有法国莫泊桑的《遗产》。

6.1.2　马克思主义著作的翻译

马克思主义著作的翻译是五四新文学运动时期翻译的另一个内容。

1912 年，北京、上海、四川、湖南等地积极开展赴法勤工俭学活动，1921 年底，赴法勤工俭学学员已达 1570 余人。十月革命后，一大批革命青年赴苏留学，其中不少人成为传播马克思主义学说的著名翻译家。

以马克思和恩格斯两人合写的以《共产党宣言》为代表的马克思主义理论在 20 世纪初传入中国，它首先在中国的大学里传播，并对于 1921 年中国共产党的成立产生了很大的影响。

陈望道

陈望道(1890—1977)，浙江义乌人，早年东渡日本留学，就读于早稻田大学，1919 年回国后积极参加五四新文化运动，曾与鲁迅一起发起"大众语"运动。1920 年与陈独秀等人于上海组织中国第一个马克思主义研究会，同年 4 月陈望道由日文全文转译《共产党宣言》，于 8 月由上海社会主义研究社作为"社会主义小丛书"第一种出版。在此之前，曾有过《共产党宣言》摘译文字。1906 年 4 月孙中山辛亥革命时期的助手、资产阶级民主革命派、著名理论家朱执信(1885—1920)在中国同盟会机关报《民报》(第 3 期)上曾翻译过《共产党宣言》末尾的十大纲领；1919 年(由李大钊、陈独秀创办的)《每周评论》(4 月 6 日)的"名著"专栏中曾刊登过《共产党宣言》第二章"无产者共产党人"后面属于纲领的一段；1920 年初，由李大钊领导的马克思学说研究会翻译室首次自德文翻译《共产党宣言》，出版了非全文的油印本。陈望道是第一个全文翻译《共产党宣言》的人。

郭大力

郭大力(1905—1976)，江西南康人。1923 年考入厦门大学学化学，次年转入上海大夏大学改学哲学。他在大学期间就立下翻译《资本论》、研究和传播马克思主义的志愿。1928 年他在一个寺院开始翻译《资本论》，半年内译完第一卷，后来译稿在"一·二八"的炮火中销毁。为了译好全部《资本论》，他作了艰苦的理论准备和实践准备。他首先系统研读和翻译了资产阶级政治经济学名著，如亚当·斯密的《国富论》、李嘉图的《政治经济学及赋税原理》、约·穆勒的《经济学原理》、朗格的《唯物史论》、杰位斯的《经济学理论》、马尔萨斯的《人口论》等。有了这样雄厚坚实的哲学政治经济学理论基础和丰富的翻译实践经验，他才开始正式翻译《资本论》1—3 卷(王亚南参加了部分翻译)，1937 年脱稿，1938 年由读书生活出版社出版。郭大力先生是第一个译介《资本论》的人。

郭先生的翻译态度和翻译思想是极其严肃认真的，他在《资本论》译者跋中写道："我们根据的版本，是马恩研究院校正过的德文本。我们所加的若干附注，大都是根据这个版本实行的。……此外，我们还参照了两种英文译本和两种日文译本，不过当中只有一种英译本和一种日译本是完全的。在格式方面，我们尽量保持原版的特色。在行文方面，我们尽量使其流畅，但当然，每一个地方，我们都顾虑到了，要使它的文句，不至于弄差它的意义。"

1940 年春，郭先生又开始了《资本论》第 4 卷——《剩余价值学说史》艰巨的翻译工作。历时四载，完成了这部 120 万字的巨著。为了使《资本论》全译本臻于完善，他又用了五年时间修改了 1938 年出版的《资本论》第 1—3 卷的译文。随着我国社会主义经济建设的发展，全国掀起学习马克思主义经济的热潮。为了使译文更加准确无误、至善至美，他不顾重病缠身，又用了七年的时间从头至尾对《资本论》进行了第二次全面修改。1966 年春，在"文革"期间，郭先生顶着"资产阶级反动权威"的帽子，拖着健康状况日益恶化的身体，以坚强的意志和惊人的毅力，终于完成了篇幅浩瀚、难度极大的《剩余价值学说史》的重译工作。他用整个的生命完成了马克思巨著的翻译工作，对历史作出了不可磨灭的贡献。

6.1.3　五四新文学时期的翻译思想

五四新文学时期翻译事业的繁荣，带来了翻译思想的活跃，在翻译理论上呈现出"百花齐放，百家争鸣"的新局面。这一时期，轰轰烈烈的文学革命，蓬勃发展的白话文运动，促进了翻译文体的彻底革命，推动了传统翻译思想的重大转折。

一、关于"直译与意译"

古代佛经翻译时期，在大师们之间曾进行过翻译文体改革和直译与意译之争；西学翻译时期梁启超等人也曾进行过翻译文体革命，严复、林纾的翻译文体进化也是如此。但这两次翻译文体改革仅仅是从文言到白话的一种进化，本质上都没有离开"文言本位的原则"，只有五四新文学运动，即白话文运动对翻译文体的革命才是彻底的——实现了白话本位的翻译。

在翻译理论上遇到的第一个争论问题是白话文言与直译意译之间的关系问题。大致有三种观点：一、直译宜用白话文，意译用文言；二、直译意译皆用白话；三、直译意译无关白话文言。

白话文学运动以来，翻译界大量翻译外国文学作品，其主要翻译方法是采用直译法。周作人是直译法的代表人物。他和鲁迅早期的翻译，是从接受林纾转述的译法到摆脱其影响而采用直译的方法。他从 1917 年开始用白话翻译的第一篇译品是《古希腊的牧歌》。胡适在《五十年来中国之文学》中说："他用的是直译的方法，严格的尽量保持原文的文法与口气。这种译法，近年来很有人仿效，是国语的欧化的一个起点。"

周作人

周作人（1885—1967），浙江绍兴人，字启明，号仲密，又名知堂。他是著名的文艺理论家、文艺批评家，也是我国最早的著名文学翻译家。早年毕业于江南水师学堂，后赴日本留学，入立教大学文科。他深谙古希腊文、古英文和古日文。周作人在中国现代文学史上曾与鲁迅并驾齐驱，尔后又分道扬镳，是一位悲剧性的历史人物。他曾是新文学运动的先驱，《新青年》战斗阵中的伙伴，但也有一段附逆事敌出任伪职的历史。他的文学翻译活动始于五四运动以前。他一生勤于译事，即使在坐牢期间也未停顿。中华人民共和国成立后获得新生。在这悲剧余生的 17 年中还翻译了 29 部东西方文学作品（比以往 40 年所译的总量还要多）。凭其学贯东西的广博文化知识和深湛的文学修养，完成了许多繁难的译作，为翻译介绍世界文学作出了贡献。主要译作有：《域外小说集》（1907 年，与鲁迅合译）、《日本小说集》、《现代日本小说集》、《日本文学名著》、《浮世澡堂》、《石川啄木诗歌集》、《古事记》、《显克微支短篇小说集》、《伊索寓言》、《希腊神话》、《希腊对话选》等。

周先生在译文集《陀螺》自序中鲜明地阐发了自己的翻译观点。概括地说，就是他的"直译"观，实质上也是"信、达、雅"说，因为他的直译是有条件的。这个条件便是：第一，必须"达意"；第二，"表现原文的意义"（"就是信与达"）；第三，保存原文的风格。还用实例生动地说明了什么是"胡译"和"死译"。同时还批评有些自作聪明的人，不是在译，而是在"写"，是"用了什么译把文章写得更漂亮"。他的这些翻译思想对译界后人无疑是极其宝贵的。

二、关于"信与顺"

20 世纪 20 年代末至 30 年代初在中国翻译界出现了一场"翻译标准"的论战。许多著名文人如鲁迅、瞿秋白、梁实秋、赵景深、陈西滢、林语堂、叶公超等都直接或间接地介入了这场长达八年之久的论战，震撼了当时整个文坛。论战是从 1929 年 9 月 10 日梁实秋发表的"论鲁迅先生的硬译"一文开始的。文中提出"与其信而不顺，不如顺而不信"的主张。早在 1928 年，梁实秋在"论硬译"一文中就指出："硬译"无异于"死译"，其危害更甚于"曲译"。他曾不只一次地枚举过鲁迅"硬译"的例子，并根据自己的翻译标准进行分析与批评。继而赵景深于 1931 年 3 月在《读书月刊》第 1 卷第 6 期"论翻译"一文中，也为误译辩解，提出了"宁错而务顺，毋拗而仅信"的翻译主张。

后来鲁迅一连发表了"论'硬译'与文学的阶级性"、"几条'顺'的翻译"、"风马牛"等措辞辛辣的文章进行了强有力的反驳。其实，"硬译"这一概念对鲁迅和梁实秋来说是具有不同含义的。鲁迅将自己的翻译谓之"硬译"，显然并无任何贬义，此处之"硬"字，实际上是针对某些句法词法而言的。它只是作为"直译"的代替说法罢了。

这场论战中的主将，"信"派的代表人物是鲁迅和瞿秋白。"顺"派的代表人物是梁实秋和赵景深。双方针锋相对，集中讨论了以下四个问题：一、信与顺的问题；二、直译与意译的问题；三、"欧化"与"归化"问题；四、重译问题。通过论战，在许多方面达成了共识，使以"信、达、雅"为核心的中国传统翻译理论经受了一次重大的考验，从而继承和发展了中国传统翻译思想。

梁实秋

梁实秋(1903—1987)，浙江余杭县人，著名文学家、文学翻译家、辞书编纂家。1915 年入清华留学预备学校，1920 年赴美留学，先后入科罗拉多大学、哈佛大学、哥伦比亚大学。1926 年归国后，在长达 40 年的学府生涯中，历任南京大学、青岛大学、北京大学、北京师范大学教授。1949 年赴台湾定居。梁氏倾毕生精力于译苑，其主要译作有：《咆哮山庄》、《沉思录》、《西塞罗文录》等。他是我国独立完成《莎士比亚戏剧全集》（37 卷）翻译的第一人，他的译本问世，是中国翻译史上的一件大事。同时，他曾主编 30 多种英汉辞典和教科书，其中《最新实用汉英辞典》、《最新实用英汉辞典》、《远东英汉大辞典》至今仍为我国译界所称道。他在翻译理论上曾提出过"存真论"。他的翻译标准是"翻译要忠实于原文，如能不但对原文的意思忠实，而且还对'语气'忠实，这自是最好的翻译"。

赵景深

赵景深（1902—1985），四川宜宾人。1922 年在天津攻读纺织专业，但志在文学。毕业后任《新民意报》文学编辑，同年加入文学研究会，涉猎文学各个领域，尤其在童话、民间文艺和外国文学翻译方面成就卓著。他的文学翻译活动主要集中在 1928—1934 年间。1930 年起一直任上海复旦大学教授。他的主要译作有：俄国屠格涅夫的《罗亭》、契诃夫的《柴霍甫短篇杰作集》（8 集）；丹麦安徒生的《安徒生童话新集》；德国格林的《格林童话集》（14 集）、《皇帝的新衣》等。

三、关于"形似与神似"

在中国现代翻译史上形似神似理论是我国译学的一个重要组成部分。在这一时期，从讨论"信、达、雅"理论引出形似神似理论。较早提出这一理论的代表人物有茅盾、曾朴和曾虚白父子、陈西滢等。

曾虚白

曾虚白（1894—1994），原名曾焘，字熙伯。曾朴之子，江苏常熟人，我国著名作家、文学翻译家、外国文学研究家。早年于上海圣约翰大学毕业，曾任雅礼大学教授、金陵女子大学中文系主任等。曾主编《真善美》月刊，与其父同办真善美书店，曾任《大晚报》总经理兼主笔。1949 年定居台湾。主要译作有：《娜娜》、《断桥》、《欧美名家小说集》、《鬼》、《英雄与英雄的崇拜》等。

陈西滢

陈西滢（1896—1970），原名陈源，字通伯，江苏无锡人。幼年在南洋公学读书，16 岁赴英国留学，先入中学，后入伦敦大学攻读政治经济学，获得博士学位。归国后曾任北京大学教授、武汉大学文学院院长。五四时期，曾与胡适创办《现代评论》，为现代评论派的代表人物，与以鲁迅为代表的语丝派有过论战。主要译作有：《父与子》、《少年维特之创造》、《梅立克小说集》等。

1929 年，陈西滢在《新月》上发表"论翻译"一文，第一次公开对严复的"信、达、雅"理论提出质疑。文章一开头便提出"严侯官在他翻译的《天演论》的例言里说了一句：'译事三难：信、达、雅'，这信、达、雅三字便成了几十年来译书者的唯一指南，评衡译文者的唯一标准。"他认为翻译文学作品，"雅"字是"大忌"，因为有许多作品如《金瓶梅》之类，根本就以"不雅"见长；"达"字也"并不是必要的条件"，因为许多象征派、表现派的东西，根本原文就不达。"所以译文学作品只有一个条件，那便是信。"随后他把翻译家比作画家和雕刻家，提出了"信"的三种不同境界："形似"、"意似"、"神似"三格。他认为，"形似"翻译，就是直译，它"注重内容，忽视文笔及风格"，"因为忽略了原文的风格，而连它的内容都不能真实的传达"，此为下乘；"意似"翻译，"便是要超过形似的直译……译者的注意点，不仅仅是原文里说了什么，而是原作者怎样的说出他这什么来"，其缺点在于得不到原文的"神韵"，此得其中；"神似"翻译，唯有"神似"的译品抓住这不可捉摸的"神韵"，此为上品。他最终认为，古今中外神似译品寥寥难得，"千万年中也不见得能遇到一次"，所以提出"神似"，不过觉得"应当放一个不能冀及的标准在眼前。'取法乎上，失之于中'"。

1930 年曾虚白发表了"翻译中的神韵与达"，针对陈西滢"论翻译"一文而发。曾氏认为陈氏的"神韵"仿佛是能意会而不可言传的一种神秘不可测的东西。他提出了自己的"感应论"的翻译标准："所谓'神韵'者，并不是怎样了不得的东西，只不过是作品给予读者的一种感应。换句话说，是读者心灵的共鸣作用所造成的一种感应。而这种感应，因为读者（当然能透彻了解的读者）的环境、心情等种种不同而各异其浅深，色彩。"读者感应就是文学作品在读者（或译者）心中产生的效果，不同的读者对同一作品会产生不同的反应。这也就是今天人们常说的"读者反应"美学。"至于翻译的标准，应有两重：一在我们自己，一在读者。为我自己方面，我要问：'这样的表现（翻译）是不是我在原文里所得到的感应？'为读者方面，我要问：'这样的表现是不是能令读者得到同我一样的感应？'若说两个问题都有了满意的认可，我就得到了'神韵'。"

1929 年，曾朴先生在"读张凤用各体诗译外国诗的实验"一文中论译诗有五个任务时就提出"神韵要得"的思想。他说："为什么神韵要得？神韵是诗的唯一精神，是件神秘不可捉摸的东西，决不能在文辞的浮面上可以寻觅得到的，是诗人内心里渗漏出来的香味；在外国叫烟土披里纯（inspiration），我国叫做神韵或神致，都是这个东西。……一个人有一个人的神韵，一首诗有一首诗的神韵，这就是诗人的个性表现，也就是一首诗的生命活动。我们译诗，先要了解诗人的个性总和，然后再把所译的诗细细体会，不要把它的神韵走了丝毫的样，那才能算得了神韵。"

20 世纪 20—30 年代，关于形似神似理论的讨论，在当时翻译界引起很大反响，对中国翻译思想的发展起到了积极的促进作用。

6.1.4　五四新文学时期重要人物及其翻译活动

鲁迅

鲁迅（1881—1936），浙江绍兴人，字预才，学名周树人。"鲁迅"是发表《狂人日记》时始用的笔名。鲁迅是中国伟大的文学家、思想家、革命家，也是一位杰出的文学翻译家。鲁迅在一生的文学活动中，几乎用大半生的精力从事翻译介绍和研究外国文学，借外国的火，来照明中国的黑夜。鲁迅继承和发展了中国传统翻译理论和翻译思想，是中国译论的奠基人。鲁迅出身在一个没落的封建家庭，祖父周福清中过进士，父亲周伯宜是秀才。他自幼接受传统封建文化教育。6岁从叔祖周玉田诵《鉴略》，12岁转入另一叔祖周子京书塾，后入全绍兴城学规最严厉的三味书屋。少年时代的鲁迅，出入经史，广涉诗文，旁及杂览，积聚了深厚的民族文化底蕴。1998年，鲁迅到南京投考江南水师学堂，该校具有明显的维新进步倾向，看新书的风气很盛。他广泛接触宣传维新思想的书籍，阅读西方近代社会科学和文学方面的译著，其中最爱读的是严复译的《天演论》。进化论思想曾成为他观察社会，进行反封建斗争的思想武器。1902年矿路学堂毕业后，趁选拔留学生的机会，他以优异的成绩考取了官费赴日留学。到日本后，入东京弘文学院（专门为中国留学生设立的学习日语和基础课的预备学校），在这里打下了深厚的日文基础，并学习了英文。1904年转入仙台医学专门学校学医，并学了两年德文，后又学俄文。他通晓日、德、英、俄四种外语，1906年他弃医就文，拿起了解剖灵魂的武器，开始了漫长的战斗的文学创作与翻译生涯。

青年时代的鲁迅，在中国新文学运动的拓荒年代，浮槎东洋后，放舟于西方近代学海，徜徉在西方先进文化思想中，希望像古希腊的普罗米修斯那样，从天国里窃得火来，"煮自己的肉"，用进步的思想武装自己，实现救国救民的理想。这一时期，他阅读大量的外国哲学家、文学家、艺术家的著作，内容涉及自然科学和哲学社会科学诸多学科领域。如德国的黑格尔、叔本华、尼采、斯蒂纳、歌德、席勒、海涅，英国的孟德斯鸠、斯宾塞、甄克思、莎士比亚、哈葛德、拜伦、雪莱、安德鲁·兰，美国的马克·吐温；法国的雨果、福楼拜、司汤达、小仲马，俄国的普希金、莱蒙托夫、果戈理、托尔斯泰、屠格涅夫、陀思妥耶夫斯基、契诃夫、迦尔洵、爱罗先珂、高尔基、法捷耶夫、阿尔志跋绥夫、普列哈诺夫、卢那察尔斯基、波兰的密茨凯维支、斯洛伐茨基，匈牙利的裴多菲，挪威的戏剧家易卜生，荷兰的斯宾诺厦，日本的夏目漱石、武者小路实笃、厨川白村等。

鲁迅对中国近代翻译史作出了重要的贡献。

(一) 开辟了我国近代中西文化交流史上具有重要影响的第二源流

19 世纪末至 20 世纪初，西方资本主义文化思想实际上存在着两大源流。第一源流是美国和西欧各发达资本主义国家的以个性主义和自由主义为主要标志的文化思想；第二源流是俄国和东欧被压迫民族、国家的以人道主义和民主主义为基本精神的文化思想。在鲁迅(和周作人)登上译坛之前，由资产阶级改良主义者和封建士大夫开明人士(以梁启超、严复、林纾等为代表人物)主宰的近代译坛，"向西方寻找真理"，主要是从第一源流引入发达资本主义国家的个性主义和自由主义的文化思想，认为这些国家是世界先进的国家，是人类的自由世界，连它们的学术和文艺也都带着诱人的温和色彩。

鲁迅的翻译就是在这样的文化背景下开始的。但是，他很快就转移了视线，把目光集中在正处于"专制与革命对抗"的俄国和正处于"抵抗压迫、求自由解放"的东欧诸国的文学，认为这些国家的文化思想较发达资本主义国家更富于时代的革命色彩，想引进同样处在被压迫、被奴役地位的"斯拉夫民族"觉醒反抗的呼声来振作"国民精神"，唤起沉睡中的国人，以求救国运于垂危，达到"立国"之目的。鲁迅开创了我国近代中西文化交流史上具有重要意义和影响的第二源流，当时人们把来自第二源流的文学称为"外国新文学"。

(二) 翻译方法上的革命

鲁迅和周作人登上译坛之时，林纾翻译风靡文学翻译界。严复、林纾等人的历史贡献是不可磨灭的。如前所述，是他们打开了从西方输入资产阶级进步文化的窗口，促成了近代翻译事业的繁荣，也催生了包括鲁迅等人在内的一大批向西方寻找真理的志士仁人。但是他们的思想必定受到封建士大夫和资产阶级改良主义者的历史局限性和保守性的影响，他们不可能超越自己的时代，只能是近代文学的改良派。鲁迅起初也对他们的翻译十分欣赏，并受其影响。然而，鲁迅、周作人对这种惯用的传统的"转述译法"提出了挑战。他们勇敢地采用新的译法——忠实于原著的白话文的直译法，使西方近代资本主义文化思想不走样地传入中国。这在当时也可以说是一场革命。

(三) 鲁迅的翻译生涯和翻译思想

鲁迅一生的文学活动是从翻译外国文学开始的。他一生共翻译介绍了 14 个国家 100 多位作家的 200 多种作品，印成了 33 种单行本，300 余万字。他的翻译作品涉及的国家有：俄国和苏联、日本、英国、法国、德国、奥地利、荷兰、西班牙、芬兰、波兰、捷克、匈牙利、罗马尼亚、保加利亚等，其中俄国和苏联的作品占一半以上。

鲁迅的翻译思想经历了一个逐步臻于完善的过程。在早期阶段，1907 年在第一篇文艺论文"摩罗诗力说"中热情地颂扬了拜伦、雪莱、普希金、莱蒙托夫、裴多菲等许多浪漫主义诗人，体现了反抗异族侵略、迫切要求民族解放的爱国主义精神，反映了大胆否定封建主义等一切统治观念，极力提倡个性解放的思想。1909 年《域外小说集》的问世，则标志着东欧、北欧、俄国等现实主义文学已占据了他整个翻译思想的中心。在中后期，他最终能够博采众长，并将其成功地与现实主义结合起来，顺利地完成了向马克思主义的过渡。

鲁迅代表着"中华民族新文化的方向"。鲁迅一生的翻译主张和实践闪耀着革命思想的光辉。正如茅盾先生所说，鲁迅的翻译活动"表现了始终一贯的高度革命责任感和明确的政治目的性"。他的翻译是和时代脉搏一起跳动的。

鲁迅的翻译活动大致可分为三个时期。

第一个时期(1903—1919)：日本留学阶段。

1903年鲁迅最早翻译的文学作品是法国作家凡尔纳的著名科幻小说《月界旅行》和雨果的《随见录》中的《哀尘》以及编译的《斯巴达之魂》。1907年，与周作人合译了英国哈葛德与安德鲁·兰合著的小说《红星佚史》(原名《世界之欲》)，1909年编印了两本《域外小说集》，集中收录了他翻译的俄国作家安特莱夫和迦尔洵的作品。后人评价"《域外小说集》开辟了翻译史上的新纪元"。在这一时期，他的翻译思想是"呼号"，是"战斗"。他的心，是站在弱者和不幸者一边，站在反抗者一边的。

第二个时期(1920—1927)：从革命民主主义思想向共产主义思想转变。

这是鲁迅在思想上从革命民主主义思想向共产主义思想转变的时期，在翻译思想史上也处于一个"上下求索"的时期。由于形式的需要和思想武装的需要，他译了不少文艺理论作品，如尼采的《查拉图斯特拉的序言》、厨川白村文艺理论集《苦闷的象征》和《出了象牙之塔》、托洛茨基的《文学与革命》等。这一时期，他的特点是翻译了大量俄国以及东欧和北欧的文学作品，出版了被损害民族的文学专号，译了乌克兰谢甫琴科、匈牙利裴多菲、保加利亚伐佐夫、芬兰明娜·亢德等人的作品，以及荷兰望·霭覃的童话作品《小约翰》，俄国爱罗先珂的《桃色的云》、《爱罗先珂童话集》，日本武者小路实笃的剧本《一个青年的梦》等。他特别重视翻译被压迫、被损害的弱小国家、民族和人民的文学，因为这些作品富于挣扎、反抗、怒吼的精神。

第三个时期(1927—1936)："为人生"，"改良人生"。

"转移性情，改造社会。"这是鲁迅从事整个文学活动，包括文学翻译活动的宗旨。

这一时期是鲁迅翻译和研究外国文学最辉煌的时期。这时他已从一个彻底的革命民主主义者转变为伟大的共产主义者。为了中国革命的需要，在这一时期他翻译的文学作品和文艺著作都是"战斗的作品"。1929 年他翻译了普列汉诺夫著名的文艺著作《艺术论》；1930 年翻译了法捷耶夫的名著《毁灭》，出资编印了曹靖华翻译的绥拉菲摩维支的名著《铁流》，翻译了匈牙利至尔·妙伦的《小彼得》、苏联的勒·班台莱耶夫的《表》，1935 年完成了他一生翻译工作的最后一部译作——俄国古典作家果戈理的名著《死魂灵》。

（四）鲁迅的翻译理论

鲁迅的翻译理论是在批判地继承和发展历代佛经翻译以及清末社会科学和文学翻译理论与实践的基础上形成的。作为翻译理论家，鲁迅发表了大量论述翻译理论和翻译思想的文章，阐发了自己对翻译的观点和主张，同当时翻译界的各种错误思想和不良风气与倾向进行了不懈的斗争，巩固和发展了中国传统翻译理论和思想。他的主要理论贡献是：

（1）"易解、风姿"，"移情、益智"

鲁迅从长期的、大量的翻译实践中创立了自己的翻译理论。"易解、风姿"与"移情、益智"是鲁迅翻译理论的核心。其理论价值在于：

鲁迅的"力求易解"和"保存原作风姿"，就是既要通顺，又要忠实。然而，这个"忠实"就本质而论，应该是从内容到形式完全的、充分的忠实，包括了"信、达、雅"的意义在内，换言之，就是忠实于原作的内容和形式这一不可分割的统一体，包括构成原作的一切要素（语言要素、超语言要素、艺术要素等）的全面忠实。这就是艺术性翻译的标准。鲁迅提出的"易解、风姿"双标准，不仅涵盖了严复的"信、达、雅"三标准的内涵，而且使其得到了丰富和深化。是对"信、达、雅"传统翻译理论的一种传承和发展。

这个双标准论还从根本上解决了翻译界长期存在的是竭力使外国文学作品"归化"，还是尽量保持洋气的问题。鲁迅主张，译者只能"改换衣裳"，即转换语言形式，而不能"削鼻剜眼"，即尽量保存原作的"异国情调",也就是尽量保存原作的"洋气"、"洋风"、"洋味"。而要完全地、充分地表达原作内容的"洋气",就不能将语言彻底地"归化"。"其实世界上也不会有完全归化的译文,倘有,就是貌合神离,从严辨别起来,它算不得翻译。"

(2) "以直译为主,以意译为辅"与"以信为主,以顺为辅"

鲁迅先生主张翻译"以信为主,以顺为辅",反对顺而不信。他在《关于翻译的通信》中表明了自己的看法。他所主张的"宁信而不顺"中的"不顺",就是在翻译时,"不但在输入新的内容,也在输入新的表现法",而"其中一部分,将从'不顺'而成为'顺',有一部分,则因为到底'不顺'而被淘汰,被踢开。这要紧的是我们自己的批判"。鲁迅既主张"信"与"顺",又主张"输入新的表现法",这就是他一贯主张的"直译"的思想真谛。鲁迅虽然强调"直译",但并不排斥"意译",绝不将二者对立起来,相反,同样也赞成"意译",即"以直译为主,以意译为辅"。在《小彼得》序中,他鲜明地表述了他的这一思想:

> 凡学习外国文字的……开手就翻译童话,却很有些不相宜的地方,因为每容易拘泥于原文,不敢意译,令读者看得费力。这译本原先就很有这弊病,所以我当校改之际,就大加改译了一通,比较的近于流畅了。

(3) "重译"和"复译"

鲁迅的"重译"就是我们常说的"转译","重译隔了一重手,在概念上和文章风格上自难与原作百分之百的吻合"。翻译本身已经无法避免地使读者与原作隔了一层,而从他国文字译本转译,则又隔了一层,这就等于给读者设置起两重难以逾越的壁垒。鲁迅提倡并期望"精通丹麦、诺威、西班牙文字的人们"打开眼界,从原文重新直接翻译,这样才是尊重作者,爱护读者。"重译"和"复译"是鲁迅翻译思想的重要组成部分。这在当时"不止是击退乱译"等不良译风,使我国翻译得到健康发展,更重要的是,为繁荣我国翻译事业，促进中外文化交流，丰富民族文化宝藏作出了不可磨灭的历史贡献。

鲁迅认为"一劳永逸"的译本是没有的，而"成功一种近于完全的定本"是可能的。鲁迅对待复译是非常宽容的。他认为，可以"取旧译的长处"，旧译出自先辈大师之手，可以学习，甚至可以模仿，其意全在"借鉴"，但必须"再加上自己的新心得"，这就是重在"再创造"，重在"敢于超越"。无论是"因言语跟着时代变化"而"有新的复译本"，还是在同一时代里对于同一作品的不同解读，都应当遵守这一原则。哪怕复译"七八次何足为奇"，为的是"成功一种近于完全的定本"。

(4) 翻译批评

翻译批评是文艺批评的一种。鲁迅热心评论文学，兼及翻译批评。他提倡翻译界开展正确的批评。没有批评，翻译界虽说是很"热闹"，却不免"芜杂"。他说："翻译的不行，大半的责任固然该在翻译家，但读书界和出版界，尤其是批评家，也应该分负若干的责任。要救治这颓运，必须有正确的批评，指出坏的，奖励好的，倘没有，则较好的也可以。倘连较好的也没有，则指出坏的译本之后，并且指明其中的那些地方还可以对读者有益处。"这就是鲁迅一贯主张的"剜烂苹果"的思想。他主张批评家要议论公平，态度宽宥，反对"一棍子打死"的做法，体现了一种实事求是，具体问题具体分析的辩证唯物主义思想。鲁迅的这一思想确立了中国新文艺批评(包括翻译批评)的基石，廓清了五四时期混乱的文艺批评思想，将现代文艺批评和翻译批评引向健康发展的道路。

(5) 翻译与创作并重

在中国文学史上，崇创作轻翻译的错误思想古已有之。在中国翻译史上几乎很少提到译者。在鲁迅时代，有的创作家把翻译比作"媒婆"，而把创作比作"处女"，说什么"在男女交际自由的时候，谁还喜欢和媒婆周旋呢"。鲁迅竭力反对这种世俗偏见，首次提出"翻译应与创作并重"的思想,他是我国翻译史上提倡翻译与创作并重思想的第一人。这一思想确立了翻译工作在我国整个革命文化事业中的地位,促进了翻译事业的蓬勃发展,在中国翻译史上具有深远的意义。回顾中国五四以来的新文学史,基本上是创作与翻译并重的历史。由于鲁迅的远见卓识,今天我们才看得到翻译界一派欣欣向荣的景象,看得到优秀翻译家的翻译文学作品结集出版并成为中国文学的一个组成部分,看得到翻译文学作品与创作一起丰富着中国文学。

鲁迅作为一位伟大的文学家和翻译家,从来都将文学和翻译事业服从于社会改造和人民解放的伟大事业,他致力于精神食粮的输送,振奋国民精神,努力追求真理,探索救国之路。他是新中国的催生者和新文化的建设者。毛泽东说:"鲁迅是在文化战线上,代表全民族的大多数,向着敌人冲锋陷阵的最正确、最勇敢、最坚决、最忠实、最热忱的空前的民族英雄。鲁迅的方向,就是中华民族新文化的方向。"鲁迅的著作和译作是我国文化艺术的一座高峰,鲁迅的翻译思想在我国翻译思想史上占有重要的地位。

瞿秋白

五四以后的中国,以政治革命为主体,以哲学革命、文学革命为两翼,推动中国革命前进。革命的先驱们往往要同时在政治、哲学、文学等不同领域内纵横驰骋,开拓前进,将革命家、理论家、文学家的品质集于一身。瞿秋白就是这样的一位伟人。

人所共知,瞿秋白是我国伟大的革命家、新文学运动的先驱者、卓越的文学家、马克思文艺理论的奠基人。但是鲜为人知的是,他也是最早翻译俄罗斯和苏联文学名著的文学翻译家。

(一)短暂而非凡的翻译生涯

瞿秋白(1899—1935),江苏常州人,早年受到良好的教育,自幼随母金氏习诗文。1904年入"庄氏塾馆",师从庄怡亭先生。1907

年转入常州冠英两等小学堂，接受举人出身的堂长庄台甫的维新思想。1910 年考入常州府中学堂，受到早年留学日本并加入同盟会的屠元博校长进步思想的影响。在校期间阅读了维新派代表人物梁启超的《饮冰室文集》、谭嗣同的《仁学》、严复的《群学肆言》以及林纾翻译的西洋小说等。在中学阶段，他对史学、哲学、文学如饥似渴，他曾对牛牧之说："我们要做一个中国人，起码要懂得中国的文学、史学、哲学。文学如孔子与《五经》。汉代的辞赋，建安、太康、南北朝的不同，以及唐诗、宋词、元曲、明清小说的特点。史学如先秦的诸子学，汉代的经学，魏晋南北朝的佛学，宋明的理学等，都要有一个初步的认识，否则怎样能算一个中国人呢？"他与张太雷同窗，常在一起议论时政，畅谈理想，被称为"常中双星"。1917年他考入北京俄文专修馆。他精通俄、英、法等多种语言文字。1919年的五四爱国学生运动中，瞿秋白是运动的组织者和领导者之一。五四运动是他人生的转折点，他从寂静的书斋走向社会，开始了新的里程。

　　1920 年，瞿秋白曾与郑振铎、耿济之、许地山等人筹建"文学研究会"，经常以俄国文学为榜样探讨文学与社会的关系。同年春，他参加了李大钊领导的"马克思学说研究会"，这是他走上马克思主义之路的第一步。9 月，他以北京《晨报》和《时事新报》记者的特殊身份赴苏俄考察，写成了《俄乡纪程》、《赤都心史》两本散文集，真实地记录了他从追求科学民主到倾向马克思主义的心灵轨迹。在旅俄期间，他还完成了《俄罗斯革命论》和《俄国文学史》，从理论上探讨了俄国革命，研究介绍俄国文学。1922 年在莫斯科加入中国共产党，开始了职业革命家的生涯。曾出席共产国际第四次代表大会，曾三次受到列宁的接见。1923 年经李大钊介绍来到上海大学任教，这所大学是南方五四新文化运动的中心。陈望道、蔡和森、恽代英、肖楚女、张太雷、沈雁冰、田汉、施存统、丰子恺、俞平伯、刘大白、周建人等早期著名革命家、理论家、文学家、教育家先后在上海大学任教，培养了大批杰出的国家栋梁之材。

瞿秋白是职业革命家兼翻译家。在繁忙紧张的革命工作之余，他利用一切机会从事文学和翻译活动，给我们留下了一笔宝贵的文学遗产。瞿秋白的文学翻译活动开始于五四运动前，即在北京俄文专修馆学习之时。主要翻译了普希金、果戈理、托尔斯泰等的作品。在五四运动期间，他翻译了大量的文学作品，如托尔斯泰的《闲谈》、《祈祷》、《风雪》、《丽城小记》、《伊拉斯》、《野果》、《论教育书》、《告妇女》等，果戈理的《仆御室》、《妇女》，都德的《付过工钱之后》以及倍倍尔的"社会之社会化"等涉及社会、政治、文化教育诸方面的政论文章。其中心思想是主张科学和民主的救国论，这与当时五四的时代潮流是一致的。1923 年回国后，他在从事职业革命家工作的同时，继续从事马克思主义文艺理论著作和苏俄文学的翻译活动，编译刊物《现实》，介绍恩格斯、普列汉诺夫、拉法格等人关于文艺问题的著作，翻译了列宁的著名论文"列夫·托尔斯泰是俄国革命的一面镜子"、"托尔斯泰和他的时代"等。要特别提出的是，1923 年 6 月瞿秋白翻译的《国际歌》歌词。他是第一位将《国际歌》的曲谱与译词配合译出的人(当时已有三个中译歌词，但都不好唱)。瞿秋白既精通外文，又懂音乐，又会弹琴，又有高深的文学素养，而且在莫斯科时就收集俄、英、法、德本的《国际歌》词进行比较，他边译、边唱、边弹琴伴奏，最终完成。经典的一句"英特纳雄耐尔"采取"音译"，与乐谱恰好相配，因此得以广泛流传。这是他对《国际歌》词翻译的突出贡献。后来他在谈翻译《国际歌》词的思想时说，旨在"全中国受压迫的劳苦平民，也能和世界无产阶级得以'同声相应'"。这些译作无一不反映出瞿秋白翻译的目的性。

瞿秋白文学创作和翻译的鼎盛时期是 20 世纪 30 年代。在这一时期，他重点译介高尔基和其他苏俄作家的文学作品，还翻译了大量马克思主义文艺理论著作。译著主要有：《海上述林》，《高尔基创作选集》(其中有著名的《海燕》)，卢那察尔斯基的剧本《解放了的堂吉诃德》，苏联著名诗人别德贝依的讽刺长诗《没工夫唾骂》，革拉特柯夫的著名长篇小说《新土地》，《铁流》的作者绥拉菲摩维支的著名报告文学《一天的工作》和《岔道夫》，普希金的作品《茨冈》，德国作家马尔赫维察的中篇小说《爱森的袭击》等。

瞿秋白从1918年起，到1935年英勇就义的短暂的17年间翻译了数十部文学作品，主要译著除上面提到的，还有《高尔基论文选集》、《法兰西近代短篇集》、《为了人类》、《铁甲车》、《少女之誓》、《紫恋》、《醉男醉女》、《良夜幽情曲》等。

(二) 瞿秋白的翻译思想和历史贡献

瞿秋白有着非常明确的翻译思想。他是借译介俄国革命民主主义文学、苏联新文学来唤醒中国人民，改造社会，推动中国新文学的发展。

(1) 大众化原则："绝对正确，绝对白话"

五四新文学革命的主要功绩在于提倡白话文学。在这个历史进程中，瞿秋白发起了大众语运动，提倡"现代中国普通话"。当时，翻译界出现一种混乱现象——"欧化文艺和所谓'语体文'与大众化"的尖锐矛盾。在译文中大量使用"半文不白的新文言，非驴非马的骡子话"，死抱着"文言本位"的原则不放，极大地阻碍了中国的白话文的发展。瞿秋白把这种现象称为"五四式的林琴南主义"，而"这种新式的林琴南主义现在风行得很"。

他还严厉地批评了赵景深等人的"糊涂主义"。他说："赵景深老爷等等，想用士大夫所熟悉的滥调(所谓'顺')来翻译外国文，而且故意要译错，自然是无聊。从这种偷懒的态度，同样的发生一种倾向：就是'不求甚解'的糊涂主义。"总之，他反对古文的文言、梁启超式的文言、五四式的"假白话"和旧小说式的死白话，而提倡"现代中国普通话"。这种普通话具有很大的包容性，其目的是运用人民大众真正听得懂的语言去创造和翻译大众文学作品。他在倡导中国翻译文学的大众化方面取得的伟大成就，为中国新文学运动的继续发展打下了深厚的基础。中国白话文运动走过了一段崎岖曲折、荆棘丛生的道路，终于把白话文带进了文学、社会科学和科学技术等领域。

(2) 关于翻译与中国现代语言建设的思想

像鲁迅一样，瞿秋白认为，翻译应该具备另一个特殊功能，就是帮助中国语文的改革。在翻译中吸收新的表现法，丰富祖国全民规范语言。他在论述输入新的表现法的目的时，特别强调"使中国现代文更加精确，清楚和丰富"。还明确指出创造新的语言，发展现代语言的两大来源，一是古代的，一是外国的。输入新的表现法，不管是新的词汇、新的语汇，还是新的语法形式等等，都"要遵照着中国白话文的文法公律"。只有遵照中国白话文原有公律，才能做到使新的字、句法、表现法"得到真实的生命"，"容纳到活的言语里去"。通过翻译"输入新的表现法"，目的是"帮助我们创造出新的中国的现代语言"。

瞿秋白和鲁迅当年所提倡的"输入新的表现法"、"少用旧语多创新"、形式与内容统一的思想，通过几代人的翻译实践，如今已发展成为中国现代文化史上具有独特地位的"现代翻译语言"。它们不但出现在翻译作品里，而且已进入了全民语言，丰富了我们的语言文字。这是鲁迅、瞿秋白的历史贡献。

(3) 瞿秋白的翻译理论

瞿秋白不仅在翻译理论上成功地解决了"信"和"顺"的矛盾，而且在翻译实践中提出了"概念相等"的翻译原则。这一思想，是他从自己和他人的翻译实践中，从与翻译界的不良译风的斗争中提出来的，比西方译论家提出的"等值"、"等效"、"动态对等"等理论，几乎早了近半个世纪。他同时用自己优秀的译作传达了"信"和"顺"的统一，实践了自己的翻译思想，而且体现了他所要求的"概念相等"的原则。译界公认"他的译著准确、通畅、优美，是我国翻译文学的典范"。

瞿秋白和鲁迅尽管个人气质、性格、生活经历、所受的文化艺术的承传以及走过的文学艺术道路有所不同，甚至在翻译理念上有所分歧，但都产生了巨大的影响，在中国翻译思想史上形成了两峰出云，互相映照的景观。（王秉钦，2004：103）

郭沫若

郭沫若（1892—1978），四川乐山人。沫若是他家乡的两条河沫水和若水。郭沫若是中国著名的作家、诗人、戏剧家、史学家和古文字学家，又是杰出的翻译家。他和鲁迅一样，是中国现代思想文化史上伟大的先驱者。其思想、创作及翻译，经历了长达半个多世纪的发展演变历程，在哲学社会科学诸多领域以及马克思主义著作和外国文学翻译方面，都作出了巨大的贡献。他一生著作译作不下两千万字，是一个百科全书式的时代伟人，是 20 世纪中国文化巨人和世界文化名人。他生长在一个"读书风气相当盛"的村镇和一个"书香门第"之家。4 岁半开始跟母亲口诵唐诗，使他最早受到文学熏陶。8 岁读《四书》、《五经》、《唐诗三百首》，9 岁喜读李白、柳宗元的诗。13 岁在乐山高等小学，对今文经学产生兴趣，最爱读《史记》中的《项羽本纪》、《伯夷列传》、《屈原贾生列传》、《信陵君列传》等文章。这些历史人物，特别是屈原的爱国主义精神更影响了他的整个人生，而《伯夷列传》使他产生了考据的兴趣。升入嘉定府中学后，开始接触"新学"，读梁启超、章太炎、严复等人的启蒙论著，以及梁氏译的《意大利建国三杰传》、《经国美谈》等歌颂爱国主义和英雄主义的作品。林纾翻译的西洋小说更成为他最嗜好的课外读物，对他从事文学翻译"有决定性的影响"。1914 年，他怀着"报国济民"的宏愿，赴日本留学。他通过日本去了解欧美，接触从古希腊、文艺复兴到近现代的西方文化思想史。在日本前后两个十年（1914—1923，1928—1937），成就了他的文学创作和翻译两个辉煌时期。前十年主要是学习，直到九州帝国大学医科毕业；后十年是他流亡日本的十年，也是他从事学术研究的十年，更是他翻译外国文学名著的十年。他在日本留学期间受到西方和外国文化影响较大的国家有十余个，外国作家、艺术家和哲学家不下百人。涉及自然科学和哲学社会科学诸多学科领域。如德国的康德、叔本华、尼采等，英国的莎士比亚、弥尔顿、拜伦、雪莱等，美国的惠特曼、朗费罗等，法国的福楼拜、司汤达、左拉、莫泊桑、罗丹、米勒等，俄国的托尔斯泰、屠格涅夫等，印度的泰戈尔等，奥地利的弗洛伊德，挪威的易卜生，荷兰的斯宾诺莎，爱尔兰的约翰·辛格，日本的西行上人、厨川白村，等等。

郭沫若在"关于'接受文学遗产'"中指出："凡是文艺或文化的成品应该是无国界或种界的。……凡是世界上有价值的东西，都应当赶快设法接受。"1954年在全国文学翻译工作会议上的讲话中又一次对文学翻译工作的重要性作了精辟的论述，他说："文学翻译工作的重要性是尽人皆知的。通过翻译，我们可以承受全世界的文学遗产。世界上各个国家，各个民族，都有优秀的作家，留下了优秀的作品。这是全世界人民的共同的文化遗产，需要我们翻译工作者把它们译成本国语言，才能使我们更多的人来享受。"

他一生译介了大量的外国文化科学著作，大致可分为四类：

(1) 外国文学作品

英国托马斯·葛雷的《墓畔哀歌》，雪莱的《雪莱诗选》，高尔斯华绥的《争斗》、《法网》、《银匣》；爱尔兰约翰·沁孤(辛格)的《约翰·沁孤戏剧集》；德国尼采的《查拉图斯屈拉钞》，歌德的《浮士德》、《少年维特之烦恼》、《赫曼与窦绿台》，席勒的《渔歌》、《华伦斯太》，海涅的《海涅诗选》，施笃谟的《茵梦湖》(与钱君胥合译)，霍普特曼的《异端》；美国厄普顿·辛克莱的三部曲《石炭王》、《屠场》、《煤油》(上下册)；俄国托尔斯泰的《战争与和平》1—3分册)、《新俄诗选》，屠格涅夫的《新时代》(今译《处女地》)；波斯莪默伽亚谟的《鲁拜集》；印度迦梨陀娑的《秋》，泰戈尔的《泰戈尔诗选》，伽里达若等的《沫若译诗集》；日本的《日本短篇小说集》（收芥川龙之介、志贺直哉、小林多喜二等 15 个作家的 19 篇作品）。

(2) 政治经济学经典著作

马克思的《政治经济学批判》、《艺术的真实》，马克思、恩格斯合著的《德意志意识形态》，日本经济学家河上肇的《社会组织与社会革命》等。

(3) 美术考古学著作

日本板垣鹰穗的《西洋美术史提要》，德国亚多尔夫·米海里斯的《美术考古学发现史》，日本林谦三的《隋唐燕乐调研究》。

(4) 科学文艺著作

英国威尔士父子与鸠良·赫胥黎合著的《生命之科学》，威尔斯的《人类展望》等。

(5) 郭沫若的创作和翻译风格

郭沫若的文学翻译与他的文学创作是同步的，他的创作和翻译风格大体经历了三个阶段。

第一阶段是"泰戈尔"时期。郭沫若崇拜泰戈尔是富有浪漫主义色彩和反抗精神的诗人。1913 年泰戈尔获得了诺贝尔文学奖，在日本掀起了"泰戈尔热"。这一时期他的翻译崇尚清淡、简短的风格。1915 年翻译了海涅的《归乡集》，1917 年他翻译了《泰戈尔诗选》。

第二阶段是"惠特曼式"时期。这正是五四运动高潮时期。1919 年惠特曼诞生 100 周年，在日本掀起了"惠特曼热"。惠特曼的诗风是雄浑、粗犷、豪放，富于积极的浪漫主义精神，如《草叶集》。郭沫若在这一时期创作了"惠特曼式"的诗作，如《地球，我的母亲！》、《立在地球边上放号》、《凤凰涅槃》、《天狗》、《心灯》等，构成诗集《女神》的主体作品。

第三阶段是"歌德式"时期。1919 年五四高潮中他便开始翻译歌德的《浮士德》，1922 年翻译了歌德的中篇小说《少年维特之烦恼》，出版后掀起了一股"维特热"。之后受歌德的影响开始创作诗剧"女神三部曲"：《棠棣之花》、《湘累》、《女神之再生》。

郭沫若的这些译作，是我国译界宝贵的财富。

郭沫若开始是鄙薄过翻译是"媒婆"，尊创作为"处女"，但后来很快改变了这种世俗观念，认为"好的翻译等于创作"。他在半个世纪的翻译活动中，翻译了大量的作品，倾注了大量的心血，成功地完成了两种文化意识的融合、两种语言的转换和审美风格的再度创造。他把自己这种翻译方法叫做"风韵译"。要想做到"字句、意义、气韵"三者"不走转"，不走样，他认为这完全取决于先决条件：(一)译者的语学知识不仅要丰富，还要通晓一国的风土人情；(二)对于原书要有理解，对于原书中的所有种种学识要有所涉猎；(三)对于作者要有研究，须详细了解作者的内在生活与外在生活；(四)对于本国文字要有自由操作的能力。这几种条件自然不易具备，要靠穷年累月的研究；翻译终于是件难事，但不是不可能的事，是不许人轻易着手。针对当时翻译界出现的错译、误译、死译、滥译，借译书以钓名，借译书以牟利等不良译风，郭沫若指出："如像我国的译书家今天译一部威铿，明天译一部罗素，今天译一部泰戈尔，明天译一部陀思妥耶夫斯基，即使他们是天生的异才，我也不相信他们有这么速成的根本研究。"郭沫若在1954年全国文学翻译工作会议上的讲话中，谈到翻译工作者要有高度的责任感，要对所译的作家和作品有深入的了解，同时他特别强调要有深刻的生活体验。郭沫若特别注重对"信、达、雅"中"雅"字的理解，认为"雅"不是指"高深或讲修饰"，而是指译品的"文学价值或艺术价值"，一句话，"译文同样应该是一件艺术品"。"雅"是衡量一部文学译作艺术价值的标准，这是对严复"雅"字的一种高度艺术概括，是对"雅"字的丰富和发展。原作是一部艺术品，译作也必须是一部艺术品。"一杯伏特加酒不能换成一杯白开水，总要还他一杯汾酒或茅台，才算尽了责。假使变成一杯白开水，里面还要夹杂些泥沙，那就不行了。"

郭沫若留给我们有关翻译理论的专门论著虽然为数不多，但是从这些不多的论文、报告、书信，以及译作的序跋中，从大量的翻译名著精品中，我们可以深切感受到郭沫若翻译思想的光辉。

成仿吾

成仿吾（1897—1984），名灏。湖南新化人。中国现代著名的革命家、卓越的文学家、杰出的教育家和社会科学家，也是一位马克思主义著作和诗歌翻译家。他是知识分子从苦读旧学到追求新学、由爱国主义到共产主义的典型，是由"文化人"成为"革命人"的典型。他出身在一个世代耕读的书香门第。祖父是古学渊博的学者，中举人、进士，诰封奉政大夫。父亲是嗜书如命的秀才，母亲知书达理、善良贤惠。成仿吾 4 岁时发蒙于家学，因聪颖过人被祖父宠爱而起名"仿吾"。他虽打下了深厚的国学基础，但却未"仿"祖父，而是跟随接受了民主思想的大哥，在国内进步青年赴日留学的风潮中于 1910 年东渡日本。经过刻苦学习，1914 年进入冈山第六高等学校二部，他选择了工科却喜好文学，开始学习德语，接触英国、德国文学。1917 年，他怀着"富国强兵"的爱国热情，又考入了东京帝国大学造兵科枪炮专业，由于弹道学使用法语教材，他又开始攻读法语。

在五四运动的影响下，成仿吾感到科学救不了国，便"弃工从文"。他创作的《诗十六首》和处女作小说《一个流浪人的新年》，成为五四新文化运动的名篇。1921 年与仍在日本的郭沫若、郁达夫相约成立了著名的"创造社"，创办了三个新文学刊物：《创造季刊》、《创造周报》和《创造日》，为建造唤醒世人的"创造工程"作出了不可磨灭的贡献。他们三人并称为该社的"三杰"。郭沫若主要以诗歌名世，郁达夫主要以小说著称，成仿吾主要以文艺批评而显赫。

成仿吾学通中西，才气横溢，是一个语言天才。他除了精通日语、德语，还通晓英语、法语和俄语。掌握外语语种广泛，根基之深使他成为一位杰出的翻译家。

成仿吾在中国现代文学史上主要以文学批评家著称，但是从他精粹的诗篇里，可以看出他是一位富有深厚艺术修养和诗人气质的诗人和诗歌翻译家。1920年，他以新诗创作步入诗坛，1927年出版了诗歌、散文、小说集《流浪》，其中诗歌收录在朱自清编选的《中国新文学大系·诗集》中。成仿吾的诗歌创作风格，由1920年起步的"刚健"，经20年代的"幽婉"，走向中年以后的新的"刚健"。

成仿吾是从1915年开始翻译外国诗歌的，他翻译的第一首诗就是法国象征派诗人领袖魏尔伦的《月明》（《月光曲》）。他的译诗风格受西欧文学浪漫主义的影响较深。他翻译的诗歌主要是18世纪与19世纪之交的西方文学浪漫主义的作品，如歌德的《湖上》、《少年与磨房的小溪》、《牧羊者的哀歌》、《弹竖琴者》、《迷娘歌》等，海涅的《幻景》，施拖姆的《秋》，华兹华斯的《孤寂的草原刈草者》，雪莱的《哀歌》，魏尔伦的《月明》、《秋之歌》等等。尽管成仿吾译诗的数量不多，但质量精湛，是译诗的典范。

成仿吾的翻译理论和思想：

（一）文艺批评：翻译批评思想

成仿吾在日本留学期间，接受了西方文学，特别是英国文学和德国文学浪漫派的影响，同时也受到俄国批判现实主义的熏陶，研读过屠格涅夫和托尔斯泰，而对象征派、新罗曼派也有所研究，对日本近代文学也进行过考察，他摈弃了消极浪漫主义、自然主义，采取了积极浪漫主义和现实主义，重视文艺的社会意义，抵消艺术派脱离现实的倾向，博采众长而加以融合，形成了一套富有积极浪漫主义因素的现实主义文艺批评原则。他倡导"批评的建设"和"建设的批评"。为使"建设的批评"论具体化，他还写了"批评与同情"、"作者与批评家"、"批评与批评家"、"文艺批评杂论"等四篇系列性的专题短论，构成了成仿吾的文艺批评观。这在成仿吾新文艺批评思想中具有纲领的性质，对指导新文艺批评实践（包括翻译批评）产生了深刻的影响。

成仿吾的第一篇翻译批评文章是 1922 年发表的"学者的态度——胡适之先生的《骂人》的批评"，1923 年又连续发表了"雅典主义"和"喜剧与手势戏"，这三篇文章都是批评翻译界的"误译"问题。他在指出译文的错误的严重性的同时，把批评的目光落在对当时整个翻译界现状的忧虑上。对于文艺批评界存在的不忠于文艺、混淆黑白、失去人格的假批评，成仿吾提出了批评。成仿吾的文艺翻译批评思想，为我国现代文艺翻译批评理论的创立和发展起到了奠基的作用，他成为中国现代文艺批评史上的重要开拓者。

(二) 成仿吾的诗歌翻译理论与思想

成仿吾是一位既有诗人的素养，又有译诗的理论的诗歌翻译家。他有一套完整的译诗理论，对诗的特性，译诗的选材，译诗的条件、方法、艺术等都有真知灼见。译诗，译者首先是诗人，或者说，译诗者必须懂诗；译诗，要选择自己有研究的、流派和风格与自己相近的、有深切人生体验的诗人和诗作。他以自己的人生体验深入感受原作的诗情，力求受到原作者灵感和悟性的熏染，引起共鸣。因此他的译诗，不是纯以一个译者的身份来翻译的，而首先是以诗人的敏感、激情和素养来从事翻译的。他的译诗也是有感而发，成为他创作的一部分。因此，他的译诗和他的诗歌创作一样，达到了很高的水平。他认为，"译诗应当也是诗，这是我们最不可忘记的。其次，译诗应当忠于原作"，"忠于原作：内容·情绪·诗形"。成仿吾把译诗的方法分为两种：表现的翻译法（expressive method）和构成的翻译法（compositive method）。这两种方法是辩证的，"表现的翻译法是要从一个混一的情绪放射出来，所以它的作用是分析的，远心的；构成的翻译法恰恰相反，是要从散乱的材料结合起来成一混一的情绪，所以它的作用是综合的，求心的"。他强调，这两种方法各有所长，不能妄定高下，最后要看译者的才能如何。成仿吾译诗具有明确的目的性。译诗可以丰富祖国语言的表现方法，这是他翻译西方经典诗歌的重要翻译思想。因此，他多选取在表现上有突出特点的名作。他的译诗语言本身也富有诗的素养功力和独特的精到之处，形成了一种有别于非译诗的语言——既体现出汉语的特点，又有与外国诗的语言对应的成分，可以说，是民族特色与洋味的高度融合，其中有他个人熔铸古典诗语、现代汉语诗语、外国诗语三种因素的创造性语言。他通过译诗，实践自己丰富祖国语言的表现的目的，同时对于引进外国诗歌，推动中国新诗的发展，起到了开导和典范的作用。

(三)马克思主义著作翻译

毛泽东曾经提出"准确性、鲜明性、生动性"作为写文章的原则。成仿吾把这"三性"作为翻译标准第一次大胆地引入马克思主义著作的翻译。他说，毛泽东在这里既讲了判断和推理的问题，也讲了辞章问题，讲得很全面。我们做翻译工作，也离不开逻辑问题和辞章问题。他运用这一翻译标准，成功地第五次重新翻译了《共产党宣言》，精心校译了《哥达纲领批判》、《路德维希·费尔巴哈和德国古典哲学的终结》、《社会主义从空想到科学的发展》、《马克思恩格斯关于历史唯物主义的通信选》、《反杜林论》等经典著作。他的译文严格按照"三性"标准，字字推敲，句句斟酌。

从1929年第一次翻译《共产党宣言》到1975年第五次重译，经历了近半个世纪的漫长岁月。《宣言》是他研究最细、钻研最深的一本书，他一生中通读《宣言》不下50遍，五译《共产党宣言》，为马克思主义经典著作的翻译耗尽了心血，成为我国马克思主义著作翻译史上的一个光辉典范。

【小结】

五四新文学时期到新中国成立前这一时期，鲁迅、瞿秋白、郭沫若、成仿吾的翻译思想最本质而深刻地反映了五四时期翻译思想史的发展轨迹和时代特点。鲁迅的"易解、风姿"双标准论和"翻译和创作并重"的思想，瞿秋白的"绝对正确，绝对白话"和"信顺统一"的思想，郭沫若的创作论的翻译思想，成仿吾的"批评的建设"和"建设的批评"的文艺翻译批评思想及诗歌翻译思想，都是现代翻译理论的中心思想。

6.2　20 世纪 40 年代的翻译

八年抗战，翻译界和全国各界人士一样，把全部力量集中到救国图存、争取解放的事业上去了。这一时期，我国的翻译事业进入了现代翻译史上一段沉寂的时期。这一时期是五四新文学时期的继续，关于"形似神似理论"的研究和关于翻译哲学思想的探讨还在继续，甚至得到了深入的发展。代表人物有林语堂、朱生豪、梁宗岱等著名翻译家和艾思奇、贺麟、朱光潜等哲学家和美学家，还有哲学家陈康和金岳霖。他们借鉴哲学原理介入翻译研究，以建立翻译的哲学基础。这一思想代表了那个时代的最高水平，也是那个时期传统翻译思想的重要标志，是中国传统翻译思想发展的时期。

林语堂

林语堂（1895—1976），福建龙溪（漳州）人，我国著名的文学翻译家、博学型的作家和卓越的语言学家。他兼用祖国和异国的语言文字（英文）写作。在国外的声誉高于国内，蜚声世界文坛。"两脚踏东西文化，一心评宇宙文章"，这是林语堂一生思想、文学创作和文学翻译道路的写照。林语堂出身在一个"亲情似海的基督教家庭"，父亲是乡村牧师，母亲是基督教徒。他自幼聪慧过人，随父读四书五经、《声律启蒙》等。后入美公会所办的小学和中学，这些学校注重英文和自然科学的教学，后考入上海以英文驰名的私立大学——圣约翰大学。之后，他广泛接触西方资产阶级的世界观、人生观，对西方文化产生了浓厚的兴趣。该校的校长和不少教授的生活方式、思维方式、思想情趣对青年林语堂的影响很大。1916 年毕业后，林语堂到北京清华学校任英文教员。他回忆道："自任清华教席之后我即努力于中国文学，今日之能用中文写文章皆得力于此时之用功也。"1919年夏，林语堂抱着探索新天地的雄心到美国留学，进入哈佛大学的比较文学研究所学习。后应法国青年会征召去法国，为第一次世界大战后留在法国的华工工作。不久又到德国伟大的诗人歌德的故乡耶拿，进入耶拿大学，对语言学的热度超过了文学，后转入印欧比较语法学的发源地——莱比锡大学，在汉学家康拉狄等教授的指导下研究语法学和汉语古音韵学。这一时期他除了阅读中外文学名著，钻研语言学，又广泛接触西方哲学，对尼采、蒙田等思想家十分崇敬。在此期间还补修了在哈佛大学未学完的功课，获得了文学硕士学位。1923年获得莱比锡大学哲学博士学位。回国后到北大任教，这时，五四新文化运动的高潮已经过去。林语堂加入了鲁迅主办的《语丝》，跟着鲁迅的步伐前进。1928年出版了他的早期作品集《翦拂集》，其内容与鲁迅的《华盖集》相呼应。20世纪20年代，正是多种外来文艺思潮纷至沓来的时代，他以精通英语之所长，翻译和介绍西方文艺论著，如意大利哲学家、美学家克罗齐的《美学·表现的科学》，英国作家、诗人王尔德的《艺术的批评家》等。30年代是林语堂在中国现代文坛上最为活跃的时期，曾主编《论语》、《人世间》、《宇宙风》等刊物，形成了一个以林语堂为中心的论语派。1929年在东吴大学任教期间，他还运用语言学规律研究英语教学，曾出版过著名的《开明英文读本》、《开明英文文法》，成为当时英语教学中最有权威和影响的教科书，为中国外语教学作出了贡献。

他说："我的最长处是对外国人讲中国文化，而对中国人讲外国文化。"从1928年起，他开始直接用英文写文章，1935年结集出版了英文版《小评论选集》（上、下），同年，还开始了英译中国古代近代名著的事业，如《浮生六记》、《老残游记》。与此同时出版了英文著作《吾国与吾民》，这是一部描写中国社会和中国文化的英文著作。

1936 年，林语堂赴美国定居。在美国出版了《生活的艺术》之后，1938 年应纽约现代图书馆之约编译了《孔子誓言》（又译《孔子的智慧》），向英语国家读者介绍孔子学说。陆续又英译了《中国的智慧》、《印度之智慧》等。他的长篇小说有《瞬息京华》（又译《京华烟云》）、《风声鹤唳》、《唐人街》、《朱门》、《远景》、《红牡丹》、《赖柏英》、《逃向自由城》、《啼笑皆非》、《苏东坡传》、《武则天传》等共 35 部中英文作品。1965 年，古稀之年的林语堂回台湾定居，婉言谢绝了蒋介石委以"考试院"副院长的高位，集中精力完成了《林语堂当代汉英词典》（共 1720 页）的浩大工程。这部词典的出版，是林语堂在辞书领域作出的重要贡献。

林语堂的翻译思想："翻译是一种艺术"。1933 年，林语堂发表了著名的《论翻译》长篇论文，涉及诸多的翻译问题，在中国翻译思想史上占有一定的地位。林语堂是较早提出"翻译即艺术"思想的翻译家。他认为我们可以说翻译艺术文的人，须把翻译自身事业也当做一种艺术。这就是 Benedetto Groce 所谓的"翻译即创作"（not reproduction, but production）之义。翻译是一种艺术，译者是翻译审美主体，在整个翻译活动中起着决定性的作用，处于中枢地位。他在文中提出了"三个条件"：第一是译者对于原文文字上及内容上透彻的了解，第二是译者有相当的国文程度能写清顺畅达的中文，第三是译事上的训练；又提出了"三个责任"：对原著的责任，对读者的责任，对艺术的责任；还提出"一个要求"：译者的文学素养。这"三三一"说，便是一个译才对翻译艺术成功的全部"依赖"。

林语堂翻译审美标准的中心思想是"达意传神"；译文应该有"五美"：音美、意美、神美、气美、形美。这是那个时代关于翻译"形似神似"理论的最新提法，也是林语堂翻译美学的灵魂。他认为原作是翻译的审美客体，原文的风格与其内容并重。他强调，凡译艺术文的人，必先把所译作者之风度神韵预先认出，于译时复极力发挥，才是尽译艺术之义务。应当记住，作家字里行间的寓意往往正是通过原文的文体特点而体现的。

林语堂坚决反对"字译",提倡"句译"。他指出:"字义是活的,随时随地因用法而变化的,一个字有几样用法,就有几个不同的意义。其所以生此变化,就是因为其与上下文连贯融合的缘故。"这是我国较早明确提出"上下文"的翻译思想。

林语堂的翻译美学思想,其精辟的见解和独到的认识是对中国传统翻译思想的丰富和发展。在翻译理论上独树一帜,形成一种"译派"。

林语堂一生的贡献,莫过于他对中西文化的沟通。将近代西方文化引入我国的人,从严复和林纾那一代起代有传人,人才辈出;但将我中华文化介绍于西方者,除了利玛窦、汤若望等外国人和中国英译汉的先驱辜鸿铭、陈季同之外,林语堂是极少数人中最成功的一个。

朱光潜

朱光潜是我国著名的美学家、文艺理论家,也是卓有贡献的学者型翻译家。作为美学家,他学贯中西,博古通今,是国内外久负盛名的美学大师,在日本、美国、德国、英国、法国、荷兰、意大利等国出版了许多研究他的专著。作为翻译家,他一生翻译马克思主义经典著作和西方美学家、文艺理论家的重要代表作近 300 万字(几乎占他撰写的美学著作的一半),成为沟通东西方文化、译介西方美学的先驱;他运用哲学思想,坚持一元论、二分法的基本原理,从哲学思辨角度思考和论述翻译问题,为中国翻译思想史作出了重要贡献。

朱光潜(1897—1986),安徽桐城人。早年毕业于香港大学,1925年,考取官费留学英国,入爱丁堡大学,主修英国文学、哲学、心理学、欧洲古代史和艺术史;毕业后入伦敦大学,主修莎士比亚课程,后来离开英国,到莱茵河畔的斯特拉斯堡大学,1933 年在该校完成了他的博士论文《悲剧心理学》，获得文学博士学位。他在英、法留学 8 年，精通英、法、德等多种文字。在英留学期间，他翻译了第一部译作——意大利美学家克罗齐的《美学原理》，开创了我国译介西方美学的先河。在留法期间，又翻译了骑士传奇故事《特里斯丹和绮瑟》。回国后，先后在北京大学、清华大学任教，抗战期间，曾执教于四川大学、武汉大学。几十年来，他一边教学，一边不懈地兼顾西方美学史和美学名著的研究与翻译工作。他在翻译上遵循"研究什么，翻译什么"的指导原则，因此他的译著"既忠实，又传神"，成为译事典范。20 世纪 50 年代，他出版了《柏拉图对话录》，1956 年出版了《萧伯纳戏剧集》，1958 年开始翻译黑格尔三卷本巨著《美学》，历经 20 年完成。60 年代，在撰写《西方美学史》的过程中，翻译了德国莱辛的美学名著《拉奥孔》；70 年代翻译出版了德国爱克曼的《歌德谈话录》，意大利普洛丁的《九部书》(第 6 卷)，圣·托马斯·阿奎那的《神学大全》(美学部分)，但丁的《论俗语》，达·芬奇的《语录》，意大利近代科学的创始人维柯(1668—1744)的《新科学》等等。他还对马克思主义经典著作原出版的中译文进行校对，写出了"《共产党宣言》译文校对的小节"、"对《关于费尔巴哈的提纲》译文的商榷"、"马克思的《经济学——哲学手稿中的美学问题》"等文章，给人类留下了数百万字的精神财富。

　　朱光潜的翻译哲学思想。朱光潜认为"译文只能得原文的近似，绝对的'信'只是一个理想"。在 1944 年发表的文章"谈翻译"中，他运用"一元论，两分法"的思想，对严复"译事三难：信、达、雅"的思想进行了哲学的探讨，提出"信"是第一位的，"信"里包含"达"和"雅"，力主一个"信"字，而非"信、达、雅"并列或对等。认为译文对原文的信，应该是指对原文整体的信，即对原文的情感、思想、风格、声音节奏等的信，因为原文本身就是表达某种意念、情感的语言体。正因为如此，译文也只能得原文的近似。绝对的"信"只是一个理想。

　　他认为"理想的翻译是文从字顺的直译"。他不同意截然地区分直译和意译，认为直译和意译的分别根本不应存在。言、意不可分，意译也同时须是直译。朱译黑格尔《美学》，成功地实践了他自己提出的这一翻译思想。

　　朱光潜翻译艺术论的核心是"从心所欲，不逾矩"。他认为，艺术与自然的关系，就如同翻译与原作的关系。说翻译的艺术是"人为的"、"创造的"，原作就是翻译所本。翻译只要"不逾矩"，就可以"从心所欲"，就可以使翻译达到"成熟的境界"。

　　朱光潜认为，翻译是一项"再创造"活动，它不是简单的"改造和模仿"，尤其是文学翻译。因为文学作品的翻译是一门艺术，它与机械的死译毫无共同之处。这就是说，翻译家应当具备作家的才能。翻译艺术有其自身的特点，但作家和翻译家的共通之处仍旧远远超过他们之间的差异。诗之译者本人应是诗人，文学作品之译者本人应是文学家。这就是朱光潜在翻译上的那条著名的原则："研究什么，翻译什么。"

艾思奇

　　艾思奇（1910—1966），云南腾冲人，我国现代著名的马克思主义哲学家、杰出的翻译家。艾思奇出身在一个旧民主革命家家庭，自幼受民主思想的熏陶和严格的文化教育。14岁随父到香港，入读教会中学，奠定了良好的英文基础。17岁东渡日本留学，入福冈高等工业学校冶金系，同时攻读日文和德文。"九一八"事变后，弃学回国，在上海从事进步的文化活动，曾任翻译，后任《读书生活》杂志编辑等。他发表的第一篇哲学论文是《抽象作用与辩证法》，他的第一部译著是1936年与郑易里合译的著名的《新哲学大纲》。1937年在延安任《中国文化》杂志主编，《解放日报》总主编，并创办新哲学研究会，开始翻译马克思主义哲学著作，出版了《马克思恩格斯关于历史唯物主义的信》。在此之前，他曾翻译出版许多文学作品，如《伏尔加船夫曲》、蒲格达诺夫的《火星》、高尔基的《论现实》、德国海涅的《德国——一个冬天的童话》等。

艾思奇于1937年在《语文》创刊号上发表了一篇"翻译谈"长文，运用辩证唯物主义的方法论述翻译的本质，讨论"信、达、雅"三者的辩证关系。他写道：翻译的原则总不外是以"信"为最根本的基础，"达"和"雅"对于"信"，就像属性对于本质的关系一样，是分不开的，然而是第二义的存在。他说这是他译《新哲学大纲》后的感想，并不是什么经验，然而却有方法论的意义。

哲学家们在论翻译的文章中，都使用了直译和意译这对术语，但他们不同意截然把它们分开。艾思奇强调"意译和直译，不能把它看做绝对隔绝的两件事"。翻译要注重译意，即注重原作义理的了解，"意"是根本。

著名哲学家艾思奇在翻译方面的参与，与哲学相比，显得比较薄弱，其译著和有关翻译的论文也为数不多。但是由于他的地位和声望，他的翻译理论和思想在我国翻译界产生过不小的影响，特别是他的翻译哲学思想，更是受到广泛重视。

贺麟

贺麟（1902—1992），字字昭，四川金堂人，中国久负盛名的哲学家、西方哲学史家、著名的翻译家和翻译史研究家。1919年从成都考入清华学校中等科，1926年高等科毕业。由于中学时代有较深厚的中国传统文化的基础，读大学后对文史哲方面的兴趣更浓。当时对他影响最深的是梁启超和吴宓。梁启超指导过他读书，他选吴宓的翻译课，探讨翻译的原理与技巧，并在吴老师的指导下从事一些翻译实践，开始译歌德、海涅、莫泊桑的作品。1925年，23岁的贺麟在《东方杂志》上发表了他的第一篇谈翻译的论文"论严复的翻译（纪念严复逝世四周年）"。1926年，他抱着"科学救国"的目的到美国留学。他出国时吴宓曾写长诗赠他，对其中的两句"学派渊源一统贯，真理剖析万事基"他终生不忘。从此，他按照吴宓介绍西方古典文学的道路，选定以译介和传播西方古典哲学作为自己终生的事业。他选择哲学，是希望掌握西方精神世界的精髓，与中国的哲学和文化融合起来，是为了追求真理。

到美国后，他插班进入奥柏林大学攻读西方哲学，用一年半时间学完了三年的课程，获学士学位。1928 年进入芝加哥大学学习，但感到不能满足自己的兴趣，后又转入哈佛大学，受到一些知名教授的影响，对黑格尔哲学产生了浓厚兴趣。1929 年获得硕士学位后，放弃了在哈佛继续读博士的机会，决定在留学的最后一年，到黑格尔的故乡去更真实地学习和掌握黑格尔哲学。1930 年赴德国，入柏林大学攻读德国古典哲学。在此期间，他着手翻译了鲁一士的《黑格尔学述》。1931 年回国，先后在北京大学、清华大学执教，讲授西方哲学史、黑格尔哲学、现代西方哲学等课程。曾发表《康德名词解释和学说的概要》、《康德黑格尔哲学东渐记》等哲学著作的翻译研究和翻译史的研究论著。贺麟是一位严肃的学者，一位认真的哲学家，也是一位典型的学者型翻译家。

贺麟的翻译思想是他的哲学思想的重要组成部分。他翻译黑格尔、斯宾诺莎等人的经典著作，一向主张"研究什么，翻译什么"，"搞懂搞透"才能翻译。他认为，翻译的过程，就是他研究的过程。贺麟的译著有：开尔德的《黑格尔》，鲁一士的《黑格尔学述》，斯宾诺莎的《致知篇》、《知性改进论》、《伦理学》，黑格尔的《小逻辑》、《哲学史讲演录》、《精神现象学》，马克思的《黑格尔辩证法和哲学一般的批判》、《德谟克里特的自然哲学与伊壁鸠鲁的自然哲学的差异》。

关于翻译的哲学基础，1940 年，哲学家贺麟在《今日评论》第 4 卷第 9 期上发表"论翻译"的长篇论文；1990 年，他又在一篇序文中申述了同一个问题，那就是关于翻译的哲学基本问题。他写道：

现在我们慢慢就可以明了翻译所包含的哲学原理了。

因为意与言或道与文是体与用、一与多的关系。言所以宣意，文所以载道。意与言，道与文间是一种体用合一，而不可分的关系。故意之真妄，道之深浅，皆可于表达此意与道的语言文字中验之。……今翻译之职务，即在于由明道知意而用相应之语言文字以传达此意表示此道，故翻译是可能的。因道是可传，意是可宣的。再则，意与言、道与文既是一与多的关系，则可推之同一真理，同一意思，可用许多不同的语言文字或其他方式以表达之。

　　从哲学意义上讲，翻译乃是译者(interpreter)与原本(text)之间的一种交往活动(communication)，其中包含理解、解读、领会、移译等多环节。其客观化的结果即为译文(translation)，它是译者与原本之间的一种交往活动的凝结和完成。而译文与原本之间的关系，亦即言与意、文与道之间的关系。……在我看来，某种意义上的"言不尽意"和"得意妄言"是可能的；但言不可尽意却可表意，文不可尽道却可载道，因言为心之声，为意之形。……意属形而上，言属形而下，前者为一，后者为多。二者颇似哲学中谈论的体与用、道与器的关系。就此理解，言与意、原本与译文，应是统一的，道可传，意可宣。某一真意，可用土语向本乡人传达，可用京话向国人传达，可用文言或白话向旧人新人传达，亦可用英、法、德文等向异邦人传达。翻译的哲学基础，即在于"人同此心，心同此理"。心同理同之处，才是人类的真实本性和文化创造之真正源泉；而同心同理之处亦为人类可以相通、翻译之处，即可用无限多的语言去发挥、表达之处。

这是我国翻译思想史上较早从哲学角度揭示翻译本质问题的论述，其思想核心是："意一，言多；意是体，言是用，诚是意与言间的必然逻辑关系。"这"一与多"、"意与言"、"体与用"的辩证关系，说明"译本与原著皆系同一客观真理之不同语文的表现"，即译文与原文是"一意"的两种语言形式；同时也说明翻译应注重"意"译，或"义"译。翻译的哲学基础，即在于"人同此心，心同此理"。"同心同理之处亦为人类可以相通、翻译之处"，不通原书义理，不明著者意旨，而徒斤斤于语言文字的机械对译，就根本算不得翻译。这深刻地揭示了翻译的哲学本质。

　　以上所选文中，贺麟论述了翻译对于社会的文明与进步的实用价值，对于传播、促进和繁荣文化的功能，以及启发创造的作用。他说："翻译为创造之始，创造为翻译之成。翻译中有创造，创造中有翻译。"然翻译最大的价值和贡献在于"内化外学"。中华几千年绵延不绝，发展至今仍保有旺盛的生命力，这不能不说与容纳其他民族的优秀文化有关。佛学的东渐，西方科学技术的输入，马克思主义的传播，都为中华文化增添了新鲜血液，使中华民族能够跻身于当今世界强族之林。

朱生豪

　　朱生豪（1912—1944），浙江嘉兴人。他是中华莎学天才的翻译家，把自己的一生献给了伟大的莎学翻译事业。朱生豪出身在一个破落的商人家庭。他中学到大学就喜爱中外古典文学，尤其对诗歌有特殊的爱好，也曾徜徉于山水之间。1929 年，高中毕业被保送进入了钱塘江畔的之江大学，主修中国文学，副修英国文学，并兼任美籍教授窦维思的助教，还领导"之江诗社"，加入"文学研究会"，研究宋词，曾发表长诗《别之江》及《斯宾诺沙之本体论与人生哲学》，被誉为"之江才子"。1933 年，21 岁的朱生豪大学毕业到上海世界书局任英文编辑，曾参与编辑《英汉四用词典》。"八一三"战事爆发后，他发表《新诗三章》、《词三首》等爱国主义诗作，但保存下来的只有 30 多首。三本已经厘定的诗集《古梦集》、《小溪集》、《丁香集》均毁于战火。到上海后，他反复阅读了《莎士比亚戏剧全集》，对这位伟大的诗人和戏剧家愈来愈热爱和尊敬。世界书局前辈詹文浒先生发现这个年轻人是一个卓越的诗歌天才，而且中英文学基础深厚，劝他从事莎士比亚戏剧全集的翻译事业。

1934 年鲁迅先生在《读几本书》中说："在我们所深恶痛疾的日本，……莎士比亚、歌德都有全集；托尔斯泰的有三种，陀思妥耶夫斯基的有两种。"而中国竟没有一种外国作家的全集，朱生豪就是在这种历史背景下决定翻译莎士比亚全集的。其弟朱文振回忆说："我认为他决定译莎，除了个人兴趣等其他原因外，在日本帝国主义肆意欺凌中国的压力下，为中华民族争一口气是重要的动力。"

朱生豪译莎的艰辛和毅力，可从以下文字看出："越年战事发生，历年来辛苦搜集之各种莎集版本，及诸家注释考证批评之书，不下一二百册，悉数毁于炮火，仓促中惟携出牛津版全集一册，及译稿数本而已。厥后辗转流徙，为生活而奔波，更无暇晷，以续未竟之志，及三十一年春，目睹世变日亟，闭户家居，摈绝外务，始得专心壹志，致力译事。虽贫穷疾病，交相煎迫，而埋头伏案，握管不辍。凡前后历十年而全稿完成。"1947 年，在他逝世后的第三年，世界书局出版了朱译《莎士比亚戏剧全集》（共收入 27 部剧本，4 部历史剧未能收入）。

"传到海外，欧美文坛为之震惊，许多莎士比亚研究者简直不敢相信中国人会写出这样高质量的译文。"1954 年，作家出版社以《莎士比亚戏剧集》（12 册）为名得以出版了朱译的全部 31 部莎剧；1978 年以此为主体，由杨周翰、方平、方重等莎学家补译出朱生豪未竟之 6 部历史剧，以及梁宗岱译的莎士比亚的 154 首十四行诗，出版了中国的第一套外国作家全集《莎士比亚全集》（全 11 卷）。

在我国一个多世纪的莎学翻译发展历程中，严格意义上的莎学翻译家为数极少，从不同方面对莎学翻译作出重要贡献的专家、学者、教授、翻译家人数众多。至今，我国已有好几套莎士比亚全集的中译本。其中，朱生豪的译本最为脍炙人口，他是莎剧翻译家中成就最高的。但就翻译风格而论，众多莎学翻译家各具特色。这些翻译家包括林纾、田汉、戴望舒、范存忠、孙大雨、陈嘉、顾绶昌、卞之琳、何其莘、辜正坤。

朱译莎剧采用散文体，但却处处流露出诗情，以诗意美征服了莎翁戏剧那无韵诗体的独特美，完美地再现了莎剧原作的整体风貌和内在的神韵。诗之译者本人应是诗人。朱生豪作为一位杰出的诗人，一位文学翻译家，精文通史，吞吐古今，激扬中外，具备翻译职业所要求的丰富而深厚的文化素养，因此他译莎剧能得心应手，举重若轻，其译文诵之如行云流水，观之若明霞散绮。

在那战乱的年代里，在那"贫穷疾病，交相煎熬"的境遇下，朱生豪没有来得及为后人留下更多的翻译理论财富，他仅给我们留下了一篇宝贵的《莎士比亚全集·译者自序》，这是他翻译思想的精华。序中写道：

> 余独嗜莎剧，尝首尾研诵全集至十余遍，于原作精神，自觉颇有会心。……余译此书之宗旨，第一，在求于最大可能之范围内，保存原作之神韵；必不得已而求其次，亦必以明白晓畅之字句，忠实传达原文之意趣；而于逐字逐句对照式之硬译，则未敢赞同，凡遇原文中与中国语法不合之处，往往再四咀嚼，不惜全部更易原文之结构，务使作者之命意豁然呈露，不为晦涩之字句所掩蔽。每译一段竟，必先自拟为读者，察阅译文中有无暧昧不明之处。又必自拟为舞台上之演员，审辩语调之是否顺口，音节之是否调和。一字一句之未惬，往往苦思累日。

朱生豪卓绝的译才，严肃的译德译风，使他在中国翻译史和翻译思想史上占有重要的地位。

梁宗岱

梁宗岱（1903—1983），广东新惠人，中国现代著名诗人、杰出的文学翻译家。1923 年岭南大学英语系毕业。1924 年赴当时的欧洲文化中心法国留学，后留学英、德、意等国。1927 年将法国象征派大师瓦雷里著名长诗"水仙辞"译成中文，成为中国译介这位象征派大师的第一人，并与大师结成忘年交。1929 年，他系统翻译了我国近代著名诗人陶渊明的散文和诗歌《归去来兮辞》、《桃花源记》、《归田园居》等，后出版了《陶潜诗选》，得到了罗曼·罗兰的高度评价："你翻译的陶潜诗使我神往。不独由于你稀有的法文知识，并且由于这些诗的单纯动人的美。它们的声调对于一个法国人来说毫不陌生！我们的土地上升起来的气味居然是同样的。"1931 年，翻译出版了著名的译诗集《一切的顶峰》，收入世界著名诗人歌德、勃莱克、雪莱、雨果、波德莱尔、尼采、魏尔伦、里尔克和泰戈尔等人的 37 首杰作，被誉为五四以来的优秀作品。1936 年，翻译了欧洲近代散文创始人、法国人文主义作家蒙田的著名散文，集名《蒙田试笔》，后被编入郑振铎主编的《世界文库》。1941 年，翻译了罗曼·罗兰的《罗丹》；出版了1932—1936 年四年间翻译的小说和剧本《交错集》；后又翻译出版了罗曼·罗兰的《歌德与贝多芬》等。1943 年翻译了莎士比亚的 30 首十四行诗，并撰文《莎士比亚的商籁》，为我国翻译莎氏十四行诗的第一人。1957 年到 1960 年间继续从事《莎士比亚十四行诗》的翻译工作，"文革"期间译文遭毁。1970 年，他又重译了莎士比亚十四行诗全部 154 首和《浮士德》上卷。《莎士比亚十四行诗》154 首，于1978 年选入《莎士比亚全集》（第 11 卷），并与《一切的巅峰》一起合编《梁宗岱译诗集》，1983 年由四川人民出版社出版。

梁宗岱的译作，论数量不算十分丰富，他的宗旨是"以质取胜"，他的译品能"抵得住时间尘埃的侵蚀"，永远"保持其青春的鲜艳和活力"。梁宗岱首先是诗人，其次才是翻译家。作为诗人，他具有渊博的知识和诗人的才气；作为翻译家，他精通法、英、德、意四国语言，功底极其深厚。

梁宗岱的翻译经验和实践告诉人们，只有"反映在作品里的作者和译者的心灵"上产生强烈的交融和共鸣，译者才能与作者在精神上达到统一，译作才能和原作达到金石相和的境界。

　　梁宗岱的翻译注重内容和形式的统一，注重思想和艺术的统一，注重主观和客观的统一。他主张"字字推敲，句句用神"。应以"形似"为基础，又不停留于形似，以传神为目的，又不脱离形似，达到"内容和形式的高度统一"。他把内容和形式比作光和热那样不能分辨。

【小结】

　　这一时期最鲜明的特征是，有一批著名的哲学家发表了他们对翻译的哲学思考，运用哲学观点考察中国传统翻译核心理论"信、达、雅"的辩证关系，"直译与意译"的辩证关系等。艾思奇、朱光潜的"信为第一义，达、雅为第二义"的哲学思想，贺麟的"意与言、一与多、体与用"的哲学思想，就是其中的杰出代表，这些哲学思想在中国传统翻译思想史上具有标志性意义。另一个特点是，著名的翻译大家们在自己丰富的翻译实践中印证了"形似神似"画论应用于翻译理论的实用价值和深远影响。林语堂的"达意传神论"，朱生豪的"神韵说"就代表了当时翻译界对这一翻译理论的推崇和肯定，从而将这一理论推向一个新的发展阶段。在中国传统翻译思想史上，林语堂、朱光潜、朱生豪是这一时期三个代表人物，他们的翻译思想是这一时期中国传统翻译思想发展的缩影。

第七章
新中国传统翻译思想的鼎盛时期

　　中华人民共和国成立后，在政治、经济、文化各个领域取得了卓越的成就。随着社会主义经济建设的发展，迎来了社会主义文化建设的高潮。翻译事业和其他科学文化事业一样，也得到了蓬勃发展。在翻译理论建设和发展方面取得的成就，深刻地反映了这一时期的时代特征。

7.1　"四论"的创立

　　1954 年，当时领导全国文化事业的茅盾做了"为发展文学翻译事业和提高翻译质量而斗争"的报告。这是一篇纲领性的报告，统筹全国的翻译大业，指引翻译事业的健康发展。他全面系统地论述了发展我国文学翻译事业的目的、原则、方法和宏伟目标。提出了著名的"艺术创造性的翻译"（"意境论"）理论和思想。

　　这一时期还有傅雷的"重神似不重形似论"，钱锺书的"化境论"，焦菊隐的"整体（全局）论"。

　　这"四论"将过去单纯的语言学化的传统翻译标准，引进文艺学和美学领域，提出了文艺学和美学的要求，丰富和发展了中国传统翻译思想。

7.2　翻译标准的再论争

关于严复提出的"信、达、雅"的翻译标准，在我国翻译史上对它的争论从未真正休止过，较大的争论发生过两次。第一次是五四时期"信与顺"的争论，1931—1932年间达到了高潮。第二次便是1954—1955年这一次。争论的焦点是：在新的解释下沿用"信、达、雅"或"信、达"作为翻译标准，还是采用脱胎于苏联某些翻译理论家的"分类标准"或"等值性"理论作为我国的翻译标准？这场争论反映了当时"向苏联学习"那个年代的时代要求。新中国成立以来，翻译事业蓬勃发展，当时苏联援建的156项建设项目是国民经济的主体，需要大量的科学翻译工作者；苏联的作品，还有许多没有译出，更需要大量的文学翻译人员。译者们迫切需要更科学、更完备的翻译标准，作为翻译实践的准绳，这是时代的要求。与此同时，在翻译界陆续引进了许多外国翻译理论，特别是苏联翻译家的翻译理论。

有人不顾俄汉两种语言、两种文化的差异，将适合于同一印欧语系的两种语言互译的苏联某些翻译家的理论引入我国，替代我国传统的翻译理论，从而引起了这场持续两年之久的关于翻译标准的大讨论。最后，以多数派赞同沿用"信、达、雅"作为翻译标准而告终。

7.3　遵循"研究什么，翻译什么"的翻译思想，造就大批学者型翻译家

"翻译什么，研究什么，或者说研究什么，翻译什么。"这是中国传统翻译思想的一个重要组成部分。五四运动以来，翻译界的许多著名翻译家为后人树立了光辉的榜样和成功的典范：文学家鲁迅、郭沫若、茅盾的文学翻译，政治经济学家郭大力的马克思主义著作的翻译，哲学家艾思奇、贺麟的哲学著作的翻译，美学家朱光潜的

美学著作翻译，戏剧家焦菊隐的戏剧作品翻译等。

著名俄苏文学研究家兼翻译家曹靖华在"有关文学翻译的几个问题"一文中再次明确提出"翻译什么，研究什么，或者说研究什么，翻译什么"的翻译思想。他写道："要透彻、深入地掌握原作的思想内容，可靠的办法是走翻译与研究相结合的道路。翻译什么，研究什么，或者说研究什么，翻译什么。最好的翻译应是研究的结果。"

就俄苏文学研究与翻译而论，正如茅盾所说："和文学事业的成长一起，文学翻译事业也正在迅速发展。从一九四九年十月以后，到一九五三年年底止，全国出版的文学翻译书籍总数达二千一百五十一种之多。这是中国历史上从来不曾有过的。尤其是苏联的文学作品，更为读者所热爱。我国的广大读者，他们对于社会主义先进国家的文学作品，不仅当做文学作品来欣赏，同时也把它当做政治、思想、生活修养的教科书，把书中的英雄人物的高贵品质，当做自己学习的榜样。"这是我国当时的实际，时代呼唤优秀的文学作品，从而也造就了众多的优秀的俄苏文学研究家和翻译家，如戈宝权、叶水夫等。他们都是学者型的翻译家(scholar translator)，他们所走的道路都是翻译与研究相结合的道路，他们的译作就是他们研究的结果。在我国教育界和学术界有一大批这样的学者型翻译家，他们是我国外国文学研究与翻译事业的中流砥柱，为共和国的翻译事业建立了丰功伟绩，这是我国 20 世纪 50—60 年代翻译事业一个最显著的特点，在中国翻译史上写下了光辉的一页。

茅盾

茅盾(1896—1981)，浙江桐乡乌镇人，原名沈德鸿，又名沈雁冰，字燕昌，茅盾是他的笔名。茅盾是我国现代进步文化的先驱者，国内外享有崇高声望的革命文学家、文化活动家和社会活动家，也是一位杰出的翻译家。茅盾一生翻译了大量文学作品，创作了大量文学著作。这些文学著作被译成英、法、德、俄、意、西班牙、日、韩、蒙等十几种语言文字，流传于几十个国家。茅盾不只属于中国，也属于全世界。

茅盾出身在一个"书香门第"之家，祖父和父亲都是秀才，父亲受维新派思想影响很深。母亲出身著名的中医家庭，在古典文学方面很有修养，是他的"第一个启蒙老师"。茅盾先后就读于湖州府中学堂、嘉兴府中学堂，辛亥革命后转入杭州安定中学，四年的中学生活使他打下了坚实的中国古典文学基础。1913年考入北京大学预科，三年，又打下了坚实的外语基础。1916年，毕业后进入商务印书馆编译所英文部，不久转到国文部。从此开始了早期的文学研究和翻译活动。他最早的译作是与孙毓修合译的《衣》、《食》、《住》三本书。茅盾进入商务印书馆的这一年，正是五四运动前夕。在《新青年》的影响下，曾撰写了"托尔斯泰与今日之俄罗斯"长篇论文，这是他写的第一篇介绍外国文学的评论文章。五四运动后，茅盾更注意译介外国文学。1920年，与郑振铎、王统照、叶圣陶等12人发起成立我国最早的新文学团体"文学研究会"，提倡"为人生"的现实主义文学。茅盾主编的《小说月报》全面革新，大量翻译介绍外国文艺理论、文艺思潮，包括古典主义、浪漫主义、现实主义、自然主义、新浪漫主义以至象征主义等不同流派。他特别注重俄国文学及弱小民族的文学(当时的北欧、东欧、南欧的一些弱小国家和民族的作品)。《小说月报》曾经他手印行了特大号"俄国文学研究"和"被损害民族文学"专号。他在作为专号的序文"引言"中写道："我们确信人性的沙砾里有精金，更相信前途的黑暗背后就是光明。"在商务印书馆编译所近十年，他利用文学研究会和《小说月报》，同鲁迅并肩战斗。在介绍外国文化，促进我国旧文化新生的事业中，作出了巨大的贡献，为我国新文学现实主义流派的理论建设，奠定了坚实的基础。

茅盾的文学创作事业，和鲁迅、郭沫若一样，是从译介外国文学开始的，这也是他一生中持续时间最长的文学活动。他的文学翻译历程大致分为三个时期。

早期：新文学运动第一个十年。从文学为人生出发，译介外国文学，翻译了许多近代外国文学作品，有现实主义作品，也有象征主义作品。1919年，他开始用白话翻译契诃夫的短篇小说《在家里》，1920年，又翻译了契诃夫的《他的仆》、《日落》、《万卡》等，高尔基的《情人》，莫泊桑的《一段弦线》，易卜生的剧本《社会柱石》；1925年，翻译了西班牙倍那文德的《倍那文德戏剧集》；1928年，翻译了西班牙柴玛萨斯的《他们的儿子》，匈牙利莫尔纳等的《雪人》，希腊帕拉玛兹的《一个人的死》等。他还介绍、评论近代欧洲的著名写实主义作家，阐明文学必须表现自己民族的思想和生活，曾出版《司各特评传》、《大仲马评传》等。

中期（分为三个阶段）：第一阶段：新文学运动第二个十年。以译介社会主义现实主义作品为主。大力译介苏联的社会主义现实主义文学。极力推介法捷耶夫的《毁灭》、绥拉菲摩维奇的《铁流》，并亲自翻译了吉洪诺夫的《战争》，将"新写实主义"作为中国新文学建设目标。此外，从1932年起，还翻译了聂米洛维契——丹钦柯的《文凭》，法国左拉的《百货商店》，土耳其哈理德等的《桃园》，挪威别伦·别尔生等的《回忆·书简·杂记》，卢那察尔斯基的《外国作家研究》等。

第二阶段：抗日战争时期。这一阶段着重译介反映苏联卫国战争的文学作品。1943年，翻译了巴甫连柯的长篇小说《复仇的火焰》（原名《俄罗斯的故事》），接着翻译了格罗斯曼的长篇小说《人民是不朽的》，索勃列夫等的《蓝围巾》等，目的是要用苏联人民在卫国战争中的革命英雄主义精神和高贵品质教育鼓舞中国人民的抗日战争。还同戈宝权合译了罗斯基的传记小说《高尔基》，并高度评价了高尔基的作品。

第三阶段：1946—1949年，迎接新中国诞生时期。这一时期，茅盾积极参加爱国民主运动，继续翻译苏联的文学作品，陆续翻译了卡达耶夫的长篇小说《团的儿子》、《上尉伏哈什隆科夫》，辑译了《苏联爱国战争短篇小说译丛》、《现代翻译小说选》等，翻译了西蒙诺夫的剧作《俄罗斯问题》，吉洪诺夫的短篇小说《苹果树》等。

这一时期是茅盾整个翻译生涯中最辉煌的时期。

后期：新中国成立后，茅盾领导全国文化和文学艺术事业，更关注外国文学的译介工作。1954 年在全国文学翻译工作会议上作了著名的"为发展文学翻译事业和提高翻译质量而斗争"的报告，促进了新中国翻译事业的大发展。还发表了"学习鲁迅翻译介绍外国文学的精神"、"为介绍及研究外国文学进一解"等论文。1960 年，他翻译了挪威《比昂逊戏曲集》等。在他逝世前一年，即 1980 年，出版了《茅盾译文全集》，完满地终结了他的翻译生涯。茅盾一生翻译的作品涉及 23 个国家的 40 位作家。

茅盾既是一位优秀的外国文学翻译家，又是一位具有远见卓识的外国文学研究家。他对外国文学的研究工作是与他对外国文学的译介同时起步的。茅盾专文介绍过的外国作家有近百人。1919 年，他在《近代戏剧家传》中，介绍欧美戏剧家达 34 位。他主编的《小说月报》辟专栏"现代世界文学家传略"，连续介绍外国文学家。从 1928 年到 1936 年，他以"方璧"、"玄珠"等笔名撰写了一批外国文学论著：《欧洲大战与文学》、《小说研究 ABC》、《六个欧洲文学家》、《骑士文学 ABC》、《现代文学杂论》、《西洋文学通论》、《希腊文学ABC》、《北欧神话 ABC》、《汉译西洋文学名著》、《世界文学名著讲话》等。特别是后两部著作，茅盾系统介绍了从荷马史诗至 19 世纪西方的 39 部文学名著。还有《近代文学面面观》，介绍了欧洲国家的现代文学和希伯来的诗歌等。他全面系统地介绍了欧洲文艺思潮，为反对封建旧文学，提倡新文学提供了思想武器。1980 年，出版了《世界文学名著杂谈》，结束了他漫长而光辉的外国文学研究生涯。

茅盾的文学创作，也通过自己对外国文学作品的翻译，吸收、借鉴了外国文学的成分，将这种学习、借鉴与中华民族优秀的文化传统相结合，革新创造，创作出了不朽的名著。他的中长篇小说《蚀》、《子夜》、《腐蚀》、《霜叶红似二月花》、《锻炼》，短篇小说《春蚕》、《林家铺子》，已形成了一部"史诗"式的从五四运动起到新中国成立前夕的中国民主革命的通史。这些文学名著早已流传海外。对茅盾的研究，遍及欧、美、亚各大洲。茅盾的著作早已跨越民族和时代的界限，成为各国人民的共同财富。在世界重要的百科全书《法国大拉鲁斯百科全书》、《英国大百科全书》、《美国 20 世纪文学百科全书》、《苏联大百科全书》、《大日本百科事典》等中，都有茅盾的条目，显示了他在世界文学史上的地位。

茅盾的翻译理论和翻译思想的形成与发展，深深植根于中国传统翻译思想。

(1) 从 1921 年至 1937 年间，茅盾与鲁迅、瞿秋白、郭沫若等一起，对当时翻译界表现出来的不良译风和错误倾向提出了严厉的批评，撰写了大量的翻译论文，阐发了自己的翻译理论和思想。

茅盾的翻译理论和思想在"为发展文学翻译事业和提高翻译质量而斗争"和"茅盾译文集·序"中得到了全面、系统的论述。

在中国近代翻译史上，茅盾是提出"神韵"理论的第一人。茅盾认为，在翻译时，常常因为中西文字不同的缘故，发生最大的困难，就是原作的"形貌"和"神韵"不能同时保留。有时译者多加注意于原作的神韵，便往往不能和原作有一模一样的形貌；多注意了形貌的相似，便又往往减少了原作的神韵。"形貌"和"神韵"是相辅相成的一对矛盾统一体。缺了"形貌"，则"神韵"无所依存。神，与形同在。当然，二者的关系是主次关系。语言形式是为内容服务的。这一辩证思想成为他一生所遵循的翻译原则。

茅盾是一位"直译"论者，他提倡直译和他本人提倡的现实主义文学观和创作手法有直接关系。他虽然最早使用"神韵"这一术语，但与后来傅雷的"神似"和钱锺书的"化境"，甚至和郭沫若的

"共鸣"有区别。主要区别在于茅盾的"神韵"说能指出实现传达"神韵"的具体方法。他的"神韵"是由"单字"和"句调"组成的，他认为翻译文学书大概可以先注意两个条件：一是单字的翻译正确，二是句调的精神相仿。因为单字与句调之为一篇文章的要素犹之点线位置与色彩之为一幅画儿的要素；不同的色彩配合与点线位置能使画儿表出种种不同的神韵。只要单字译得"完全不走原作的样子"，句调"能和原作相似"，其"神韵"也就自然传达出来了。同时，他认为，文学作品的"神韵"蕴涵在作品的意义和风格之中。他说："必先了解这篇作品的意义，理会得这篇作品的特色，然后你的译本能不失这篇作品的真精神。"他特别强调，原作风格的传达，"既需要译者的创造性，而又要完全忠实于原作的面貌。这是对文学翻译的最高的要求"。

(2) 1954 年，茅盾在全国文学翻译工作会议上做的"为发展文学翻译事业和提高翻译质量而斗争"的报告，可以说是对 20 世纪上半叶中国传统翻译思想的科学总结，在某种意义上也是茅盾自己半个多世纪从事文学翻译的科学总结。特别是在报告的第三部分，他提出了著名的"艺术创造性翻译"的思想，文中明确提出"传达原作的艺术意境"是文学翻译的根本任务。他把我国古典美学体系中的一个重要范畴——意境，引入文学翻译，使"意境论"成为我国文学翻译中具有独特意义的理论，影响了整整一代人。文中精辟论道：

> 文学作品是用语言创造的艺术，我们要求于文学作品的，不单单是事物的概念和情节的记叙，而是在这些之外，更具有能够吸引读者的艺术意境，即通过艺术的形象，使读者对书中人物的思想和行为发生强烈的感情。文学的翻译是用另一种语言，把原作的艺术意境传达出来，使读者在读译文的时候能够像读原作一样得到启发、感动和美的感受。
>
> 这样的翻译，自然不是单纯技术性的语言外形的变易，而是要求译者通过原作的语言外形，深刻地体会原作者的

艺术创造的过程，把握住原作的精神，在自己的思想、感情、生活体验中找到最适合的印证，然后运用适合于原作风格的文学语言，把原作的内容与形式正确无遗地再现出来。这样的翻译过程是把译者和原作者合而为一，好像原作者用另外一国文字写自己的作品。这样的翻译既需要译者发挥工作上的创造性，而又完全忠实于原作的意图，好像一个演员必须以自己的生活和艺术修养来创造剧中人物的形象，而创造出来的人物，又必须完全符合于剧本作家的原来的意图一样。

以上"意境论"是茅盾对自己1921年提出的"神韵说"的进一步发展，是翻译的最高境界，然而却是完全可以达到的目标。

(3) "翻译与创作并重"。在当时那个时代，"很有人以为翻译事业仅仅等于临摹名画一流的事，以为不能为创作家方降而为翻译家"，甚至鄙薄翻译是"媒婆"，而尊创作为"处女"，等等，这些错误观念极大地影响了翻译事业的健康发展。茅盾多次撰文加以批驳，树立"翻译与创作"并重的思想。他写道：

> 翻译的困难，实在不下于创作，或且难过创作。第一，要翻译一部作品，先须明了作者的思想；还不够，更须真能领会到原作上的美妙；还不够，自己走入原作中，和书中的人物一同哭、一同笑。已经这样彻底咀嚼了原作了，于是第二，尚须译者自己具有表达原作风格的一副笔墨。

> 大凡从事翻译的人，或许和创作家一样，要经过两个阶段。最初是觉得译事易为，译过了几本书，这才译出滋味来，译事实不易为了。还有，假如原作是一本名著，那么，读第一遍时，每每觉得译起来不难，可是再读一遍，就觉得难了，读过三遍四遍，就不敢下笔翻译。为的是愈精读，愈多领会到原作的好处，自然愈感到译起来不容易。

(《"媒婆"与"处女"》)

茅盾的"神韵"说和"翻译与创作并重"论，是他的"艺术创造性翻译论"的重要组成部分。"艺术创造性翻译论"，改变了传统的将翻译理论简单地语言学化的倾向，鲜明地提出了文艺学和美学的要求。茅盾的翻译理论和思想是对中国传统翻译思想的一个创造性发展，将中国传统翻译思想逐步推向鼎盛时期。

中华人民共和国成立初期，由于茅盾当时处于"文化领袖"的地位，他所代表的翻译思想，已成为全国外国文学翻译事业的指导思想，繁荣了新中国的翻译事业，造就了一代又一代的翻译家。继承和研究茅盾留下来的丰富的文化遗产，对于我国翻译理论的建设具有重要的意义。

傅雷

傅雷（1908—1966），原名怒安，江苏南汇渔潭乡人。傅雷自幼天资聪颖，刻苦用功，7岁开始入私塾读四书五经，打下了坚实的古文基础。1921年考入上海徐汇公学，该校法语是主课，打下了法语基础。17岁开始发表短篇小说，显露出其在文学方面的才能。1927年赴法国留学，从法国文学中汲取养分。在法四年期间，他学习的专科是艺术理论，阅读了大量的美学、音乐和文学方面的著作。1931年，随刘海粟赴意大利朝拜米开朗琪罗和拉斐尔，结交了一些世界级的艺术大师。这次意大利之行，使他领略了文艺复兴时期大师们的艺术风格，大开了艺术视野，深为米开朗琪罗艰苦卓绝的创作精神所感动，要为宏扬米开朗琪罗的伟大精神而努力，因此回国不久就开始了对米开朗琪罗事业的介绍和有关传记的翻译工作。在去罗马之前，他曾翻译了屠格涅夫等人的几首散文诗，并开始了罗曼•罗兰三大名人传之一的《贝多芬传》的翻译。同年9月，年仅23岁的傅雷受聘于集中国国内第一流人才刘海粟、黄宾虹、张大千、潘玉良、蒋兆和、刘海若等人的上海美术专科学校执教美术史和法语。1933年秋，离开美专，选择译书为职业，专心致力于法国文学的译介工作，开始了 33 年的文学翻译生涯。翌年 3 月，他翻译了罗曼·罗兰三大名人传的另外两部：《米开朗琪罗传》和《托尔斯泰传》。傅雷曾以怒安的名字两次致函罗曼·罗兰。他是继敬隐渔、梁宗岱之后，与罗曼·罗兰有过文字交往的第三个中国人，这是中法交流史上的一件盛事。

在抗日战争期间，他翻译了莫罗阿的《人生的五大问题》、《恋爱与牺牲》、《服尔德传》（今译《伏尔泰传》），罗素的《幸福之路》，杜哈曼的《文明》，巴尔扎克的《亚尔培·萨伐龙》、《高老头》等。1936 年—1939 年，翻译了罗曼·罗兰的名著《约翰·克利斯朵夫》。1942 年又重译了《贝多芬传》，他想用这样的作品去唤醒正在遭受着劫难与磨炼的人们的心智，鼓舞他们为国家民族的前途进行殊死的战斗。

作为一个热烈挚诚的爱国者，傅雷有意识地把自己的译事与国家和民族的命运结合起来。一向视文艺工作为崇高神圣的事业。在抗日战争那段灰暗的岁月中，傅雷还曾与姜椿芳、周煦良、钱锺书、杨绛、楼适夷、李平心等人，组织两周一次的聚会，将视野转向广阔的社会现实，关心时局风云。1945 年，他和周煦良主办《新语》半月刊，发表政论文章，这是他第一次突破书斋，直接面对社会和人生。

傅雷提倡做一个艺德兼备、人格卓越的艺术家。"先为人，次为艺术家"，"弄学问也好，弄艺术也好，顶要紧的是 human，要把一个'人'尽量发展，没成为家以前，先要学做人；否则那种家无论如何也不会对人类有多大贡献。"他还说过："人是生活在太阳底下的，人接受了太阳的光和热，就应当把它传给别人。"

傅雷之死以自己的宝贵生命维护了人类正义的尊严和中国文化人人格的尊严。傅聪说："我父亲是一个文艺复兴似的人物，像一个寂寞的先知，一头孤独的狮子，高傲、愤慨、遗世独立。"傅雷毕生的劳绩，是把法国文坛巨匠罗曼·罗兰、巴尔扎克、伏尔泰、梅里美的名著，介绍给了广大的中国读者。他一生翻译的外国重要的文学名著有 34 部，其中巴尔扎克的作品就有 15 部，从而奠定了他在当代中国翻译界法国文学尤其是巴尔扎克作品权威翻译家的地位。

傅雷的主要译著有：法国巴尔扎克的《高老头》、《亚尔培·萨伐龙》、《欧也妮·葛朗台》、《贝姨》、《邦斯舅舅》、《夏倍上校》、《于絮尔·弥罗埃》、《搅水的女人》、《都尔的本堂神甫》、《比哀兰德》、《赛查·皮罗多盛衰记》；法国罗曼·罗兰的《贝多芬传》、《约翰·克利斯朵夫》、《米开朗琪罗传》和《托尔斯泰传》；法国伏尔泰的《老实人》、《查第格》、《伏尔泰小说选》；法国梅里美的《嘉尔曼》；英国罗素的《幸福之路》。文艺理论著作《艺术哲学》、《傅雷家书》、《世界美术名作二十讲》、《傅雷译文集》（15 卷）等。

傅雷有着画家、音乐家的创作天赋，对美术和音乐有很深的理解，在欣赏鉴别上更是造诣精深。他最早是从西方的绘画和雕刻踏进艺术的殿堂，其中意大利文艺复兴时期的艺术对傅雷的影响最大。在接触并翻译《贝多芬传》、《约翰·克利斯朵夫》和罗曼·罗兰的其他音乐论著，以及在培养傅聪过程中更深入理解整个西方古典音乐大师们的艺术之后，在他的精神世界里，达·芬奇、米开朗琪罗、拉斐尔等文艺复兴大师的精髓，莫扎特、肖邦、舒伯特、海顿、亨德尔、德彪西等音乐大师以及李白、杜甫、陶潜、苏轼、罗曼·罗兰、巴尔扎克等中外文学大师的精髓，化为了一体，成为他整个文学艺术素养的有机成分。傅雷融合了东方民族与西方民族的优秀素质，体现了东西方古典主义精神，构成了他的翻译艺术哲学的基础。傅雷曾说："只有真正了解了别个民族的优秀传统精神，具备自己的民族灵魂，才能彻底了解别个民族的优秀传统，渗透他们的灵魂。"傅雷认为，艺术有许多共同的原则，翻译家和钢琴家，其实都是在别人的作品中融入自己的创作才华，铸造着既有原作者的劳动，又有自己的劳动的新的作品。他还认为，"音乐的流动性最为突出，一则是时间的艺术，二则是刺激感官与情绪最剧烈的艺术"，同一位演奏家不同时期对同一首作品的理解和演绎有着不同的效果，文学翻译亦是这样。他曾对《高老头》一书在 1944—1963 年间进行过三次翻译，对作品的理解和演绎产生了不同的效果。他在《论文学翻译书》中写道，译事"要以艺术修养为根本：无敏感之心灵，无热烈之同情，无适当之鉴赏力，无相当之社会经验，无充分之常识（即所谓杂学），势难彻底理解原作，即或理解，亦未能深切领悟"。

　　傅雷有一句座右铭："重神似不重形似；译文必须为纯粹之中文。"1951 年，在《高老头》重译本序言中他就写道："以效果而论，翻译就像临画一样，所求的不在形似而在神似。"傅雷将"形似神似"绘画理论运用于文学翻译，在中国翻译思想史上他是运用得最完美、最成功的一人。傅雷认为，传神，首先在于理解、体会、感受、领悟原作，吃透原作的精神和全部细节，将原作"化为我有"。他在《论文学翻译书》中说："任何作品，不精读四五遍决不动笔，是为译事基本法门。第一要求将原作（连同思想，感情，气氛，情调等等）化为我有，方能谈到迻译。"在《翻译经验点滴》中他又说："想译一部喜欢的作品要读到四遍五遍，才能把情节、故事，记得烂熟，分析彻底，人物历历如在目前，隐藏在字里行间的微言大义也能慢慢咂摸出来。"

　　第二则是需要进一步把所了解的，体会的，忠实而生动地表达出来。翻译是一门语言艺术，而文学作品语言又不同于其他非文学作品语言，它是一种"多度语言"，除理解度之外，还有感官度、感觉度和想象度。因此要求很高。傅雷要求自己的译笔"行文流畅，用字丰富，色彩变化"。要做到"行文流畅，用字丰富，色彩变化"是极难的。因为"领悟为一事，用中文表达为又一事。况东方人与西方人之思想方式有基本分歧，我人重综合，重归纳，重暗示，重含蓄；西方人则重分析，细微曲折，挖掘唯恐不尽，描写唯恐不周：此两种 mentality 殊难彼此融合交流。"他又说："两国文字词类的不同，句法构造的不同，文法与习惯的不同，修辞格律的不同，俗语的不同，即反映民族思想方式的不同，感觉深浅的不同，观点角度的不同，风俗传统信仰的不同，社会背景的不同，表现方法的不同。以甲国文字传达乙国文字所包含的那些特点，必须像伯乐相马，要'得其精而忘其粗，在其内而忘其外'。而即使是最优秀的译文，其韵味较之原文仍不免过或不及。翻译时只能尽量缩短这个距离，过则求其勿太过，不及则求其勿过于不及。"

"气息贯通——文脉贯通"是他的"神似说"的第三要义。他说："原文的风格不论怎么样，总是统一的，完整的；译文当然不能支离破碎。"他写道：

> （翻译上）普通总犯两个毛病，不是流利而失之于太自由（即不忠实），即是忠实而文章没有气息。倘使下一句跟上一句气息不贯，则每节既无气息可言，通篇就变成了一杯清水。译文本身既无风格，当然说不到传达原作的风格。真正要和原作铢两悉称，可以说是无法兑现的理想。我只能做到尽量的近似。这也不光是个人的能力，才学，气质，性格的问题，也是中外思想方式基本不同的问题。……一般的译文，除开生硬、不通的大毛病以外，还有一个最大的特点（即最大的缺点）是句句断，节节断，连形象都不完整，如何叫人家欣赏原作。

> 原文风格之保持，决非句法结构之抄袭。……处处假定你是原作者，用中文写作，则某种意义当用何种字汇，以此为原则，我敢保险译文必有百分之七十以上的成功。

傅雷以严谨的作风，渊博的学识，长期的艺术熏陶和永不满足的进取精神，形成了自己"以传神为特色的"和谐完整的译文风格，即"傅雷风格"，成为中国翻译界的一个"译派"。傅雷翻译的十几部世界名著，也成了译著中的"经典"，永留人间。

钱锺书

钱锺书(1910—1998)，江苏无锡人，字默存，号槐聚，笔名锺书君。他是一位高才博学的文学家、文论家，是一位学贯古今中西的大学者，是一座"文化昆仑"。他在翻译理论上提出的著名的"化境"论与严复的"信、达、雅"论和傅雷的"神似"论构成中国传统翻译思想的主体，而且将翻译引入文艺美学范畴，推动了中国传统翻译思想的发展。

钱锺书早年毕业于清华大学外国语言文学系，后留学英、法等国，先入英国牛津大学英文系，获副博士学位，随后转入法国巴黎任教。1949 年起在清华大学、中国社会科学院从事教学研究工作，曾任中国社会科学院副院长等职。他通晓英、法等五种文字，研究比较文学。他博览群书，把中国文学名著和西洋各国文学名著中的艺术手法，把中国的文艺论和西洋的文艺论相互比较。通过古今中外名著的比较研究，发前人所未发的创见。他在英国文学界有较高的地位，英国人编的文学史，有专章讲述他的文学创作。1979 年，出版了他的五卷本《管锥篇》，1993 年荣获首届国家图书奖。这部近百万字的学术著作共讲了《周易正义》、《毛诗正义》、《左传正义》、《史记会注考证》、《老子王弼注》、《列子张湛注》、《焦氏易林》、《楚辞补注》、《太平广记》、《全上古三代秦汉三国六朝文》十部书。书中引用的大量用以比较的外国名著和文艺论外文原文，均由他本人做了精湛的翻译。他比较完整的翻译只有海涅的《精印本〈堂·吉诃德〉》"序言"(1983 年收入《海涅选集》)，希罗多德《史记》的一章和邦戴罗的《短篇小说集》的一篇等。

钱锺书的"化境"论。钱锺书没有给后人留下太多的关于翻译的理论著作，只有"林纾的翻译"一文和《管锥篇》中一些有关翻译的论述片段。然而这些宝贵的理论财富已成为中国翻译思想史上不朽的篇章。

在"林纾的翻译"一文中，钱锺书以评析林纾的翻译为对象，从汉代文字学者许慎关于翻译的训诂和南唐以来"小学"家对"译"的申说中，悉心挖掘和开发，深刻地揭示了翻译的本质、标准与特性，拓宽了翻译研究的视野和领域。他认为，翻译的过程实质上就是一个"引'诱'、避'讹'、求'化'"的过程。百余年来，大凡论翻译，多离不开严复的"信、达、雅"三字经。而今钱氏的"诱、讹、化"三字经，习惯称"化境"论，却大大地丰富和发展了中国传统翻译思想，是对中国传统翻译思想的一大贡献。

"诱"（"媒"）字，形象地道出了翻译的性质、功能、作用和目的。钱锺书在"林纾的翻译"一文中写道："'媒'和'诱'当然说明了翻译在文化交流里所起的作用。它是个居间者或联络员，介绍大家去认识外国作品，引诱大家去爱好外国作品，仿佛做媒似的，使国与国之间缔结了'文学因缘'，缔结了国与国之间唯一的较少反目、吵嘴、分手挥拳等危险的'因缘'。"

他在重撰的"汉译第一首英语诗《人生颂》及有关二三事"中又写道："翻译外国文学，目的是让本国人有所观摩借鉴，唤起他们的兴趣去欣赏和研究。"

钱锺书赞同把翻译比作原作的"投胎转世"的说法，并肯定"译"有"诱"、"讹"、"化"诸义，认为翻译"属于与创作并行的高级文化事业"。

钱锺书认为，所谓"讹"，就是译文失真和走样。而造成"讹"的根源，在于存在三种"差距"，而且有些"讹"，甚至是不可避免的。他写道：

> 一国文字和另一国文字之间必然有差距，译者的理解和文风跟原作品的内容和形式之间也不会没有距离，而且译者的体会和自己的表达能力之间还时常有距离……翻译总是以原作的那一国语文为出发点而以译成的这一国语文为到达点。从最初出发到最终到达，这是很艰辛的里程。

一路上颠顿风尘，遭遇风险，不免有所遗失或受些损伤。因此译文总有失真和走样的地方，在意义或口吻上违背或不很贴合原文。那就是"讹"，……

翻译这门艺业的特点……只仿佛教基本课老师的讲书，而不像大教授们的讲学。原作里没有一个字可以滑过溜过，没有一处困难可以扯淡。一部作品读起来很顺利容易，译起来马上出现料想不到的疑难，而这种疑难并非翻翻字典、问问人就能解决。不能解决而回避，那就是任意删节的"讹"；不敢或不肯躲闪而强作解人，那就是胡猜乱测的"讹"。可怜翻译者给扣上"反逆者"的帽子，既制造不来烟幕，掩盖自己的无知和谬误，又常常缺乏足够厚的脸皮，不敢借用博尔赫斯(J. L. Borges)(著名阿根廷作家兼翻译家，其精美文集在我国已有翻译出版)的话反咬一口，说那是原作对译本的不忠实。

他在"林纾的翻译"中，甚至强调林译小说对原文部分的不忠实和"讹"所起到的"一些防腐作用"，"林译因此而可以免全被淘汰"。我们只能把它看做一种历史现象，或称翻译史上的"林纾现象"。

钱锺书 1934 年在"论'不隔'"一文中就曾提出过："好的翻译，我们读了如读原文。"40 多年后，他又再次重申，译本对原作忠实得以至于读起来不像译本，因为作品在原文里决不会读起来像经过翻译似的。他说：

文学翻译的最高理想可以说是"化"。把作品从一国文字转变成另一国文字，既能不因语文习惯的差异而露出生硬牵强的痕迹，又能完全保存原作的风味，那就算得入于"化境"。

他接着又说："彻底和全部的'化'是不可能实现的理想。"

钱锺书在《谈艺录》中写道："译者驱使本国文字，其功夫或非作者驱使原文所能及，故译笔正无妨出原著头矣。克罗岱尔之译丁敦龄是矣。""翻译者运用'归宿语言'的本领超过原作者运用'出发语言'的本领，那是翻译史上每每发生的事情。"这是一种"文学翻译现象"，也是一种新的、超越传统的翻译思想，引起译界的广泛关注和争议。

钱锺书的"化境"与傅雷的"神似"这两个概念，在旨趣上无大异，从时间上说，一个产生在 20 世纪 50 年代，一个产生于 20 世纪 60 年代，相去不远。可以视为同一体系的两种不同说法，视为中国传统美学思想在翻译理论上的延伸。

有的学者认为，钱锺书的"化境说"，由于过分强调艺术的神秘性，变成可望而不可即的模糊标准，成为他本人所说的"不可实现的理想"。需要译界后人从理论层面上进一步阐释其内涵，使之具体化，在翻译实践和翻译批评中得到更充分、更广泛的运用。

焦菊隐

焦菊隐（1905—1975），天津市人，是我国著名的戏剧家，杰出的导演艺术家，也是一位卓越的文学翻译家和翻译理论家。作为戏剧家，以卓越的戏剧家才华为我国戏剧事业建立了丰功伟绩；作为翻译家，以毕生的精力献身于外国戏剧和世界文学名著的翻译事业，为中外文化交流作出了重要的贡献；在翻译理论和思想上提出了"整体（全局）"论（"段本位"、"篇本位"思想），丰富了中国翻译史。

在小学阶段，焦菊隐就接受了深厚的民族主义的爱国主义思想。1922 年，17 岁的焦菊隐便开始了文学活动，创作诗歌、散文，呼应新文化运动，与赵景深、于赓虞等人发起组织文学团体"绿波社"，曾发行《绿波旬刊》等刊物，并出版了《夜哭》、《他乡》诗集，当时有"天津诗人"之称。同时开始译介外国文学作品。燕京大学毕业后，曾执教于北平大学，后创办了北平戏曲专科学校，并任校长。1935 年赴比利时、英国、法国留学，1937 年，以题为"今日中国之戏剧"的论文获得巴黎大学文学博士学位。同年回国，积极投身抗日救亡运动，在极端动荡和艰苦的条件下，仍坚持翻译工作。他以惊人的毅力译出了数十万字的名著：苏联戏剧革新家和教育家丹钦柯的《文艺·戏剧·生活》（原名《回忆录》）、匈牙利贝拉·巴拉兹的《安魂曲》和《契诃夫戏剧集》等。

焦菊隐在戏剧理论上有着丰厚的根底，既有深厚的中国传统戏曲理论与实践，又有外国科学演剧体系——斯坦尼拉夫斯基的理论修养；他精通英、法、德、拉丁文等多种文字，因此，他的译笔流畅、自然，具有独特的戏剧风格，其中包括法国自然主义作家左拉的《娜娜》等译作。

焦菊隐的主要译作有：法国波特莱尔《月亮的恩惠》，莫里哀的《伪君子》，左拉的《娜娜》，高乃伊的《希德》；美国爱伦·坡的《海上历险记》、《爱伦·坡故事集》；俄国契诃夫的《歌女》、《樱桃园》、《契诃夫戏剧集》，《A.托尔斯泰小说选集》；《苏联短篇小说选》，阿菲诺盖诺夫的《前夜》，高尔基的《布雷乔夫》、《未完成的三部曲》、《道斯提加埃夫》、《夫妇》、《骨肉之间》，丹钦柯的《文艺·戏剧·生活》；丹麦安徒生的《松树》、《现代戏剧译丛》；印度迦梨陀娑的《失去的戒指》；匈牙利贝拉·巴拉兹的《安魂曲》等。

新中国成立初期，焦菊隐发表了著名论文"论直译"，文中提出了"整体（全局）论"思想，即"篇章（语篇）翻译"的核心理论——"段本位"和"篇本位"思想。所谓"整体"，即指整体理解，整体传达的思想，它改变了过去传统的"句本位"原则。所谓语篇，即指能构成统一整体的语言篇章，在翻译过程中，它是相对独立的、具有整体意义和整体结构的艺术客体。所谓篇章翻译就是建立在原文的整体意义上，进行篇章的整体转换，寻求整体意义的对应。焦菊隐的"整体（概念）"理论的提出，把中国传统翻译思想的发展推向了一个新阶段。

焦菊隐从哲学的角度科学地论述了词的绝对价值和相对价

值，实质上，阐明了他对翻译的上下文思想。这也就是说，一个词的意义往往不在它的固有词义，而在其特定环境中的具体所指。他曾写道：

> 任何语言里，每一个字都有本身的价值，也可以称之为绝对的价值。……它的绝对价值没有绝对的意义，只是一个静止的，孤立的，不发展的，抽象的符号。它必须和其他符号联系在一起，才被别的符号的相乘相因相消长而建立起意义来，这种字的联立下所确定的意义便是他们的相对价值。它和不同的符号联立起来，又可能消灭了自己，发展出另外符号的意义，也可能消灭别的符号，强调它自己的意义，更可能连自己带别的符号意义一起消灭而成为另一个新的意义。

焦菊隐说，在翻译中，常常遇到这样的译文：每一句都能叫人读得懂，而全段或全篇读完，反倒不知道说的是什么。你若是用原文去对照，可能任何一句都没有错。这个毛病，就出在译者没有"整体"(ensemble)的观念上。译者没有先去抓住原文的整个思想与感情，不了解字群的联立关系是为整体的思想与情感服务的，只孤立地了解了句子或段落。他写道：

> 字的价值所以是相对的，因为它是给字群(句子)服务的。而字群的联立关系，是为整体的思想与情感服务的。……每一句的正确传达，只能给你一种印象，一种感觉，一种分散的，肤浅的，局部的，感性的知识。你不把原文的思想与情感"整体"作为中心去总括地思索，去求得深入一步的概念与理解，进而化在你自己的血与肉里，成为你的思想与感情，然后再去处理每一句的字群联立关系与个别的字的相对价值，你便会把原文译得支离破碎，弄得毫无意义。必须掌握住意念的联立关系，才能更明确，更丰富，更活跃起字与字群联立关系及其相对价值。

焦菊隐认为，在翻译中，如果只做到意念联立关系和整体的传达，而放弃形象的联立关系和意念的重心，那么，译者的笔调、态度和表现方法，往往因为和原著的精神不合，很难不因形象而歪曲了它的内容，因此他提出了"思想过程"概念。他写道：

> 意念联立关系之表现，服从于原文作者的思想过程(way of thinking)，和所产生的这个思想过程的民族，地区，意识形态，立场，态度，精神，重点，和风格等等。作者思想的出发点，重心，和情感的分寸(shades, or nuance)，是用怎样的方法表现出来的，必须在译文里尽量予以保存。以这个原则为指导，在译文里去建立意念的联立关系，去调整每一句话的译法，去确定每句话里每一个字的相对价值。

因此，"整体"本身是相对的。从大的范围讲，可以包括原文全文，及其以外的社会因素，作者和读者等因素。

焦菊隐的"整体(全局)论"是对篇章翻译理论的一大贡献，具有重要的理论意义和实践价值。在翻译实践中，译者首先要建立整体观念，做到整体意义对应，然后再从上而下，由大到小考察每个部分的意义，逐步完成各个部分的对应。

焦菊隐认为，翻译是译者的一种创作，是译者把原著的思想与情感，化成为自己的思想与情感以后的一种创作，译者和原作不同的是多受了这一番限制，然而他必须在这个条件下，运用他创造性的才力，去重新呈现出原创作来，所以叫二度创造的艺术。他指出，过去有多少人曾经轻视翻译工作，都是不曾了解这一点。而多少翻译工作者，经过一二十年的努力，也还没有把自己提高一步者，也是因为缺乏"翻译是二度创造艺术"的认识。

【小结】

新中国成立之后这一时期的翻译理论和思想的研究，主要涉及科学翻译和文学翻译，而以文学翻译为主，并且形成了以茅盾、傅雷、钱锺书、焦菊隐等人为代表的翻译理论研究的文艺学派。其中茅盾的"艺术创造性翻译论"（"意境论"）、傅雷的"神似论"、钱锺书的"化境论"和焦菊隐的"整体(全局)论"最大的理论贡献在于继承和发展了中国传统翻译思想，拓宽了翻译研究的视野和领域，使中国传统翻译思想走向成熟，完成了中国传统翻译思想从形成、转折、发展到鼎盛的四个时期。因此，这一时期中国翻译理论建设呈现出从未有过的欣欣向荣的大发展局面。

第八章

中国现代翻译思想的发展

8.1　中西翻译思想的融合

中国传统翻译思想从古代支谦的《法句经序》(224 年)开始，经历形成、转折、发展、鼎盛四个阶段，最后完成整个发展时期。西方传统翻译思想发展时期是从古代西塞罗(Cicero，前 106—前 43 年)的《论演说家》(前 55 年)至 1959 年。这一时期的普遍特点是：缺乏翻译学科意识，缺乏完整的理论体系，经验主义译论占主流。中国如此，西方也如此。

综观中外翻译思想发展史，一般都把有无"学科意识"作为划分时期的重要标准。以此为界，我国"文革"十年恰是一条分水岭，之前，为中国传统翻译思想发展时期；之后，为中国现代翻译思想发展时期。

20 世纪 80 年代初，中国进入了改革开放新时期。日益繁荣的中外政治、经济、文化交往，促进了翻译事业的新繁荣，引进了外国翻译理论，推动了中国现代翻译思想的发展。迎来了新中国成立后第二次(以英汉翻译为主)翻译高潮。1986 年，中国译协召开第一次全国代表大会，姜椿芳在会上作了题为"团结起来，开创翻译工作新局面"的报告。这可以说中国进入现代翻译思想发展时期的一个重要标志。西方进入现代翻译思想发展时期是从 1959 年罗曼·雅可布逊(Roman Jacobson)发表《翻译的语言观》起至 1972 年。这一时期的普遍特点是：已经具有淡薄的(或朦胧的)学科意识，只有使翻译成为一门"从属"学科(应用语言学或比较文学的分支)的认识，但没有使之成为一门具有独立地位的新生学科的意识。相比之下，中国进入现代翻译思想发展时期比西方进入现代翻译思想发展时期晚了二十几年。

20 世纪是一个"翻译时代"的世纪(德国 Jumpelt 语)。在西方，翻译理论建设蓬勃发展，翻译流派层出不穷，语言学派、文艺学派、多元系统学派、描写学派、文化学派、综合学派、解构主义学派(或译者中心学派)、后殖民主义学派(或政治学派)等，呈现出一派多元化发展的景观。尤其是近 30 年来，西方翻译学逐渐摆脱了"从属"的地位，发展成为一门独立的严肃学科。而影响整个西方现代翻译思想发展历史进程的有十位译论界泰斗：奈达、卡特福德、威尔斯、纽马克、斯坦纳、巴尔胡达罗夫、费道罗夫、科米萨罗夫、穆南和塞莱丝柯维奇。这十位西方译论宗师，同样对我国现代翻译思想的发展也产生了重要的影响。

8.1.1　苏联翻译理论两大流派对我国翻译思想的影响

在新中国成立初期，苏联翻译理论的两大流派——语言学派和文艺学派率先被引进到我国翻译界和教育界。以苏联翻译理论家费道罗夫为代表的语言学派，在翻译研究方法论方面，主张从语言学角度探讨翻译理论问题；而以丘科夫斯基、斯米尔诺夫、伊凡·卡什金为代表的文艺学派与费氏针锋相对，提出了从文艺学角度研究文学翻译。到 20 世纪 60 年代，苏联翻译理论界两派的斗争已达到了高潮。当时，这两派的翻译思想在我国曾产生过一定的影响。

蔡毅

在译介引进苏联翻译理论方面，蔡毅先生作出了重要贡献。蔡毅(1927—)，福建闽侯人。1949 年毕业于华北大学俄语专业，曾任北京外国语大学教授、苏联塔什干大学教授等。主要译著有：巴尔胡达罗夫的《语言与翻译》，加切奇拉泽的《文艺翻译与文学交流》、《苏联翻译理论》。主要论文有："国外语言学中的翻译理论——西方十二位语言学家谈翻译"、"关于国外翻译理论的三大核心概念——翻译的实质、可译性和等值"等。

8.1.2　西方以结构主义语言学为标志的现代翻译学时期的影响

这一时期，西方欧美国家语言学派的代表人物有美国的雅可布逊和奈达、英国的卡特福德、德国的威尔斯等。雅可布逊主张把翻译分为语内翻译、语际翻译、符际翻译，以此作为探索翻译理论的途径。奈达、卡特福德、威尔斯的理论都是以语言学理论为依托。奈达和威尔斯所依托的是乔姆斯基的转换生成语言学，卡特福德所依托的是弗斯的功能语言学和韩礼德的系统功能语法。这些语言学理论构成了他们的翻译理论基础。归根结底，这些理论的中心概念是"等值"——奈达的"动态对等"或"等效翻译"，卡特福德提出的"功能等值"、"翻译的转换"，威尔斯提出的"受者等值"等等。这些翻译理论由于和中国传统译论有许多相似之处，都主张原、译文之间的对等，都崇尚原文文本中心论，很快在全国翻译界和外语教育界被广泛运用于译论研究和翻译教学之中，活跃了我国多年沉寂的译坛，打破了我国传统译论中单一的偏重静态分析的翻译标准的局面，同时丰富了我国高等学校的翻译教学。

这一时期，译介引进西方翻译理论，特别是奈达等人的翻译理论，金隄、谭载喜作出了贡献。

金隄

金隄(1921—)，浙江吴兴人。1945 年毕业于西南联合大学外文系。曾执教于北京大学、南开大学、天津外国语学院等。主要译著有：爱尔兰詹姆斯·乔伊斯的《尤利西斯》；与奈达合著《论翻译》、《等效翻译探索》。汉译英作品有：白居易的《白马集》，沈从文的《中国土地》等。

8.1.3 西方以后结构主义为标志的当代翻译学时期的影响

这一时期，即从 1972 年霍姆斯(J. S. Holmes)发表"翻译学的名与实"(The Name and Nature of Translation Studies)一文开始至今。该论文被"普遍认为是翻译学学科的创建宣言"。在西方称为当代翻译学时期。这一时期，对我国翻译思想发展产生较大影响的学派有"翻译研究派"、"多元系统派"、"综合学派"、"解构主义学派"等。这些西方当代翻译新理论有一个共同的新思路、新视角：重视多元和动态观念，重视接受者、译者的作用，重视翻译的综合性和相关因素的协调与和谐状态。这些新思路和新视角对于我国现代翻译理论建设有一定的积极作用。我们借鉴外国思想文化，历来反对"生搬硬套"，要结合我国实际，采取"吸取精华，去其糟粕"，"洋为中用"的原则。

8.1.4 继承我国译学传统，借鉴外国先进理论，创立自己的学说

姜椿芳在中国译协第一次全国代表大会上题为"团结起来，开创翻译工作新局面"的报告，是一篇具有划时代意义的报告。该报告明确地提出了改革开放新时期我国译学建设的指导方针：

在探讨翻译理论方面，我们既要认真汲取国外各个学派的精神，更要创立自己的学说。我国翻译界的先驱和前辈为我们留下了宝贵的遗产，我们要继承，也要在其基础上前进和发展。过去提过译事三难"信、达、雅"，但时代

的进展要求我们创立适应我国现实、有鲜明特色的现代翻译理论体系。

继承、借鉴、发展，这是我国译学建设的指导方针。继承与创新是相辅相成的。在继承和发展我国传统翻译思想的过程中，我们并不排斥西方翻译理论，相反应当更关注西方当代译论，特别是那些具有普遍意义的译论的引进和研究，但是在借鉴和吸收的同时，必须结合中国实际，充分考虑各民族的特殊性和差异性，验证其理论的有效性和可应用性。立足我国译学传统，发展自己的理论和学说。

我国一批有学术思想和学术实力的中青年翻译家，从 20 世纪 80 年代起，在继承传统译学理论的基础上，积极引进和研究西方当代译论，发展我国现代译学，进行了卓有成效的工作，提出了新译论、新思想。主要译论有：

一、多元互补论

1989 年，辜正坤发表了论文"翻译标准多元互补论"。这是一个由若干标准组成的相辅相成的翻译标准系统，即绝对标准（原作）——最高标准（抽象标准最佳近似度）——具体标准（分类）。它们各自具有其特定的功能。而翻译这一理论所依据的正是翻译的这种多重功能和人类审美情趣的多样性，以及读者、译者的多层次。这一新理论吸取了多元和动态观念，重视接受者和译者的作用，采取翻译理论中的立体思维方式，阐明了系统内部的辩证关系，从而打破了传统翻译标准一元化的一统天下的局面。

这一理论的"原文作为最高尺度"这一观念并未受到动摇，而那些具体标准又缺乏维系的线索，恐会造成翻译标准虚无化或标准泛滥的危险。

二、翻译标准：和谐说

2000 年，郑海凌出版了《文学翻译学》，书中提出了"翻译标准：和谐说"。

"和谐说"是继承我国古代哲学思想里"中和"、"中庸"的观念和古典美学里"中和之美"的观念，借鉴西方系统理论、对话理论和格式塔心理学理论和方法，引进西方"译者中心学派"新观念，结合中国翻译实际而创立的。"和谐"，作为翻译标准，它是一个系统，一个"相互作用的诸要素的复合体"，这个系统包括原作者、原作、译者、译作、原语、译语、读者等从属的系统，每个从属的系统又包括若干艺术要素，翻译的过程就是在差异对立的转化中寻求一种状态，"一种协调、平衡为基础的大体上符合各方面要求的相对稳定的状态"。即在忠实与不忠实之间的"第三种状态"，"一种协调得恰到好处的和谐状态"。在整个翻译过程里，起决定作用的是译者，是译者能动的介入，译者是艺术"再创造"的主体。中国传统译论以"信"为本，以"信"为美，强调译者及其译作对原作的忠实，而"和谐说"强调译者的创造性，提出"和而不同"的审美原则，逐渐走出原文文本中心的樊笼，走向读者。

王佐良

王佐良（1916—1995），浙江上虞人。他是我国著名的英美文学研究家，也是文学翻译家。在翻译领域，他是继承中国传统翻译思想和借鉴西方译论，探索我国现代翻译理论的先行者。王佐良早年毕业于清华大学外文系，1947 年考取公费留学，入牛津大学茂登学院攻读英国文学。1949 年回国，执教于北京外国语学院，并参加《毛泽东选集》的英译工作。他在近半个世纪的文学研究和文学翻译生涯中，对英国文学的两个重要领域：文艺复兴时期文学和现代诗歌，以及文学翻译理论诸领域作出了重要贡献。其主要译著有：《彭斯诗选》，培根《论读书》，《英国诗文选译集》，《苏格兰诗选》，曹禺的《雷雨》，《朱利安与马达罗》等；著作有：《翻译：思考与试笔》，《英语文体学引论》，《英国文学论文集》，主编《英国文学史》、《英国诗史》；费时七载参加《雪莱全集》（全 7 卷，300 余万字）的译校工作。

王佐良的翻译思想涉及现代译学里很多焦点问题，如社会文化因素、读者接受理论、译者的重要作用、不同译本的不同功能等等。遗憾的是，由于不重立论，未能形成系统的理论，只给后人留下了许多闪光的理性思考。

20 世纪 80 年代的中国译论正处在以语言学为中心的翻译研究阶段，也可以说是奈达翻译思想一统天下的时期。王先生的"新时期的翻译观"一文对中国翻译理论的发展首先提出了在继承我国传统翻译思想的基础上对外开放的指导思想。他说：

> 严复的历史功绩不可没。"信、达、雅"是很好的经验总结，说法精练之至，但时至今日，仍然津津于这三个字，则只能说明我们后人的停顿不前。翻译工作不是呆滞的、停顿的，而是流动的、开放的。

在引进现代科学理论方面，他是较早引进西方现代语言学科理论(如语义学、文体学)并运用于翻译理论研究的翻译家，同时更注意到了翻译的综合性和多种相关因素之间的复杂关系，以及如何"调和"、辩证地处理这些相互作用的诸要素之间所存在的差异和对立统一关系，这就是他所提出的要建立翻译研究的跨学科、综合性途径。他说：

> 翻译理论研究，它天生是比较的，跨语言、跨学科的，它必须联系文化、社会、历史来进行，背后有历代翻译家的经验组成的深厚的传统，前面有一个活跃而多彩的现实世界在不断变化，但不论任何变化都永远需要翻译，并对翻译提出新的要求，新的课题。

翻译本来就是一种调和的、辩证的艺术。

针对译文如何求"忠"、求"信"，王佐良的观点如下：

> 一个出色的译者总是能全局在胸而又紧扣局部，既忠实于原作的灵魂，又便利于读者的理解与接受的。……译者的任务在于再现原作的风貌与精神。
>
> 译者重要的是要译出整个概念，或者整片情感。……

应使整篇译文在总的效果上与原作一致。

全文的重要。……如果译者掌握了整个作品的意境、气氛或效果，他发现某些细节并不直接促成总的效果，他就可以根据所译语言的特点作点变通。这样他就取得一种新的自由，使他振奋精神，敢于创新。

在文学作品特别是诗的翻译中，还有……更重要的通篇的"神似"问题。这一切使得翻译更为不易，但也正是这点使翻译跳出"技巧"的范畴而变为一种艺术，使它能那样强烈地吸引着无数世代的有识之士——他们明知其大不易而甘愿为之，而且精益求精，乐此不疲；他们是再创造的能人，他们在两种文化之间搭着桥梁，他们努力使翻译工作变成一种英雄的事业。

他也认为"译笔正无妨出原著头也"。

谈到严复的"信、达、雅"与读者的关系，王先生说："他的翻译实践就是全力争取这样的读者的实践。拿实践来检验他的理论，我们就容易看出：他之所谓'信'是指为这样的读者传达原作的内容，'达'是指尽量运用他们所习见的表达方式，'雅'是指通过艺术地再现和加强原作的风格特色来吸引他们。"由此可以看出，严复的翻译思想深刻体现了他的翻译标准从发出者移向接受者的过程，把目光投向了读者。他的翻译标准也可以说是当时社会的价值观的反映。

王佐良深得严复的良苦用心，继承严复的翻译思想，在"严复的用心"一文最后写道："吸引心目中预定的读者——这是任何译者所不能忽视的大事。"体现了他一生追求的"为读者着想"。

1984、1985 两年，王佐良先后发表了"翻译中的文化比较"和"翻译与文化繁荣"两篇文章，论述了翻译与文化的密切关系，他认为，应当把翻译置于广阔的大文化背景下进行研究，强调文化观点和历史意识。他说："翻译里最大的困难是什么？就是两种文化的不同。在一种文化里头有一些不言而喻的东西，在另外一种文化里头却要费很大力气加以解释。""翻译者必须是一个真正意义上的文化人"，"不了解语言中的社会文化，谁也无法真正掌握语言"。在翻译中译者"处理的是个别的词，他面对的则是两大片文化"。

王佐良积极提倡把翻译研究与作为一门新学科的比较文化结合起来。他的呼吁和他的翻译与文化研究成果在社会上引起很大的反响。自 20 世纪 80 年代末至 90 年代初，在国内出现了一股"翻译文化热"，一度形成了翻译理论研究的"文化学派"，王佐良正是其中的代表人物。他这种从文化层面对翻译进行的整体性思考，可以说是我国翻译理论研究领域的一个本质性的进步。这一翻译观点与当代西方译学"文化转向"观点几乎是同步的。

许渊冲

许渊冲（1921—），江西南昌人。他是一位实践与理论并重，译作等身，新论迭出的翻译家，在长达半个多世纪的翻译生涯中，为新中国的翻译事业作出了重要的贡献。

许渊冲自由酷爱文学，1938 年考入西南联合大学外文系，先后师从闻一多、叶公超、钱锺书、卞之琳。1941—1942 年曾任美国志愿空军翻译。1944 年进入清华大学研究院。1948 年留学法国，入巴黎大学研究莎士比亚和拉辛。1951 年回国，先后执教于北京外国语学院、洛阳外国语学院和北京大学。他精通英、法等语言文字，一生译著、著述多达 60 种。中国古典诗词英译的有：《中国不朽诗三百首》、《诗经》、《楚辞》、《汉魏六朝诗一百五十首》、《唐诗三百首》、《宋词三百首》、《李白诗选》、《苏东坡诗词选》、《西厢记》、《元明清诗一百五十首》和《毛泽东诗词选》等；中国古典诗词法译的有：《中国古诗词三百首》、《唐宋词选一百首》。汉译法国名著的有：司汤达的《红与黑》，福楼拜的《包法利夫人》，巴尔扎克的《人间喜剧·人世之初》、《人生的开始》，莫泊桑的《水上》，普鲁斯特的《追忆似水年华·卷三》，罗曼·罗兰的《约翰·克利斯托夫》等；汉译英美名著的有：德莱顿的《一切为了爱情》、《埃及艳后》，司各特的《昆廷·杜沃德》，亨利·太勒的《飞马腾空》等 26 部；翻译理论著作有：《翻译的艺术》、《中诗音韵探胜——从<诗经>到<西厢记>》（英文专著）、《文学翻译谈》等。

许渊冲是翻译实践家，也是翻译理论家。实践出理论、出思想。他的翻译思想是传统思想与现代观念的统一，是忠实与创造的统一，是理论与实践的统一。其核心是重实践，重创造，重艺术。他的每一翻译理论都来源于他丰富的大量的翻译实践，也就是说，他的翻译研究是从现象出发，不是从理论到理论的"空对空"的研究，或照搬外国，"全盘西化"，贴上中国标签。这是许渊冲译论研究的最大特点。他在 1997 年北京国际翻译学术研讨会上，曾简要地用三句话论述了他的翻译观：一、关于理论与实践。二者如有矛盾，应以实践为主；二、关于科学与艺术。翻译理论不是客观的科学规律。三、关于创作与翻译。21 世纪是世界文学时代，文学翻译应该提高到和创作同等重要的地位。

如果说重实践，重创造，重艺术是他翻译思想的核心，那么，忠实与创造的统一应该是他整个翻译理论的灵魂。

许渊冲对中国古典诗词翻译理论的贡献。许渊冲是"以诗译诗"的"格律派"代表人物之一。

在中国古典诗词翻译史上，早期，有三大流派："直译派"，代表人物是初大告；"意译派"，代表人物是蔡廷干；"仿译派"，代表人物是林语堂。20 世纪 50 年代"格律派"代表人物杨宪益，其代表作《离骚》，70 年代有美籍华人柳无忌。80 年代有两大流派："散体派"代表人物杨宪益夫妇，代表作《唐宋诗文选》，和翁显良，代表作《古诗英译选》；"韵体派"（"格律派"）代表人物许渊冲，代表作《唐诗三百首新译》。

"美化之艺术"。许渊冲译的诗词，从《诗经》到《毛泽东诗词选》，上下三千年，涵盖汉魏六朝唐宋元明清及新中国，时间跨度大，内容广。香港中文大学的英文版学报上有一篇翻译评论称许渊冲是中国中译英"形神皆似派"的代表人物。他的译作拥有大批海内外读者。1978 年，他出版了《毛泽东诗词四十二首》英法文格律体译本。钱锺书曾评价说："你戴着音韵和节奏的镣铐跳舞，灵活自如，令人惊奇。"他继承前人的翻译思想，结合自己四十年译诗之经验，概括成五个字："美化之艺术"。他说：

> 我从鲁迅提出的"三美论"中选了一个"美"字，从钱锺书提出的"化境"中选了一个"化"字，从孔子说的"知之者不如好之者，好之者不如乐之者"中选了一个"之"，加上朱光潜的"艺术"二字，把文学翻译总结为"美化之艺术"五个字。

"美"指意美、音美、形美(best words in best order: best words 指有意美、音美的文字，best order 指有形美的次序)；"化"指等化、浅化、深化(化为作者用译语的创作)；"之"指知之、好之、乐之(对读者有吸引力)。"艺术"指"从心所欲而不逾矩"。

"**优势竞赛论**"。许先生认为，西方的翻译理论，主要是研究西方语言之间的翻译(互译)理论问题，而真正解决中西互译实践的理论问题，应当依靠的是精通中西互译的翻译家。也就是说，中国的翻译理论必须以解决汉外互译这一特定的双语转换所涉及的各种相关因素为研究的出发点和皈依。许先生指出："直到目前为止，世界上还没有一个外国人出版过中英互译的作品，而在中国却有不少能互译的翻译家。……而理论来自实践，没有中英互译的实践，不可能解决中英互译的理论问题。因此，能解决中英(或中西)互译实践问题的理论，才是目前世界上水平最高的译论。"

基于此，许先生提出了"优势竞赛论"的翻译主张。他说："英国诗人 Coleridge 说过：文学作品是 the best words in the best order(最好的文字，最好的排列)。但最好的原文变成对等的译文，并不一定是最好的译文。因为西方文字比较接近，对等的译文容易取得最好的效果。中西文字距离较大，各有优势，对等的译文往往不能取得最好的效果，这时就要发挥译语的优势。""所以要谈新世纪的新译论，只谈'忠实'是远远不够的，根据我翻译文学名著的经验我才提出要用最好的译语表达方式，以便更好地表达原作的内容，这就是优势论和竞赛论。"

此论一出，立即引起翻译界的争鸣。这一争论可以说是 20 世纪末持续时间最长的一场学术争论，不亚于 20 世纪 30 年代鲁迅、梁实秋那场关于"信顺"问题之战。

叶君健

叶君健（1914—1999），湖北红安人。我国现代著名作家、文学翻译家、外国文学研究家。作为作家，他在中国文学创作方面取得了出色的成就，同时因为用英文创作出多部有影响的中长篇小说而成为英国人所熟知的作家并在英国文学史上占有一席地位；他作为翻译家，通晓英文、法文、丹麦文、瑞典文、世界语等多种语言文字，以翻译外国文学名著，特别是安徒生的童话而享誉世界文坛，1988 年，丹麦女王玛格丽特二世授予叶君健"丹麦国旗勋章"。

叶君健自幼喜爱英文。1933 年入武汉大学攻读外国文学，在学习期间便开始翻译外国弱小民族国家的文学作品。毕业后赴日本教授英文和世界语。1938 年抗战时期在武汉参加周恩来、郭沫若领导的政治部第三厅做国际宣传（翻译）工作。在香港期间，他翻译了毛泽东《论持久战》和其他一些最新论著，在菲律宾马尼拉出版，这是毛泽东著作第一次在国外以英译本形式正式出版流传。他还翻译了当时一些优秀的中国抗战文学作品在欧美国家刊物上发表，后集成《中国战时小说集》。1944 年，他应英国战时宣传部之请，赴英国巡回宣讲中国人民抗战的情况，以激励英国人民，为他们开辟欧洲第二战场做动员工作。二战结束后，他进入英国剑桥大学的英王学院，研究西方文学。在研究工作之余，开始用英文创作小说。主要小说有：*The Ignorant and the Forgotten*(《无知的和被遗忘的》)，*Mountain Village*(《山村》)，*They Fly South*(《雁南飞》)；英译作品有：茅盾的《春蚕》、《秋收》、《残冬》，张天翼的《华威先生》和姚雪垠的《差半年麦秸》。这些名篇合集出版，书名《三季》。1949年回国，1950年创办了向国外介绍中国新文学的英文刊物 *Chinese Literature*（《中国文学》），叶君健在这块园地上辛勤耕耘了24年。1958年，他参加翻译《毛泽东诗词》(18首)并在 *Chinese Literature* 上首次发表。1960年参加毛诗英译和译文润色定稿工作。1976年《毛泽东诗词》(37首)英译本正式出版，并成为法、德、日、意、西班牙和世界语等几种译本的蓝本。1978年起，迎来了他文学创作第二次高潮，先后出版了中文长篇小说《土地》、《寂静的群山》、《旷野》、《远程》等，后两部作品由英国翻译家歇永汗(Michael Sheringham)和哈勒特(Stepen Hallet)译成英文，于1988年在英国最大的现代派出版社出版。1947年去丹麦学丹麦文，并由丹麦文直接翻译安徒生的童话，1958年出版《安徒生童话全集》。

其他主要译著有：古希腊爱斯古里斯《亚格曼农王》，比利时麦特林克《乔娜娜》，挪威易卜生《总建筑师》，俄国托尔斯泰《幸福家庭》，法国梅里美的《卡尔曼》，贝洛奈等的《南斯拉夫当代童话选》。主要论著有：《读书和欣赏》、《西楼集》等。

叶君健认为，译者在翻译过程中所起的作用是决不能忽视的，这是他1958年翻译《安徒生童话集》以来的一贯主张。1997年，他又专题发表了"翻译也要出'精品'"一文，系统地论述了他的"精品"理论。文中特别强调"译者的个性"作用和创造"个性的译作"的思想：

> 译者的所谓"精品"，是译者学识、思想感情和文学修养与原作相结合的结晶。这种结合本身是一种再创造，是通过对原作的彻底消化而再创造成为本国文字中的"精

品"。这种"精品"说是译者的创作我想也不为过。……它是译者的心血、思想感情、文字和艺术修养的总和。

单凭"信、达、雅"恐怕还不够，我们需要具有个性的译作。一部文学作品是否在另一种文字中具有特色，要看它的译文是否有个性。……有些译文，如果它们真的具有独特的优点，也可以作为一定历史时期或一个文学时代的成就而永垂不朽，成为世界文学名著。

一部译作有没有生命力，主要取决于译者有没有个性。

叶君健认为，把一部外国作品移植到本国文中来，如果功夫到家，就使其转化成为本国文学作品。在这一点上，"翻译"与"原著"的界限就很模糊了。这种对待翻译作品的看法，在一些比较先进的资本主义国家也是读书界的一种"共识"。叶君健提倡的"精品"翻译思想的要点是：

"精品"是指一部作品被翻译成另一种文字后，能在该文字中成为文化财富，成为该文字所属国的组成部分，丰富该国文字宝藏。从这个意义上讲，"翻译"就不单是一个"移植"问题了，它是再创造，是文学的再创造。

只有文学性强的作品才能成为一个国家的文化财富，具有永恒的价值，因为这类作品起作用于人的感情、人的心灵，掀动人的喜、怒、哀、乐，最终给人提供艺术的享受。

翻译一部外国名著也就意味着本国文字中原没有这样的佳作，把它译过来，意味着给本国文学增添了一份财富。……一部外国名著就"归化"到了译者本国文学领域之中，而不是"外国作品"了。

叶君健还强调，既然是翻译洋人的作品，译文中总还该表现出一点"洋味"，一点"外国味"。这是一切"精品"所要求的整体效果。

叶君健的"精品"论，是具有鲜明学术个性的理论，是他毕生翻译经验之萃，也是他留给译界后人的最后一笔财富。

【小结】

　　这一部分所论述的几位文学翻译家有一个共同的特点：他们都是翻译理论与实践统一，忠实与创新统一，传统思想与现代观念统一的具有学术个性的翻译家。他们既是中国传统翻译思想的继承者，又是中国现代翻译理论发展的先行者。他们的翻译观代表了中国改革开放时期翻译思想发展的主流。他们的翻译理论，是对 20 世纪中国翻译理论研究的重大突破，对新世纪的文学翻译发展具有导向意义。这些蜚声译坛的老翻译家代表的这股主流与 20 世纪 80 年代中国内地和香港地区迅速崛起的一批有思想、有作为的早已闻达学界的中青年翻译家所代表的新思想、新理论、新观念汇成了一股势不可挡的潮流，成为 21 世纪中国当代翻译思想发展的巨大动力，推动着中国翻译大业滚滚向前。

8.2　中国翻译学科建设时期

一、关于科学派和艺术派的第一次论战

　　新中国成立后不久，1951 年，时任《翻译通讯》(今《中国翻译》)主编的著名文学翻译家董秋斯发表了"论翻译的理论建设"一文，提出了中国翻译理论的建设问题。文中明确地论述了"翻译是一门科学"的观点，并倡导建立中国翻译学。董秋斯是中国翻译界提出此主张的第一人。就提出翻译学作为一门学科而言，这一思想领先于西方几十年。

董秋斯

　　董秋斯(1899—1969)，天津静海人，中国杰出的文学翻译家。早年毕业于燕京大学。中学和大学时代积极参加五四等爱国运动，1929 年，在上海结识美国女作家史沫特莱，曾陪同会见鲁迅，任英

文翻译。1930—1953 年间，曾先后主编过国际评论月刊《国际》、《翻译通报》、《译文》等刊物。主要译著有：革拉特柯夫的《士敏土》，恩格斯的《卡尔·马克思——人·思想家·革命者》，狄更斯的《大卫·科波菲尔》，托尔斯泰的《战争与和平》，爱尔文·斯通的《马背上的水手——杰克·伦敦传》等脍炙人口的世界文学名著。

　　董秋斯的翻译理论的核心是：翻译是一门科学。他结合翻译理论建设论述了这一观点。他赞同从一种文字译成另一种文字，在工作过程中，有一定的客观规律可以遵循，并不完全靠天才或灵感。这规律是客观存在的，不是凭空想出来的。他提出："我们首先得考虑各种语文的构造、特点和发展法则，各学科的内容和表现方式，各时代和各国家的翻译经验。然后把这三样东西的调查研究所得结合起来，构成一个完整的理论体系。翻译界有了这样一种东西，就等于有了一套度量衡。"

　　对于翻译理论建设，他认为应该分两步走。第一步，就翻译工作中一些比较重要的问题，如直译和意译问题、审校制度问题、译文的标准问题，制成一个方案，作为翻译的"共同纲领"。第二步，经过一定时期的努力，随着全国翻译计划的完成，要做两件具体的工作，写成这样两部大书：一、中国翻译史；二、中国翻译学。这两部大书的出现，表明翻译工作已将由感性认识的阶段，达到了理性认识的阶段，实践了"翻译是一种科学"这一个命题。最后，他说："翻译理论的建设基础有三：正确的科学方法，广泛的调查，深入的研究。建设在这样基础上的翻译理论，自身就是一种科学，一切非科学的东西都不能拿来与它比较。正如一切科学理论，翻译理论有它的普遍性，也有它的特殊性。它的建设一方面要符合普遍的科学法则，另一方面却具有鲜明的时代特征和地域特征。"

　　当时在翻译界还有另外一种观点：翻译是一种艺术。

　　1953 年，著名翻译家姜椿芳在"略谈口译问题"一文中明确提出"翻译是一种艺术"的论题。他说："翻译者要正确了解原文的意思，而又能以另一种语言恰当地表达出来，使人不仅能完全领会原意，而且还能体味出原文的一切优点（如格调、辞藻、语气等）；因此，翻译是一种艺术。"

1950 年，唐人在《翻译通讯》上发表文章"翻译是艺术"。他把翻译比作画写生画："一个翻译者在翻译上的用心与用手同一个绘画者是一样的。绘画若是艺术，翻译也应该是艺术。"等等。

这就是新中国成立初期出现的第一次关于翻译的两种针锋相对的论点。由于历史的原因，董秋斯关于"建立中国翻译学"的主张一下子沉寂了几十年，似乎被历史完全遗忘了。待中国译界有识之士再次提出建立翻译学的主张时，已经是 1987 年了。

二、关于建立翻译学的第二次论战

20 世纪 80 年代，随着改革开放，中国政治、经济、外交、文化交往日益扩大，翻译事业蓬勃发展，然而翻译的学科地位依然没有改变，依旧属于语言学、应用语言学之下的一门"三级学科"。中国译界的不少有识之士再次提出建立翻译学的主张。最早实践这一主张的代表人物有谭载喜等人。1987 年和 1988 年，谭载喜先后在《中国翻译》和《外国语》上发表"必须建立翻译学"和"试论翻译学"等文章，以唤起译界学人的学科意识。由于张南峰的"走进死胡同，建立翻译学"和劳陇的"丢掉幻想、联系实践——揭破'翻译（科）学的迷梦'"两篇观点相左的文章，这一论战达到了能否建立"翻译学"的高潮。译界学者发表了一系列高水平的文章，有力地推动了翻译学创立的进程。2000 年，以张经浩为代表的"艺术派"的文章——"翻译学：一个未圆且难圆的梦"，再次否定建立翻译学的主张。通过广泛的争论，大多数译论家主张建立翻译学，并对翻译学的性质问题达成了共识：翻译学是一门独立的、开放的、综合性的人文社会科学。

而建立什么样的翻译学，译界学者各有不同的提法。基本上分为两派：以研究我国传统译论为主的所谓"传统派"（或称"特色派"）

和以研究西方译论为主的所谓"西学派"（或称"共性派"）。

8.2.1 "传统派"的翻译观

围绕着建立什么样的翻译学，"传统派"的主流意见是建立"具有中国特色的翻译学"或称"（自成体系的）中国翻译学"。主要代表人物有罗新璋、刘宓庆、桂乾元、张柏然、姜秋霞、孙致礼等。

罗新璋

罗新璋（1936—），法国文学翻译家。他是一位尊崇维护传统，发扬继承传统的"传统派"代表人物。他从学生时代起就拜傅雷为师，现任职于中国社会科学院外国文学研究所。主要译著有：《红与黑》，主编《翻译论集》，校读《傅雷文集》（全 15 卷）。他的"我国自成体系的翻译理论"一文即是"传统派"的翻译史观的代表作。作者在中国历史文化大系统中，回顾性地总结评说了前辈翻译家的翻译理论，揭示了这些译论之间的继承关系及其共同的历史渊源，梳理归纳出由"案本——求信——神似——化境"这四个概念为主线的理论系统。这篇文章"自成体系"，在理论上可自圆其说，是自成一家之言，在国内翻译界具有广泛的代表性。但还有待进一步研究论证。

对中国翻译理论，董秋斯曾持相反的观点。他认为，中国虽有一千几百年的翻译经验，从事翻译的人也是以千计以万计，但研究翻译的人几乎可以说没有。我们所有的是一些供临时参考的翻译条例和片段的经验之谈。尽管这些东西是很宝贵的，有过很大的功效，但是不能合成一个体系。一种体系的构成，是一种广泛的调查研究的总结。

刘宓庆

刘宓庆（1937—），翻译理论家，"传统派"的另一位代表人物。现任教于香港中文大学翻译系和香港大学英国语言研究所。主要著作:《现代翻译理论》、《当代翻译理论》、《汉英对比研究与翻译》、《文体与翻译》等。他认为,翻译理论体系的建立,必须建基于特定的语言、文化,"世界上不存在适应于各语系、各种类型的语言的语际转换的翻译理论模式",但中国"目前存在的倾向是将印欧语系翻译理论研究的进展或模式看成了'放之四海而皆准'的真理"。他提出建立"中国翻译学"的主张。其基本原则是:重描写,而不是重规则(或规定);重对策研究,强调理论的实践性;重汉外对比研究,立意于开拓;重论证,扬弃唯心主义的影响;重综合,博采众长,为我所用。他希望"(套用西方理论)这类'空对空'、与本国现状、本民族文化传统和现实'不搭界'的翻译研究将会逐渐减少,越来越多的翻译研究者将密切关注本国、本民族的现状和发展,从事脚踏实地的研究",建立中国独具特色的翻译学。

张柏然

张柏然(1943—),是"传统派"的又一代表人物。他是南京大学外国语学院教授,中国翻译工作者协会副会长。编著有:《面向21世纪的译学研究》(合编)、《译学论集》(合编);译著有:《人生的枷锁》等。他一贯主张建立中国翻译学,对中国翻译学和纯翻译学的辩证关系,对本位与外位、特性与共性的辩证关系,从哲学思辨的角度进行了客观的理论表述。他认为,在中国翻译学和纯翻译学这一对矛盾中,前者是特殊性(或曰差异性),后者是普遍性,二者既对立,又统一,不可偏向某一方,而忽视另一方。重视译论的中国特色,并不意味着放弃对普遍性的追求;同样,对纯理论的偏重也不应该以对特殊性的牺牲为代价。

8.2.2　"西学派"的翻译观

"西学派"("共性派")在我国翻译学科建设方面有以下几种观点。

谭载喜

谭载喜（1953—），现任香港浸会大学翻译系教授。曾长期执教于湖南师范大学、深圳大学，主要著作有：《奈达论翻译》（编译）、《西方翻译简史》、《翻译学》等。他自 1987 年青岛会议提出"必须建立翻译学"的主张起，20 年来不遗余力地为译学学科建设做了许多基础性的开拓工作。他主张建立"翻译学"，但不强调"民族特色"。他认为，"科学是不分国界，不分民族的"，提出建立具有中国特色的翻译学的口号可能令中国翻译学研究"陷入狭隘民族主义的泥坑"。他认为："'翻译学是研究翻译的科学、翻译学应当享有独立学科地位'这一命题，就好比'语言学是研究语言的科学、语言学应当享有独立学科地位'的命题一样，是不应加以怀疑的。"又说："翻译学的具体任务，就是着眼于普通翻译学、特殊翻译学和应用翻译学三方面的研究，建立起各种各样的、既有理论价值又有实际意义的翻译理论，使翻译学真正成为一个有关翻译的科学体系。"

张南峰

张南峰，"共性派"的典型代表人物。他是英国 University of Warwick 哲学博士。现执教于香港岭南大学翻译系。主要译、著作有：《王尔德喜剧选》、《好的，首相》；《西方翻译理论精选》（与陈德鸿合编）等。张南峰在《特性与共性——论中国翻译学与翻译学的关系》一文中反对把中国翻译学视为一门独立的学科，反对建立中国翻译学。他认为："纯翻译学是应用翻译学的基础，中国既然只有后者，而没有前者，就首先必须从西方引进作为研究中国翻译现象的框架，然后验证改良这些西方译论从而参与世界翻译学的建设。……如果我们承认宏观翻译学是翻译学不可或缺的一部分，承认其超语言文化适用性，承认纯翻译学对应用翻译学的指导作用，我们就不应再把中国翻译学视为一门（就算只是相对）独立的学科。"这就是说，他提出要以建立世界翻译学作为中国译界的努力方向，并明确地把西方译论等同于具有普遍指导意义的纯翻译理论。

谢天振

谢天振是"共性派"的又一位代表人物。现任上海外国语大学高级翻译学院翻译研究所所长，比较文学教授，中国比较文学学会副会长。著有《译介学》、《翻译研究新视野》、《比较文学与翻译研究》；主编有《翻译的理论构建与文化透视》、《21世纪中国文学大系2002年翻译文学》等。他在"国内翻译界在翻译研究和翻译理论认识上的误区"一文中写道："在谈到翻译理论和翻译学时，习惯于强调'中国特色'或'自成体系'，从而忽略了理论的共通性。其实，理论，除了与意识形态、国家民族的社会体制有关以外，通常都有其共通性。自然科学理论如此，人文科学的理论也是如此。……我们当然不会否认，由于翻译时使用的语言文字不同，因此各国、各民族的翻译必然会有各自的一些特点，但这些特点更多的是反映在翻译的实践层面，或者部分地反映在应用性的翻译理论上，而不是翻译的纯理论层面。我们之所以反对在讨论翻译理论时片面强调'中国特色'或'自成体系'的提法，是因为我们担心这种提法很可能会导致这样的后果：或是因热衷于建立'中国特色'的翻译理论，导致拒绝甚至排斥引进、学习和借鉴国外译学界先进的翻译理论；或是以'自成体系'为借口，盲目自大自满，于是把经验之谈人为地拔高成所谓的理论，从而取代了严格意义上的理论的探讨。"

其实，对于关于建立什么样的翻译学，董秋斯先生的洞见可以给我们一定的启示。如前所述，对于翻译理论建设，他认为应该分两步走。第一步，就翻译工作中一些比较重要的问题，如直译和意译问题、审校制度问题、译文的标准问题，制成一个方案，作为翻译的"共同纲领"。第二步，经过一定时期的努力，随着全国翻译计划的完成，要做两件具体的工作，写成这样两部大书：一、中国翻译史；二、中国翻译学。这两部大书的出现，表明翻译工作已将由感性认识的阶段，达到了理性认识的阶段，实践了"翻译是一种科学"这一个命题。

笔者以为，董先生希望看到的两部大书：中国翻译史和中国翻译学，第一部已基本实现，如马祖毅先生的《中国翻译简史——五四以前部分》，王秉钦先生的《中国翻译思想史》；而第二部的完成则难以实现。

在建立翻译学的时候，我们不应该混淆翻译史与翻译学这两个概念。翻译史是对翻译历史的客观描述，是由翻译事件和翻译者这些具体的东西组成的。如中国的翻译史、英国的翻译史、德国的翻译史、俄国的翻译史等等，各国各个阶段的情况不同，因此是各具特色、异彩纷呈的，相互之间不可替代和复写。而翻译学应该超越国家界限，不属于哪个国家，是对翻译规律的概括和总结，可以解释无论哪个国家的翻译现象，如翻译过程、翻译心理、审校制度、译文标准、翻译与社会等等带共性的东西，即董先生所说的"共同纲领"，可以运用于翻译实践，解释翻译实践中的现象。就像数学、物理学、语言学等学科的原理和公理一样，可以帮助理解和解决数学、物理和语言运用中的具体问题。因此，不存在中国翻译学或俄国、英国、美国、法国、德国翻译学。

西方在翻译学研究方面走在了我们的前头，我们应该采取迎头赶上的态度，加入到他们的研究行列中去，一起努力，推动翻译学的发展。现在，西方学者的翻译研究成果越来越多地被中国学者运用来解释中国的翻译现象，如用翻译的"目的论"来重新认识严复和林纾的翻译；用意识形态对翻译的操控来解释鲁迅、瞿秋白的翻译等等，使我们感觉到了突破中国"信、达、雅"传统翻译标准的欣喜和新鲜，开阔了翻译研究的视野，发现了许多有待探索的问题。这并不是说要用西方的翻译理论来取代"共同纲领"的翻译学而作为"放之四海而皆准"的真理，而是承认西方翻译研究者在翻译理论方面取得的成就，并在此基础上有新的发现。应该说，建立翻译学是全世界翻译理论研究者的共同使命。

【小结】

回顾中国翻译学学科建设，从 1951 年董秋斯第一个提出建立中国翻译学起，到 1987 年的青岛"第一次全国翻译理论研究研讨会"，到 2001 年再度于青岛举行的"全国译学学科建设专题讨论会"，走过了几十年的艰苦历程。这两次青岛会议记录了 14 年来从热烈争论"翻译学是否存在"，到今天冷静思考"翻译学作为一门独立的学科应该怎样发展"这一段令人鼓舞的历史。这标志着中国翻译事业的进步，标志着中国译学已经从 20 世纪 80 年代的理论意识和学科意识的"觉醒期"，经过了中西翻译理论的"融合期"之后，开始进入一个翻译学科全面的"建设期"。然而，要达到成熟，还有一段很长的路。要真正建立起翻译学，恐怕是全世界每一个译学研究者在 21 世纪的神圣使命了。

第九章

对口译的研究

　　随着中国改革开放的深入，国际交往的日益频繁，中国国力逐步增强，国际形象得到极大的提升。因此除了各个领域的笔译规模达到空前以外，大型国际会议和国际活动经常在中国举办，对口译的需求也达到空前。口译活动与笔译活动有着许多的不同，因此对口译进行研究引起了中国翻译工作者的极大兴趣。

　　中国的口译理论研究起步较晚，分为三个阶段。真正意义上的口译理论研究是从1996年开始的，1996年前是以经验论为主线的，之后转入初级研究阶段，对口译和口译教学中的问题开始进行思考。第二阶段开始对口译过程进行描述，研究从静态进入动态。随着国外研究成果的介绍和其他领域学者的加入，跨学科和实证研究逐渐替代对口译的一般性描述，开展对口译思维过程、认知的研究，口译能力的研究。第三阶段是随着中国口译市场的发展，口译职业化和职业口译人员的培训受到越来越多的关注，口译质量评估、口译方法论的研究成为重点。后两个阶段的研究目标是推动口译研究科学化、口译培训职业化。

　　中国口译研究的四大特点是：(1)研究人员年轻化。翻译方向研究生的增加使研究队伍年轻化，也为口译研究带来了生机。(2)翻译、研究、教学人员三结合。由于部分高校本身拥有强大的研究机构，如语言学、认知科学、神经心理学等，这就为口译研究人员提供了良好的合作机会。(3)跨学科研究，一些从事认知科学研究或语篇语言学等学科的研究人员的加盟为口译研究向跨学科和科学化发展提供了可能。(4)开始与国外研究人员合作，为进一步加强对口译的宏观理论研究铺垫了道路。

从 1996 年 9 月至今，我国先后组织召开了六次全国口译大会暨研讨会。1996 年 9 月，在厦门大学组织召开了"全国首届口译理论与教学研讨会"。在会上，与会代表集中讨论了口译教学的特点和规律，并就口译教学等具体问题进行了初步讨论。这次会议为后来的口译研究的发展奠定了基础。1998 年 10 月，广州外语外贸大学组织了"全国第二届口译理论与教学研讨会"。口译理论和教学研究的结合成为突出特点。2000 年 10 月 24 日至 26 日，"全国第三届口译理论与教学研讨会"在西安召开。与会代表就关心的翻译学与口译研究、教材编写等问题进行了热烈讨论。与会者几乎一致认识到，口译教学无论在教学目标、教学原则，还是从教学手段和方法上都有别于语言教学，这也是口译自身规律所决定的。翻译作为教学手段可以为语言教学服务，但语言教学不能替代翻译教学，这种结论是建立在心理语言学的基础上的，因为人在学习语言和进行翻译时的心理机制是不同的，语言信号进入大脑后启动的认知知识也存在差异，学好语言不等于能够进行翻译，而翻译要求掌握工作使用的语言。语言能力是学习翻译的基本条件，但不是唯一的条件。与会者对编撰以技能为主线、能够指导各语种口译教学的纲要表现出极大的热情，同时提出，应该在今后的研讨会上就大纲的使用情况进行深入研讨，分析利弊，用科学的方法和手段从理论和实践上对其可行性进行论证，以推动我国口译教学不断发展。2002 年 5 月 25 日至 27 日，在北京外国语大学召开了"国际口译教学暨第四届全国口译理论与教学研讨会"。这次会议从跨学科的角度探讨了口译程序与教学。从与会者提交的论文来看，跨学科的特点更加突出，研究手段趋于科学化，研究人员年轻化和团队化。中国学者开始与国际知名专家展开对话。来自国外的吉尔（D. Gile）教授和塞顿（R. Setten）教授作了专题发言，包括台湾在内的国内数名专家也介绍了近期的研究成果。厦门大学、广东外语外贸大学等高校还就口译培训和资格考试等问题进行了专题讨论。这些，都为口译教学研究拓宽了视野。

2004 年 11 月 6—7 日在上海召开了第五届全国口译实践、教学研究会议，主题是"口译专业化：国际经验和中国的发展"，充分反映中国口译理论与教学研究关注的焦点问题。这次研讨会是在上海外国语大学 2004 年 2 月被批准从 2005 年起招收独立的翻译学硕士和博士研究生后召开的。这是我国内地高校在外国语言文学专业下建立的第一个独立的翻译学位点（二级学科），标志着我国内地高等院校在翻译学学科和学位点建设方面进入了一个新阶段。国际会议口译员协会（AIIC）主席、欧洲委员会口译总司、日内瓦大学和巴黎高等翻译学校口译系主任等 150 多名国内外专家学者和研究人员应邀出席了研讨会。会议主要围绕口译职业化教学、资格考试、质量评估、同声传译等展开讨论。

2004 年 7 月 20 日至 8 月 2 日，为推动口译教学研究的发展，《中国翻译》编辑部与美国蒙特雷国际研究学院高级翻译学院联合主办了"2004 暑期全国英语口笔译翻译教学高级研讨班"，就口笔译教学基本理论、口笔译理论与实践、口笔译课程的定位和教学目标、课程设置、教材的选择、笔译基本技巧、模型、交替传译、同声传译及视译的基本技巧和教学、口译的测试和评估及口译教学实践等进行培训。参加口译教学法培训的教师和翻译人员近 120 人。这类培训为口译研究和教学的发展起了十分积极的作用，至今还在举办。

在 2006 年 10 月，在北京举行了第六届全国口译大会暨国际研讨会，会议的主题是"进入二十一世纪的高质量口译"。口译的职业化、专业化、口译教学与口译教学的模式、口译的质量、社会对实用翻译人才的需要等成了这次会议关注的焦点。《中国翻译》编辑部以"进入二十一世纪的高质量口译"为主题，推出"口译论坛"专栏，邀请在大会上作主题发言的专家学者为此栏目撰稿，就口译、口译研究及口译教学等相关问题阐述了各自的见解。

【小结】

对口译和口译教学的研究，使我们更加关注口译和口译过程，并从不同角度对其进行实证研究，从而更全面地解释口译程序，回答翻译的对象、翻译的实质等重要理论问题，扩大了翻译学研究的范围，全面推动翻译学科的建设。

第二部分
外国翻译简史

第一章

概 论

世界上许多国家，尤其是西方国家有着悠久的翻译传统。从某种意义上来说，西方的乃至人类的文明首先应该归功于翻译工作者。从古罗马帝国到欧洲联盟，从民族国家的建立到联合国组织的形成，国与国之间的文化交流和政治、经济各方面的交往和沟通，都是通过翻译人员的参与而日益扩大和加强的。那么，西方的翻译活动有多长的历史？经历了哪些发展阶段？有哪些主要的翻译家和理论家？主要译了哪些作品？提出了什么样的翻译理论？有多少翻译流派？今后有什么样的发展趋势？翻译在世界历史长河中起了什么样的作用？在这一部分，我们将针对这些问题展开讨论。为了讨论方便，我们采取谭载喜先生的方法，按时间顺序分阶段进行（六次高潮）。在每一阶段对突出的国家的翻译情况进行简述。

西方翻译史是在公元前 3 世纪开始的。从广义上说，西方最早的译作是公元前 3 世纪前后，72 名犹太学者在埃及亚历山大城翻译的《圣经·旧约》，即《七十子希腊文本》；从严格意义上说，西方的第一部译作是约在公元前 3 世纪中叶安德罗尼柯在罗马用拉丁语翻译的希腊荷马史诗《奥德赛》。不论是前者还是后者，都是在公元前 3 世纪问世，因此可以说西方的翻译活动已有两千多年的历史了。

西方的翻译在历史上前后曾出现过六次高潮：第一次高潮（公元前 4 世纪末）；第二次高潮（罗马帝国后期——中世纪初期）；第三

次高潮(中世纪中期，即 11—12 世纪之间)；第四次高潮(14—16世纪)；第五次高潮(文艺复兴后，从 17 世纪下半叶至 20 世纪上半叶)；第六次高潮(第二次世界大战结束以来的翻译活动)。

　　西方翻译史的另一个方面是翻译理论的发展。同其他领域的活动一样，翻译实践并不依赖理论而生存，然而，实践总是引出理论，并推动理论的进步，理论又反过来指导实践，促进翻译事业的发展。西方翻译理论体系又是由两条主要路线串联起来的。一条是文艺学翻译理论线，另一条是语言学翻译理论线。

　　文艺学翻译理论从泰伦斯等古罗马早期戏剧翻译家开始，一直延伸到当代捷克的列维和苏联的加切奇拉泽，以及 20、21 世纪其他的文艺学派理论家。文艺学翻译理论认为翻译是一种文学艺术，翻译的重点是进行文学再创作，理论家们除不断讨论忠实与不忠实、逐词译与自由译或直译与意译的利弊外，对翻译的目的和效果尤其重视。他们或强调突显原文和原文语言的文学特色，或强调在翻译中必须尊重译文表达习惯和译文语言的文学传统；他们特别讲究文本的风格和文学性，也特别要求译者具有天赋的文学才华，等等。其缺陷是不甚研究翻译的实际过程和语言的操作技巧，不甚关心译文和原文在语言结构特征上是否对等的问题，也忽略非文艺作品的翻译中的非创造功能。

　　语言学翻译理论自古罗马后期奥古斯丁等传统语言学或语文学派人物开始，一直延伸到 20 及 21 世纪各种语言学派。其基本特点是，它关注的核心始终是语言。它把翻译理论和语义、语法功能的分析紧密结合起来，从语言的结构特征和语言的操作技巧上论述翻译问题，认为翻译的目的在于产生与原文对等的译语文本，并力求说明如何从词汇和语法结构等各个语言层面去产生这种对等文本。其缺陷是不甚注意作品的美学功能，忽视文艺作品的艺术再现，把关注点放在文本的语言结构上，理论分析也往往局限于单个的字词、句子或句法现象，而忽略文本的主题结构及文本的话语和语篇结构这一更广阔的内容，忽略更大范围的文化因素以及这些因素对目标文本的生成和接受所产生的影响。

这是两条"古老的"、"主要的"理论线。西方翻译理论的发展还可以分辨出其他的路线，如解释学派理论。其基本着眼点不是文本的客观性，而是解释者（读者或译者）对文本意思的主观猜测和理解而非原作者给文本注入的意思。这是构成西方翻译思想史上文艺学和语言学翻译理论主线之外的第三发展线。

不论是文艺学翻译理论，还是语言学翻译理论，抑或是解释学翻译理论，彼此之间并非完全隔离，而是相互渗透、相辅相成的。

◆中外翻译简史

第二章

古代翻译

2.1　早期翻译

西方古代翻译(公元前 3 世纪共和国中期——公元 5 世纪罗马帝国覆灭)除《圣经·旧约》的希腊语翻译外，主要包括古罗马时期的拉丁语翻译。

据记载，早在约公元前 3 世纪，在与后世欧洲文化有着千丝万缕联系的东方古亚述帝国就出现了正式的文字翻译，国王下令通晓多种文字的"书吏"，用帝国的各种语言，把国王的"丰功伟绩"公之于世。古代巴比伦王国的首都巴比伦，在汉穆拉比国王(约公元前 18 世纪)统治时期是一个使用多种语言的城市。王国的许多政事都不得不通过大批译员的协助才能办理。在《旧约·以斯帖记》和《旧约·尼希米记》里都提到过古代译员的活动。

西方古代第一部重要的译作是用希腊语翻译的《圣经·旧约》。《旧约》原为犹太教的正式经典，母语为希伯来语的犹太人由于长期分散四方，漂流海外，久而久之，便忘记了祖先的语言，操起阿拉姆语和希腊语等外族语言，其中以说希腊语的人占大多数。在古代，埃及的亚历山大城是地中海东部地区的文化和贸易中心，居住在这里的犹太人占该城总人数的五分之二。到了公元前 3 世纪，为了满足这些说希腊语的犹太人的迫切需要，教会决定将《旧约》的希伯来文本译成希腊文本。公元前 285 年至前 249 年间，72 名犹太学者按照埃及国王托勒密二世的旨意，云集在埃及亚历山大图书馆，从事这项翻译。据传，这 72 名学者来自 12 个不同的以色列部落，每个部落 6 名。他们来到亚历山大图书馆后，两人一组，分在 36 处进行翻译，译出 36 篇极为相近的译文。最后，72 名译者集合在一起，对 36 篇译稿进行对比检查，在定本的措辞上取得一致意见，并称它为《七十子文本》或《七十贤士译本》，亦即《七十子希腊文本》(*Septuagiant*)

《七十子希腊文本》的翻译有两大特点。一、它开了翻译史上集体合作的先河。集体翻译可使译文的准确性有所保障。二、由于 72 名译者都不是希腊人，而是耶路撒冷的犹太人，因此尽管希腊语已成为他们的日常用语，但他们毕竟不是在希腊，周围非希腊语的语言环境以及祖先的语言无疑也给了他们很大的影响，从而影响译文的质量。另外，由于他们的立足点是译文必须准确，所以译文词语陈旧，充斥闪米特语，有的地方译得太直太死，简直不像希腊语。但是它在翻译史上占有特殊的位置。正是因为译本做到了"十分准确"，因而必须"保持其原状"，为教徒们奉为经典译本。实际上，这个希腊语译本成了"第二原本"，有时甚至取代了希伯来文本而登上了"第一原本"的宝座。古拉丁语、斯拉夫语和阿拉伯语等语言中的许多《圣经》译本不以希伯来语原文而以希腊语译文为蓝本，其"古味"、"怪味"一直间接或直接影响后世的各种译本。

与西方文化有关的最著名的古代译作之一是在埃及发现的罗塞塔石碑(Rosetta Stone)。这快石碑长 1.14 米，宽 0.72 米，据说刻于公元前 2 世纪，1799 年为那破伦占领军在埃及亚历山大附近的罗塞塔镇所发现。1801 年，石碑落入英国军队之手，现存于大英博物馆。石碑上刻有为托勒密五世歌功颂德的碑文，由三种文字写成，即古埃及的象形文字、由象形文字发展而来的通俗文字以及古希腊文。整个碑文由原文及两种译文组成。罗塞塔石碑之所以被誉为最著名的古代译作之一，乃是因为考古学家以之为依据，通过对比分析石碑上的原文和译文，打开了翻译注释古埃及象形文字，揭示古埃及文化奥秘的大门。

公元前 6 世纪，罗马从原始公社进入奴隶社会，建立了奴隶制贵族共和国。生产力得到发展，共和国不断壮大，统治集团为了自身的利益，开始向外扩张，经过多次对外战争，罗马征服了西部地中海和巴尔干半岛大部分地区，从而在政治、经济和军事上取代了希腊在地中海的统治地位，成为强大的帝国。

罗马和希腊在地理上彼此相邻，希腊早已有人移居罗马境内，后来罗马又征服了希腊，便得以直接接触到希腊文化。由于希腊有着极其灿烂的文化遗产，希腊文化又高于罗马文化，因此，从公元前 3 世纪起，即在罗马共和国鼎盛时期，罗马便开始把希腊文化移植本土，大规模地翻译、汲取希腊的典籍，通过翻译和模仿继承了希腊文化。这就形成了西方翻译史上第一个重要时期。

在这以前，欧洲本土的译事活动可能早就存在。但从现有的文字记载，西方翻译史才从此拉开了它的序幕。

安德罗尼柯

里维乌斯·安德罗尼柯(Livius Andronicus，公元前 284?—204)是罗马史诗和戏剧的创始人，也是罗马最早的翻译家。他原籍希腊，出生于意大利东南部的塔伦图姆(现在的塔兰托)。该地公元前 272 年为罗马军队征服，他可能被罗马人俘获，成为奴隶。后来，主人玛尔库斯·里维乌斯将他释放，还把里维乌斯这个名字赐予他。

安德罗尼柯成为自由人后，在罗马以教授拉丁语和希腊语为生，学生主要是原主人和富人的子弟。由于缺乏用来教拉丁语的书籍，他就只好翻译荷马史诗《奥德赛》。译文没有多少文学价值，然而却是第一首拉丁诗，也是第一篇译成拉丁语的文学作品。再加上选题得当，译文对引导罗马青年一代了解希腊起了不可低估的作用，甚至在两百年后的奥古斯都时代都被用作学校的主要教学用书。西塞罗和贺拉斯都读过这部译作，在他们的作品中还保留着译作的 50 行诗，但译作的大部分早已失传。

安德罗尼柯这部译作的一大特点是，在翻译希腊神的名字时，译者不采用音译，而是用类似的罗马神的名字取代原名，例如将希腊的宙斯译成罗马人所信奉的主神朱庇特；将希腊的赫尔墨斯译成罗马人的信使墨丘利；将希腊的缪斯译成卡墨娜等等。安德罗尼柯的这种译法，虽然是一种"文化移植"，不为现代翻译家所赞同，但在当时却促进了罗马神同希腊神的融合，在某种意义上起了丰富罗马神的性格以至丰富罗马文化的积极作用。

公元前 250 年，通过安德罗尼柯把一部希腊喜剧和悲剧翻译成拉丁语，供"罗马赛会"演出使用，罗马的舞台表演艺术诞生了。此后，安德罗尼柯继续从事希腊戏剧的翻译和改编，有时还导演或参加演出。经他翻译和改编的悲剧有九部，都是希腊主要悲剧家埃斯库罗斯(Aischulos)、索福克勒斯(Sophokles)和欧里庇德斯(Euripides)的作品；翻译的三部喜剧都是喜剧作家米南德(Menandros)的作品。

用文学的尺度来衡量，安德罗尼柯的文学翻译是拙劣而粗糙的。但他的贡献并不在于译作的本身，而在于他第一个把古代希腊史诗和戏剧介绍给罗马社会并使希腊的诗体、韵律适合拉丁语言。通过他和其他同时代的翻译家和后继翻译家的努力，古希腊的戏剧风格对后世欧洲的戏剧产生了深远的影响。

继安德罗尼柯之后的著名翻译家、剧作家和诗人主要有涅维乌斯和恩尼乌斯。有人把他们三人通称为古罗马文学创作和翻译方面的"三大创业元勋"。还有不少著名文学家在从事文学创作的同时，也从事希腊典籍的翻译，如普劳图斯(Plautus)、泰伦斯(Terence)、西塞罗和卡图鲁斯(Catullus)。他们分别翻译过米南德、荷马等文学巨匠的作品和小型希腊史诗。

随着时间的推移，罗马人意识到自己是胜利者，在军事上征服了希腊，于是一反常态，不再把希腊作品视为至高无上的东西，而把它们当成一种可以任意"宰割的""文学战利品"。他们对原作随意加以删改，丝毫不顾及原作的完整性，想通过翻译表现出罗马"知识方面的成就"。翻译的主要目的不是"译释"，也不是"模仿"，而是与原文"竞争"，也就是说，翻译不仅要与原文媲美，如有可能，还要在表达的艺术性方面超过原作。这样，罗马的译者就可以凌驾于希腊原作者之上了。

主张译作超过原作、译者高于作者的突出代表是西塞罗。从某种意义上说，西塞罗打破了翻译只限于实践、不过问理论的局面，他明确提出了自己的观点，因而是西方翻译史上第一位理论家。

西塞罗

马尔库斯·图留斯·西塞罗(Marcus Tullius Cicero，公元前 106—前 43)是翻译家，同时又是古罗马著名的演说家、政治家、哲学家和修辞学家。他出身于骑士家庭，在罗马、雅典等地学习过修辞、法律、文学和哲学，精通拉丁语和希腊语，撰写过大量著作。他也是一个多产的译者，翻译过荷马的《奥德赛》、柏拉图的《蒂迈欧篇》(Timaeus)和《普罗塔哥拉斯》(Protagoras)、色诺芬(Xenophon)的《经济学》(Economics)、阿拉图斯(Aratus)的《论现象》(Phenomena)等希腊名作。

西塞罗对翻译理论的阐述，主要见于《论最优秀的演说家》和《论善与恶之定义》。虽然这两部著作都不是论述翻译的专著，但在某些章节的精辟见解却对后世的翻译理论实践产生了深远的影响。他在《论最优秀的演说家》第 5 卷的第 14 章中说："我不是作为解释员，而是作为演说家来进行翻译的，保留相同的思想和形式……但却使用符合我们表达习惯的语言。在这一过程中，我认为没有必要在翻译时字当句对，而是保留了语言的总的风格和力量。因为，我认为不应当像数钱币一样把原文词语一个个'数'给读者，而是应当把原文'重量''称'给读者。"这段话后来成了西方翻译界的传世名言，特别是其中关于所谓"解释员"式翻译与"演说家"式翻译的区分，更是成了西方翻译理论起源的标志性语言。在《论善与恶之定义》一书第 4 卷，西塞罗对其理论作了进一步的阐发，强调翻译必须采用灵活的方法。综合这两部著作的有关论述，西塞罗的翻译理论大致如下：

(1) 译者在翻译中应像演说家那样，使用符合罗马语言习惯的语言来表达外来作品的内容，以吸引和打动读者、听众的感情。

(2) 直译是缺乏技巧的表现，应当避免逐词死译；翻译应保留的是词语最内层的东西，即意思。译者的责任是给读者"称"出原词的"重量"而不是"算出"原词的"数量"。

(3) 翻译也是文学创作，任何翻译狄摩西尼的人都必须自己也是狄摩西尼式的人物。

(4) 声音与意思自然相连，或者说词与词义在功能上不可分割，这是语言的普遍现象，而由于修辞手段以这种词与词义的自然联系为基础，因此各种语言的修辞手段彼此有相通之处。这就说明，翻译可以做到风格对等。

显然，西塞罗主张活译，反对死译，同时也强调译者的素质。

西塞罗通过翻译希腊哲学著作和研讨哲学词汇的译法，传播了希腊人的哲学思想，给罗马乃至整个欧洲引入了不少哲学词汇，为西方哲学的发展作出了重要贡献。例如，欧洲各语言中的 quality(特性)、individual(个体)、vacuum(真空)、moral(伦理)、property(性质)、difference(差异)、element(要素)、definition(定义)、notion(概念)、infinity(无限)、comprehension(理解)、induction(归纳)等大量常用词就是由他从希腊语译借过来的。

西塞罗对翻译理论所作的贡献是不可低估的。自他的观点发表以来，翻译开始被看做是文艺创作，翻译中原作与译作、形式与内容、译者的权限和职责等问题便一直成为人们所关心的问题。特别是他提出的所谓"解释员"式翻译与"演说家"式翻译，即"直译"

与"意译"两种基本的译法，确定了后世探讨翻译的方向，影响到贺拉斯、昆体良、哲罗姆、路德、泰特勒、施莱尔马赫、列维、加切奇拉泽等人。西方翻译理论自西塞罗起就被一条线贯穿起来了，这就是文学家、翻译家和语言学家们争相谈论的标准方法与技巧。

贺拉斯

贺拉斯（Quintus Horatius Flaccus，公元前 65—8）是罗马帝国初期著名诗人和批评家，其父为被释放的奴隶。他早年在罗马和雅典受教育，当过小官吏，也当过兵。他对翻译理论的论述主要见于《诗艺》一书。他的翻译理论综合起来主要有两点：1) 翻译必须坚持活译、摈弃直译；2) 本族语可通过译借外来词加以丰富。

贺拉斯的《诗艺》在西方文论发展史上占有重要的地位，它深深影响了后世的文学创作，同时也促进了翻译理论的研究。他在《诗艺》中说过："忠实原作的译者不会逐词死译。"这句话常被后人引用，成为活译、意译者用来批评直译、死译的名言。

昆体良

昆体良（Marcus Fabius Quintlianus, 35?—95?）是西塞罗、贺拉斯之后提倡活译的另一位著名人物，以演说家、修辞学家著称。他生于西班牙地区的卡拉古里斯，青年时期在罗马求学，一度返回故乡，最后定居罗马，讲授修辞学，享有极好的声誉。他的翻译观点，发表在其主要著作《演说术原理》一书中。尽管该书的重点在于阐述演说术的基本原理，但作者以西塞罗和贺拉斯为典范，对翻译的问题也发表了重要的见解。其中心思想是，罗马人在一切翻译、写作中，都必须与希腊人比高低。他说："我所说的翻译，并不仅仅指意译，而且还指在表达同一意思上与原作搏斗、竞争。"这就是说，翻译也是创作，这种创作必须与原作媲美，译作应力争超过原作。翻译是创作的观点，早先已由西塞罗提出，但具体提出与原作"竞争"

之说的，却源于昆体良的《演说术原理》。

2.2　早期《圣经》翻译

　　古罗马后期，随着文学创作活动的衰退，文学翻译也不如前期活跃。统治阶层为了挽救濒于崩溃的帝国，收拢分离涣散的民心而加紧对基督教的利用。这样，宗教翻译自然受到重视，得到了更大的发展。可以说，这个阶段的宗教翻译构成了西方翻译史上的第二大高潮。这一时期，翻译界最有影响的人物是哲罗姆和奥古斯丁。

哲罗姆

　　哲罗姆(St. Jerome, 347?—420)是早期西方基督教会四大权威神学家之一，被认为是罗马神父中最有学问的人。他生于罗马帝国斯特利同城(今南斯拉夫境内)，出身于富有的基督教徒家庭。在家中接受启蒙教育，12 岁到罗马求学，攻读语法、修辞和哲学。他是一个严肃的学者，酷爱拉丁文学，又精通希伯来语和希腊语。这就使他为后来成为出色的翻译家和理论家打下了良好的基础。他早年在许多教会知名人士的影响下，对希腊宗教文化产生了极大的兴趣。他最著名的翻译是拉丁文《圣经》，即《通俗拉丁文本圣经》。

　　383 年，罗马教皇达马苏一世授命当时宗教界的大学者哲罗姆对拉丁文《圣经》等几种早先的译本进行修改，编译出一本"正确的"，可以为人们所公认的拉丁文《圣经》。哲罗姆起初认为《七十子希腊文本》的译者受了"上帝的感召"，但在翻译修改原本的过程中，他逐渐改变了主意，他感到在用词方面是不会有上帝的感召的，译者应当按照译文语言的特点移植原文的风格。他先只觉得《七十子希腊文本》译得不太令人满意，后来却开始强烈反对 72 人的译法，认为有必要对照希伯来原本全部重译。大约在 405 年，哲罗姆在几个助手的协助下，正式翻译出包括《旧约》和《新约》在内的拉丁文《圣经》，把它称之为《通俗拉丁文本圣经》(Editio Vulgate，即 Vulgate)。

这次翻译获得了很大成功，结束了拉丁语中《圣经》翻译的混乱现象，使拉丁文读者有了第一部"标准"的《圣经》译本，并在后来成为罗马天主教所承认的唯一文本，为后世欧洲各国的不少译者当做原本据以进行翻译。

哲罗姆既是出色的翻译家，又是颇有卓见的翻译理论家。在古代的翻译家中，以哲罗姆所采用的翻译方法为最系统、最严谨。他提出了切实可行的翻译原则，并毫不含糊地为之辩护。这些原则和方法可归纳为：

(1) 翻译不能始终字当句对，而必须采取灵活的原则。哲罗姆认为，各种语言在用词风格、表达习惯、句法以及语义、内容等方面都互为区别，因此不能采用逐词翻译的方法。他还认为，特别是对那些可以加以"适当更改"的作品(指世俗作品)，译者可以渗入自己的性格色调，使译作像原作一样优美。这在很大程度上恢复了西塞罗和昆体良的"翻译是创作"以及译作必须与原作"竞争"的观点。

(2) 应区别对待"文学翻译"与"宗教翻译"。在文学翻译中，译者可以而且应当采用易于理解的风格传达原作的意思。但在《圣经》翻译中，则不能一概采用意译，而主要应当采用直译。他曾在一封信函中说，他本人总是采用意译法，"只有《圣经》翻译除外，因为在《圣经》中，连词序都是一种玄义"，在这种直译中，对《圣经》原文的句法结构不得有半点改动，否则就会损害《圣经》的"深刻含义"，降低译文的价值。哲罗姆把直译和意译之间的关系看做是一种"互补"关系，并在实践中加以运用，承认自己是"有时意译，有时直译"。他这样做，是因为他充分地看到了翻译问题的复杂性。哲罗姆曾把他在《圣经》翻译中采用直译法的原因，部分地归咎于读者对待《圣经》的传统态度。他想模仿古典文学，在拉丁语译文中再现原作希腊语的风格特色，而犹太人所讲的希腊语却不曾经过锤炼，与中古拉丁语的口语体十分相近。因此，如果采用直译法，便可做到一箭"三雕"：1) 满足那些像犹太人一样崇敬《圣经》的读者的需要；2) 满足"客观性"翻译的需要；3) 通过再现一种与内容相符的风格满足他本人的要求。

（3）正确的翻译必须依靠正确的理解。他不相信在用词造句上会有什么"上帝的感召"。他坚持认为，正确的翻译要靠知识而不靠"上帝的感召"。

哲罗姆的翻译原则和方法，对后世翻译理论和实践产生了很大的影响。特别是在中世纪西方各民族语言的《圣经》翻译中，他所提出的许多概念得到了继承。他有一大批追随者，其中很大一部分乃是从事世俗文学翻译的作家。他们认为，风格是内容的一个不可分割的重要部分。

奥古斯丁

奥古斯丁（St. Augustine, 354—430）是罗马帝国末期基督教神学家、哲学家、拉丁教义的主要代表，本信波斯摩尼教，后皈依基督教，并担任北非希波地区的主教。他研究过希腊、罗马文学，当过修辞学教授，传世著作有《上帝之城》(*De Civitate Dei*)、《忏悔录》(*Confessiones*) 和《论基督教育》(*De doctrina Christiana*)。其中《论基督教育》一书实际上是一本从神学的角度论述语言学的著作。虽然论述语言学的目的旨在指导基督教徒怎么学习和理解《圣经》，但书中许多论述都直接或间接涉及语言的普遍问题以及翻译问题，因而可以认为是古代语言学和翻译理论的重要文献。

奥古斯丁并未从事过大量的翻译工作，而只是校订过拉丁文《圣经》的某些部分，但他对于语言问题颇有研究。除《论基督教育》外，他的翻译理论还体现在他的几篇有关《圣经·诗篇》的诠释和两封书信中，其中有一封是写给儿子阿德奥达图（Adeodatus）的。他的翻译理论大致如下：

（1）译者必须具备以下诸条件：1) 通晓两种语言；2) 熟悉并"同

情"所译题材；3）具有一定的校勘能力。

（2）翻译中必须注意三种风格：朴素、典雅、庄严。三种风格的选用主要取决于读者的要求。给一般基督徒翻译，进行"启蒙"教育时，采用朴素风格；给受过教育的读者翻译，重点在于颂扬上帝时，采用典雅风格；为所有读者翻译时以规劝、指引读者时，采用庄严风格。此外，根据读者需要，译者可融三种风格为一体。但不论采用哪种风格，要达到的目的只是一个，即：把真理传达给听众，使听者能听懂，使他高兴，使他在实际工作中能照着去做。西塞罗在《论演说家》中就有涉及演说家及其听众的类似提法。但奥古斯丁在西塞罗观点的基础上加以充实扩大。

（3）翻译中必须考虑"所指"、"能指"和译者"判断"的三角关系。这一理论是对亚里士多德"符号"理论的进一步发展。按照奥古斯丁的定义，"所指"是指客观存在的事物，"能指"是指符号，其中主要包括语言单词。在一个单词中，"能指"是"所指"的符号，两者之间的关系如同单词符号与所指事物的关系一样，是任意确定的。符号的任意性便产生了几种结果：1）人们如果没有直接或间接见过词汇所说明的事物，就不可能懂得这些词；2）一个"所指"物可有多个"能指"词，因而产生了同义词；一个"能指"词可以表示多个"所指"物，因而产生了多义词；3）控制这些任意性关系而使其具有意义的东西是人们的语言习俗。对于"所指"和"能指"在同义或多义问题上的联系，译者必须通过自己的语言能力加以分析判断，才能提供好的译文。

在具体翻译上，奥古斯丁虽然认为不同的语言有着相同的语义，但也承认有些希伯来词，由于没有相应的拉丁词，而同意加以借用。

（4）翻译的基本单位是词。在奥古斯丁的理论中，语言符号和单词是等同的。虽然他有时也认为翻译的基本单位应当尽可能地大，但他在《圣经》翻译中，把着眼点落在词的形式上和结构上。

（5）《圣经》翻译必须依靠上帝的感召。在所有译本中，他最推崇希腊文本，认为拉丁文本都应以希腊译本为典范。其实这是为其政治和宗教目的服务的。

尽管如此，奥古斯丁对语言和翻译的理论，对后世的语言和翻译研究，特别是对 14 世纪的神学争论却具有相当大的影响。他的符号理论为哲学家和语言学家当做共同财产，直到今天仍在发挥作用。

【小结】

综上所述，西方古代翻译从罗马帝国的鼎盛时期到罗马帝国的灭亡，经过了七百多年，其间出现了两大发展阶段。在第一阶段，把古希腊文学特别是荷马史诗和戏剧首次介绍到罗马，从而促进了罗马文学的产生和发展，并为后世欧洲各国继承古希腊文化起了重要的桥梁作用。在第二阶段即大规模的宗教翻译阶段中，《圣经》以及其他神学著作的翻译，逐渐取得了与世俗文学翻译并驾齐驱的地位，并在以后较长时间里超过了世俗文学翻译，成为西方翻译的主流。公元前 4 世纪末形成西方翻译的第一个高潮。

西方最早对翻译理论和翻译方法的研究，也可追溯到这一时期。早期的翻译方法，在很大程度上受罗马和希腊之间关系和力量对比的影响。后来，西塞罗明确提出了直译和活译的问题，文学翻译家们就围绕着这个问题展开了讨论，先后形成了以西塞罗、贺拉斯为代表的活译派，以菲洛、奥古斯丁为代表的直译派，和以哲罗姆为代表的活译(或意译)、直译兼用派即折中派。无可否认，不论是哪一派，都对翻译的理论问题发表了不少真知灼见，其影响一直延续到以后的各个时期乃至现代。但是，在整个古代，对翻译理论的研究不可能很系统，也没有专家或专著；有的只是文学家、神学家在谈论其他主题之外，或翻译家在译作的序、跋中，附带加以阐述的观点。

随着罗马帝国的衰落，西方的翻译也逐渐转入低潮而过渡到中世纪。

中 外 翻 译 简 史 ◆

第三章

中世纪的翻译

3.1 中世纪初期翻译

中世纪历史一般从 476 年西罗马帝国崩溃时算起，到 15 世纪文艺复兴时止。就翻译史而论，主要有三大标志：初期的翻译家波伊提乌、中期的托莱多"翻译院"和末期的民族语翻译。

中世纪初期，尽管"蛮族"各部落在罗马帝国的废墟上建立了各自的国家，但绝大部分蛮族语言尚未形成文学语言，也无多少文字记载，因此，拉丁语仍然是翻译、创作的语言。罗马帝国覆灭以后，翻译的内容已不再是清一色的宗教内容。一方面，教会继续组织力量翻译宗教文献，以加强其宗教统治；另一方面，新兴的封建地主阶级则提倡翻译介绍希腊哲学著作，试图从中汲取有益于新兴封建阶级的政治、哲学养分。这一时期的重要人物有卡西奥多鲁、格列高利一世和波伊提乌。罗马帝国后期到中世纪初期形成了西方翻译的第二个高潮。

卡西奥多鲁

卡西奥多鲁(Cassiodorus, 480?—575?)生于意大利境内的布鲁提乌姆(Bruthium)，是蛮族混战时期的历史学家、政治家和僧侣，曾在东哥特王国朝廷内任过执政官、首席行政官等要职。他用拉丁语写过狄奥多理国王的传记等作品，但他并不是出类拔萃的作家和学者。他对翻译的主要贡献在于他大量收集手稿，以"猎园寺"为中心，组织僧侣抄写各种神学作品和世俗作品，并进行研究和翻译，从而保护和发扬了古罗马的文化遗产。从某种意义上来说，"猎园寺"是个非正式的翻译和研究中心，为后世所仿效。最早组织官方翻译机构的是格列高利一世（Gregotius I，540?—604）。格列高利一世是一位比较开明的教皇，590年登基后立即进行一系列的宗教、行政、社会改革，并在自己的住处建立一所官方的翻译机构，隶属于教廷图书馆，主要从事东西欧之间的宗教和行政管理文件的翻译。虽然没有翻译出具有文学价值的大作品，但为了处理官方日常事务而建立这种正式的翻译机构，具有相当重要的历史意义，成为后世各种翻译机构的先驱。

中世纪初期翻译领域的中心人物是波伊提乌。

波伊提乌

曼里乌·波伊提乌（Manlius Boethius，480?—524?）是罗马帝国灭亡后的前几个世纪中最重要的神学家、政治家、哲学家和翻译家。他生于罗马一个富有的贵族家庭，510年担任意大利境内东哥特王国的执政官，520年担任首席行政官，后失宠，并因指控犯有叛国罪被国王狄奥多理处死。

波伊提乌从小受基督教的教育，但他具有唯物主义的思想，并未拜倒在基督脚下。他代表新兴封建阶级的利益，对基督教的一些基本教义加以否定，而转向希腊哲学寻找精神食粮。他有一个宏伟计划，准备把所有的希腊哲学著作都译成拉丁语，后因被处死而未能全部实现，只译出亚里士多德《工具论》中的《范畴篇》和《解释篇》，以及新柏拉图主义哲学家波菲利为亚里士多德《范畴篇》所作的《导论》。通过这些译作、评论以及他的重要著作《哲学的慰藉》，波伊提乌把亚里士多德逻辑学的基本原则介绍到西欧，引起一股研究、探讨亚里士多德哲学思想的热潮，对中世纪的学术界、理论界产生了极大的影响。

波伊提乌不仅对翻译介绍希腊哲学思想作出了贡献，而且对翻译的理论问题也有自己的见解。他的观点主要见于波菲利作品译文的序言中，可以归纳为：

（1）风格和内容互为敌对，要么讲究风格，要么保全内容，二者不可兼得。

（2）翻译是以客观事物为中心的，译者应当放弃主观判断权。在某些著作的翻译中，译者所寻求的是准确的内容，而不是优雅的风格。因此，为了表达出"没有讹误的真理"，译者应当采用逐词对译。

波伊提乌的观点与古代斐洛的观点雷同，都主张严格的形式对应。但波伊提乌所关心的，却像西塞罗那样，试图通过翻译建立起一套拉丁语的哲学术语，力求通过采用确切的哲学术语，准确再现原文内容。他仿效西塞罗的做法，遇到难译的希腊术语时不急于借用原词，而是找出一个与原词意思部分相同的现成拉丁词，然后始终用它译相应的希腊词，从而使这个拉丁词增添新的含义，等同于希腊原词。

尽管波伊提乌对翻译问题发表过上述观点，但他更倾向于翻译实践，主张翻译凭经验而不凭理论。于是西方的翻译发生了一大转折，古代奥古斯丁等人的理论被埋没。继之以长达五六百年之久的严格的客观主义和实用主义。直至中世纪末，翻译理论问题的研究才又成为学者们所普遍关心的问题。在此期间，翻译理论极为贫乏，几乎没有什么新的突破。

但是翻译实践并未终止。教会为了垄断欧洲的文化，加强对各国人民的精神控制，一方面在东罗马首都君士坦丁堡大肆迫害研究古代文学的学者，另一方面向各新生国家派遣传教士。传教士使普通老百姓接触到了基督教和《圣经》。由于人们不懂拉丁文，越来越强烈要求用民族语来翻译《圣经》，民族语的翻译应运而生。

如 4 世纪下半叶，基督教西哥特主教乌斐拉曾用哥特语翻译《圣经·新约》及《旧约·列王记》，并为哥特语创造了一个字母表。然而，乌斐拉的翻译影响并不大，译作也已失传。经过漫长的历史和巨大的社会变化，早期的哥特文字已基本湮灭。8 世纪中叶，基督教再次传入日耳曼人居住区，教会僧侣为了传教，开始用口头德语翻译宗教文献，于 800 年前出现了第一部《圣经》德译本。这就产生了最早的德语翻译，译文也成为德文最早的文字。

根据 11 世纪保存在巴黎的一本手抄本判断，一位名叫阿尔德姆（Aldhem，?—709）的英国人用古英语翻译了《圣经·诗篇》的前 50 章。735 年，英国基督教教会史学家比德（Bede，673?—735）用拉丁语翻译了《约翰福音》。

阿尔弗烈德国王

阿尔弗烈德国王（King Alfred，849—899）是英国早期的一位有学问的君主。他在国内建立寺院，引进教师、学者，组织一批人把大量的拉丁语作品翻译成英语。他本人就是一名多产的译者。阿尔弗烈德国王于 9 世纪下半叶用古英语翻译了比德的拉丁语著作《英国教会史》、波伊提乌的《哲学的慰藉》和《圣经·诗篇》。按照他的观点，翻译的时候，译者应根据自己的需要决定取舍。他的这一观点赋予翻译以极大的灵活性。这种翻译与当时英国一些以外来素材为基础的创作相类似，按照阿尔弗烈德的观点，这种创作可看做是一种"随心所欲的活译"。

阿尔弗里克

阿尔弗里克（Aelfric，955?—1020?）是继阿尔弗烈德国王之后的另一位较有成就的翻译家和理论家。他是英国巴斯寺院的牧师，用英语译出《圣经·创世纪》、《天主教布道辞》（*Catholic Homilies*）和《圣徒传》（*Lives of the Saints*）等作品。阿尔弗里克的翻译实践类似于阿尔弗烈德，采用面向民众的原则和方法。多用意译，使译文"明白易懂"，采用简单易懂的英语，提出拉丁语让位于英语习语的原则。为了使译文通俗易懂，阿尔弗里克常常有意删减原文的内容。他的翻译理论参考过哲罗姆的翻译理论，然后提出自己的观点。

◆ 3.2　中世纪中期的翻译和托莱多"翻译院"

在西方翻译史上，源远流长的东西方文化交流以阿拉伯与西方作品的互译为最早。在 7—8 世纪，阿拉伯人向外扩张，征服了希腊世界。大批叙利亚学者来到雅典，把希腊作品译成古叙利亚语，带回巴格达。然后又把这些译品以及一些希腊原作翻译成阿拉伯语。同时，在西班牙南部地区和意大利的西西里，也有人用阿拉伯语翻译希腊作品。其中以巴格达的翻译最为活跃。阿拉伯学者从各地来到巴格达，以极大的兴趣研究西方文化，翻译希腊作品，使巴格达获得阿拉伯"翻译院"的称号，成为阿拉伯人的学术中心。他们翻译的作品，主要有亚里士多德、柏拉图、盖伦和希波克拉底等人的哲学和科学名著。

中世纪阿拉伯学术研究的兴起应归功于希腊文化。然而，阿拉伯人的翻译的重要性又反过来影响到欧洲。在 10 世纪和 11 世纪，阿拉伯学术研究开始走下坡路，欧洲的学术研究则迎头赶了上来。阿拉伯语作品在 11 世纪大量涌向西班牙，托莱多取代了巴格达成为欧洲的"翻译院"，从阿拉伯语中把大量的希腊作品译成拉丁语。

托莱多是西班牙中部地区的一座历史古城，中世纪中叶一度置于穆斯林统治之下，1085 年为西班牙人收复。很早以前，托莱多就已成为西欧宗教与文化中心之一，在穆斯林统治期间又成为穆斯林文化重镇。随着大批阿拉伯语作品涌入的，是相当数量的希腊作品的阿拉伯语译本。从 11 世纪中叶起，西方各国学者纷纷前往托莱多和西班牙的另一座城市科尔多瓦，从事拉丁语的翻译活动，到 12 世纪初形成了西方翻译的第三次高潮。

托莱多"翻译院"有三大特点：

（1）翻译活动始终受到教会的资助；

（2）翻译的作品主要是希腊作品的阿拉伯语译本，其次是阿拉伯语原作和希腊原作；

（3）托莱多是当时西班牙的教育中心和穆斯林学术中心。

由于中世纪中期，许多希腊典籍的原著失传，而阿拉伯语版本又大量流入欧洲，因此西方译者只能把阿拉伯译本当做原本。12 世纪的柏拉图、亚里士多德、欧几里得、盖伦、希波拉底、托勒密的作品，很可能是先从原作译成叙利亚语，后译成阿拉伯语，再译成拉丁语的译本。13 世纪，希腊作品的原本才开始传入托莱多，学者们才开始直接翻译希腊原著，而不是热衷于从第三、第四种语言转译了。

托莱多大规模翻译的意义：

（1）它标志着基督教和穆斯林教之间罕有的一次友好接触；

（2）它带来了东方人的思想，传播了古希腊文化，活跃了西方的学术空气，推动了西方文化的发展；

（3）由于许多译者同时也是学者，在托莱多讲授各门知识，托莱多便成了当时西班牙以至西欧的教育中心，并在某种意义上成为西班牙中北地区第一所大学的前身。

就翻译本身而言，由于不是直接译自原作，而是一再进行转译，因此很难做到准确、忠实。对照希腊原文，译本中经常出现不少曲译、误译。在翻译理论方面，在托莱多"翻译院"从事翻译的人大都是只管实干，不谈理论。从翻译方法来看，他们主要采用意译，而不是直译。

尽管托莱多的译事活动时间相对而言并不长，但其规模和影响是巨大的，其社会意义非常深远。甚至在一般的历史研究中，它也占有重要一席。因此，可以说，托莱多的翻译活动代表了西方翻译史上一个重要的发展阶段，可视为西方翻译史上的第三个高峰。

东道国西班牙无疑直接受到阿拉伯文化的影响。在 13 世纪国王智者阿尔丰沙十世在位期间用西班牙语翻译了不少散文作品，如阿拉伯寓言集《卡里来和笛木乃》和故事集《森德巴尔》，这些译作便成为西班牙最早的散文作品。

◆ 3.3　中世纪末期的翻译和民族语言

在中古时期，随着各个蛮族国家的建立，民族地域逐渐划定，民族要求日趋强烈，民族语言也相继形成，这又反过来大大地增强了各民族的自我意识，促进了民族文化的独立发展。尽管教会作家和僧侣一般都继续用拉丁语写作和翻译，但一般百姓对民族语的要求却越来越迫切了。

虽然早在 4 世纪乌斐拉就用哥特语翻译了《圣经》，在 8 世纪中叶德语译者用口头德语翻译宗教文献，在 8—9 世纪，阿尔弗烈德等人用古英语翻译《圣经》和世俗文学，在罗曼斯语国家里，大约在 11 世纪也开始用民族语进行翻译，然而，这些仅仅标志着民族语翻译的开始。用民族语从事大规模的翻译到中世纪末期(13—15 世纪)才到来。

民族语翻译首先与《圣经》翻译有关。把希腊语或拉丁语《圣经》译成各种日耳曼语，译者所面临的困难很多，因为日耳曼语与这两种语言之间在语义和语法结构上的差距很大。在翻译《圣经》的过程中，日耳曼语在语义、习惯表达、句法结构乃至传统思想都受到了《圣经》的同化而发生改变。与此同时，把《圣经》译成其他的民族语言对有关各民族的思想、文学以及语言也会发生类似的影响。因此，由于最初受《圣经》翻译的巨大影响，西欧各国的民族语言在句法结构上就逐渐变得相互非常接近了。

然而，把《圣经》翻译成民族语并不是一帆风顺的。早期的《圣经》翻译在于指导神甫们如何向老百姓宣讲基督教，以便吸引没有文化、没有"头脑"的"俗人",因此,对民族语的翻译活动没有引起教会的反对。到了 12 世纪,当俗人文化水平提高,开始亲自阅读《圣经》并按自己的理解来解释《圣经》时,教会的态度就改变了。他们使解释更加严格,使教条变得更加僵硬,宣布任何只懂民族语、不懂拉丁语、对《圣经》研究不深、只从《圣经》的字面按自己的观点解释《圣经》而不按正统的教会观点加以解释的人统统是异教徒。于是,教廷在大肆谴责异教徒的民族语翻译的同时,力图禁止人们阅读民族语《圣经》,以期置民族语翻译于死地。

反对用民族语翻译《圣经》主要有两个借口:

(1) 任何人进行翻译都可能曲解《圣经》的原意,因为就连哲罗姆那样受过"上帝感召"的人也承认自己的翻译中有误差;

(2) 民族语的词汇、语法很贫乏,不足以用来进行翻译、解释"基督教的玄义"。

然而,教廷的反对、谴责甚至镇压,始终都不能抑制民众渴望读到民族语译本的强烈愿望。随着人文主义的兴起,无论是世俗文学的民族语翻译还是《圣经》的民族语翻译,从 13 世纪起已在欧洲各国开始形成高潮。

中等资产阶级的出现和民族主义的高涨也推动了民族语翻译。中等资产阶级较为富有,买得起昂贵的手抄原本,并自信不必接受拉丁文法的教育。意大利语、法语和西班牙语是以通俗拉丁语为基础而发展起来的,较早获得了文学语言的地位,译者们对自己的语言表达能力自然也深信不疑。

在法国,王室专门雇用译员为朝廷翻译各种拉丁语、希腊语作品。其中亚里士多德的作品对当时法国的翻译界和哲学界影响很大。在同一时期,译者们还译出了维吉尔、奥维德、柏拉图及当代作家的作品。

西班牙的许多作家、史学家、法学家和自然科学家把大量的阿拉伯语、希腊语和拉丁语作品译成西班牙语,促进了西班牙文化科学的发展。

在意大利，民族语翻译的规模虽然不大，但其影响并不亚于其他国家。大诗人但丁（Dante，1265—1321）在《论俗语》和《飨宴》两部著作中，论述了民族语和翻译的问题。在《飨宴》中但丁还讨论了文学翻译的可译性和不可译性问题。这是关于这一问题的最早论述。

布鲁尼

中世纪末意大利影响较大的翻译理论家是列奥纳多·布鲁尼（Leonardo Bruni，1369—1444）。他是意大利人文主义文学家、翻译家和政治家，欧洲文艺复兴的先驱之一。他生于商人家庭，青年时代只身到佛罗伦萨求学，被佛罗伦萨市长视为养子。布鲁尼早年修读了希腊文，开始了对希腊典籍的研究和翻译。其学术生涯主要与典籍翻译和历史研究有关，主要作品有：用意大利文撰写的但丁、彼得拉克和簿伽丘的传记，以及用拉丁文翻译的柏拉图、亚里士多德、彼得拉克等人的作品，其中最受欢迎的是他于 1420 年用拉丁语翻译的亚里士多德的作品。同时，布鲁尼还发表过一篇"论正确的翻译方法"的论文，对翻译问题作了专门论述，从而在一定程度上确立了他在中世纪末文艺复兴初期的西方翻译理论的权威地位。

布鲁尼在亚里士多德作品的译序以及在"论正确的翻译方法"中的见解如下：

（1）亚里士多德不是抽象的教条，他是一个活生生的人，译者务必使自己深入作品，"面对亚里士多德"。换言之，译者应当尽可能模仿原作风格，像亚里士多德用希腊语写作那样，用译语进行创作。

（2）任何语言都可用来进行有效翻译。那种认为语言差异在翻译中是个不可逾越的障碍的观点，实际上是译者用来掩盖自己能力低下而放出的烟幕。优秀的译者精通原语和译语，只要正视两种语言的差异，就不愁没有对付的办法。

（3）译者必须具备广泛的知识，才能做好翻译。翻译的实质是把一种语言里的东西转移到另一种语言。然而，如果对两种语言没有广泛的知识，就无法做到这一点。并且，即使有广泛的知识，也未必够用。因此要做好翻译，译者的第一任务就是获得对所译语言的知识。这不是一点点平常的知识，而是通过长期研读哲学、雄辩、诗歌等各方面书籍而获得的精深广博的知识。译者的第二任务是掌握译入语言，获得完全驾驭译入语言的能力。此外，译者还必须具备良好的鉴赏力，以保证他的翻译不会破坏和丧失原作的完整和韵律。"因此可以认为，如果有人并非饱学博识、精通文学而试图去从事翻译，那就犯了一个不可饶恕的错误。"

在俄国，民族语翻译的第一个较大的发展阶段可以追溯到 11 至 12 世纪的基辅时期。引起这一高潮的原因主要是宗教的需要、与外界发生了广泛的贸易、文化交往和上层阶级的积极参与。翻译活动开始形成较大规模。翻译得最多的是希腊语、拉丁语作品。由于有俄罗斯民族自我意识的高度发展、生动的人民语言的影响和传统悠久的古斯拉夫文化作为基础，翻译质量达到了较高的水平。

在中世纪末期的德国，民族语的翻译虽早已普遍展开，但拉丁语的作用仍占据重要地位。拉丁语是教会、大学和文学家的语言。德国文学家们仿效意大利文艺复兴早期的文学家，模仿拉丁语的"高雅"风格，而不用"朴素"的风格写作。这种风格变化对德语产生了很大的影响，为了克服德语的"粗俗"，在德语写作中开始运用拉丁语的修辞规则，特别是模仿拉丁语的句法和表达法。拉丁语中独立成分的用法、动名词、对格和不定式等语法范畴便是这一时期通过翻译、模仿而移植到德语中的。

当时在德国占主导地位的是逐词对译。大部分作家、译者为了迎合"时代的需要"，大量直译了古典文学作品，其中最突出的译者和评论家是维尔。

维尔的翻译观点如下：

（1）准确翻译拉丁语能得出最优美的德语风格。

（2）逐词对译能推广拉丁语。

（3）为了忠实于原文，宁愿牺牲译文的易懂性。

虽然主张意译的人大有人在，但是他们很少撰文专门论述自己的观点，他们谈论"不想逐词对译，而要意译，以使译文易懂"。有一位匿名的意译者指出他打算采用"人民大众"的口语体翻译。意译派的主张未能使自己的原则和方法上升为理论，但却真正代表了德语的发展方向。随着时间的推移，它的生命力越来越明显地表露出来了，在 16 世纪路德的翻译中达到了顶峰。

在英国，随着民族感的增长，对用民族语翻译的要求也日趋强烈。在 13 和 14 世纪，英语在西欧仍属蛮族语言，所以英国人至少必须懂三种外语才能阅读当时流行的大作品。这就要求他们认真学习外语，从而给了他们以良好的翻译机会。

乔叟

大诗人杰弗利·乔叟（Geofrey Chaucer，1340?—1400）是这一时期最优秀的英语译者。乔叟通晓拉丁语、意大利语和法语，早年在宫廷服务，多次出使法国和意大利。1381 年，他把簿伽丘的《菲洛斯特拉托》翻译、改编成长诗《特罗伊勒斯和克丽西达》（*Troilus and Criseyde*），后来在《坎特伯雷故事集》中又以簿伽丘的作品为基础，改编了《骑士的故事》、《弗兰克林的故事》、《法庭差役的故事》。此外，他还译了《玫瑰传奇》、《贞洁女人传奇》（*Legend of Good Women*）和波伊提乌的全部作品。乔叟的翻译为英语打开了广阔的前景，并为确立英语成为文学语言、对英国文学的发展作出了卓越的贡献。

在中世纪英语译作中，有很大一部分是传奇文学作品和历史书籍。如《特洛亚传》、《伊尼亚斯传奇》、《亚历山大传奇》、《亚瑟王的故事》、《帕尔特内传奇》、《屋大维的故事》、《圣杯传奇》、《亚瑟王之死》、《编年史》等等。

在翻译原则和方法方面，诺尔曼人 1066 年入侵后的英国与盎格鲁-撒克逊时期相似。翻译中往往整段地被增减，有时是逐词对译，有时则与原文相去甚远，面目全非，成了译者的创作。在翻译理论方面真正属于英语译者的观点不多，多是从法语"原著"译者那里翻译过来的或者是重复哲罗姆所提出、早已为阿尔弗烈德国王和阿尔弗里克所采纳的传统规则。

在中世纪的英语翻译中，译者普遍遵循的原则是：可能时采用逐词对译，不可能时采用按词活译。而且在不同的场合，对这一原则做不同的理解。

这个时期最重要的译作之一是威克利夫倡导翻译的英语《圣经》。

威克利夫

约翰·威克利夫（John Wycliffe，1320?—1384）是 14 世纪英国著名神学家、哲学家，曾求学于牛津大学，获神学博士学位。从 1380 年至 1381 年，作为市民阶层反对派代表和英国宗教改革奠基人的威克利夫，顺从改革派的意愿，主持《圣经》的英译，约于 1382 年译出。这是一部完整的《圣经》英译本，它的问世引起了激烈的争论。原因是：

（1）它是在威克利夫异教思想的鼓舞下翻译的；

（2）它面向平民百姓，成为他们反对教会当局的武器。

一方面，威克利夫的宗教改革主张以及新的译本得到了知识界一些人的支持，形成了所谓"罗拉德派"，即不满教会当局死抠教义的派别。另一方面，威克利夫的观点及其英译本受到了教会日益强烈的反对。15 世纪，威克利夫的译本广为流传，成为当时唯一的译本。

威克利夫的译本有两种版本，一种是赫里福德（Hereford）所译，另一种由威克利夫的秘书约翰·珀维（John Purvey）在赫里福德译本的基础上修改加工而成。这个译本在形式上更贴近英语，因而使用较多。同时，珀维对他的翻译原则和方法也有所阐述。他在译本的序言中强调使用民族语的重要性，说最好的译文是以拉丁语句子而不是以单词为单位译成的。这样，英语句子就会像拉丁语句子的意思一样明白易懂了。译者应当保持句子的完整明了，因为词是为句子和意思服务的。此外，珀维对译者在翻译中所能作出的某些改变也作了明确的说明。珀维的译本，为此后产生更多更好的译本提供了范例。

【小结】

西方翻译史在中世纪主要有三个特点：初期几百年，占主导地位的是波伊提乌等人的拉丁语翻译，但所译题材不限于宗教文献。接下来 11 至 13 世纪，东方文学及其风格通过翻译介绍到西方，特别是 12 世纪，阿拉伯学术研究的成果活跃了欧洲的学术空气，促进了西方翻译事业的发展，在托莱多形成一股翻译阿拉伯语作品的热潮，成了整个西方翻译史上一次独具特色的翻译活动。民族语翻译几乎贯穿了整个中世纪。尤其是《圣经》的翻译，由于哲罗姆翻译的拉丁文本被教会普遍采用，因此没有必要再大力提倡拉丁语翻译。但在各个刚刚建立的"蛮族"国家，一般人不懂拉丁语，要使平民百姓看懂《圣经》，就必须将之译成他们自己的语言或方言，从 4 世纪末起，《圣经》的民族语翻译便开始进行，到 14、15 世纪形成了高潮。世俗文学的民族语翻译起步较晚，但也同样经历了这么一个规模由小到大的发展过程。

整个中世纪，西方翻译理论研究仍是没有系统的。

西方各国的翻译实践和翻译理论研究，直至文艺复兴时期才出现真正的飞跃。

第四章

文艺复兴时期的翻译

4.1　概　论

　　文艺复兴运动始于 14 世纪末的意大利，15、16 世纪波及欧洲特别是西欧。文艺复兴是指对古希腊和罗马的文学、艺术和科学的重新发现和振兴，是一场思想和文化上的大革命，按恩格斯的话说，"是一次人类从来没有经历过的最伟大的、进步的变革，是一个需要巨人而且产生了巨人……的时代"。

　　文艺复兴以传播人文主义思想为主要表现形式之一，涉及文化领域中各个方面，包括古希腊、罗马作品和当代欧洲各国作品的研究，发展传播新文化、新思想。在这个过程中，翻译起了巨大的作用。因此，文艺复兴运动不仅标志着文学艺术的大发展，而且也是翻译史上的重要里程碑。

　　16 世纪，文艺复兴运动从意大利传播到其他国家，形成了高潮，西欧社会那种求索和征服客观世界的精神反映到翻译界，表现为翻译家们不断发现新的文学领域，挖掘新的文化遗产，将新思想移植到本土，把古代和近代强国的政治、哲学、社会体系及文学、艺术等经典著作译成民族语，供本国借鉴。因此 14 到 16 世纪是西方翻译的第四个高潮期

　　德国模仿拉丁语的风气消失，德语独特的风格和表达能力得到

认识，翻译中意译取代了逐词对译。人民群众要求读到地道民族语的《圣经》，路德采用民众的语言译出"第一部民众的《圣经》"，并通过译本起了统一德国语言的巨大作用，为现代德语的形成和发展打下了基础。

在法国，复古之风盛行，翻译的重心从宗教作品转向古典文学作品，翻译活动日趋频繁，形成了法国翻译史上的一个高潮。出现了著名翻译家阿米欧和他译的普鲁塔克的《名人传》。多雷领先于德、英各国的理论家，对翻译问题作了深刻的阐述，首次比较系统地提出了翻译的基本原则，把翻译理论的研究推到新的水平。

在英国，资本主义经济急剧发展，生产力大幅度提高，国家日益繁荣，为文学和翻译的发展奠定了雄厚的物质基础。特别是 16 世纪中叶伊丽莎白登位到 17 世纪初期，翻译活动盛极一时。一方面宗教翻译兴起，另一方面古代希腊、罗马和当代其他国家的文学作品大量译成英语，英国的翻译活动成为欧洲乃至世界翻译活动的高峰之一。文学翻译内容包括历史、哲学、诗歌、戏剧，涌现了诺思、弗洛里欧、荷兰德、查普曼等一大批优秀的翻译家。在宗教翻译方面，译者对《圣经》产生了新的理解，并以新的态度和方式处理《圣经》的翻译问题，出现了多种译本。对《圣经》翻译的理论问题也有所建树。

德、法、英三国的翻译是西欧国家文艺复兴高潮期的代表。

4.2　德国的翻译

德国在 16 世纪的翻译同 15 世纪一样，主要是拉丁语和德语的互译。16 世纪初，人们对希伯来语和希腊语有了认识。通过分析研究希伯来语、希腊语和拉丁语，学者们不仅认为罗马思想出自希腊思想，而且还认为希腊思想源自希伯来思想，这样，希腊语和希伯来语的地位得到了提高。人们通过培里康编写的《希伯来语语法》

和赖希林的《希伯来语的基本规则》，对德语的特征有了更深的了解。学者们认识到，特别是在语言的习惯表达方面，希伯来语、希腊语和拉丁语都有各自不同的特征。同样，由于德语是一种独立的语言，因此也有自己独特的表达方式，是不能逐词译成其他语言的，其他语言的表达方式也不能逐词译成德语。这样，一方面由于对语言的本质和语言之间的差别的了解，另一方面由于民族感的高涨和发展民族语的愿望的增强，越来越多的史学家和学者便开始大力使用德语的习惯表达法，而不再热衷于效法拉丁语。因此，意译派理直气壮地提出了反对逐词对译的另一个意义深远的理由：德语是一种有自己规则、必须得到尊重的独立的语言；德语有自己的语言风格，这一风格不能因模仿其他语言而受到破坏。这是贯穿 16 世纪德国翻译始终的主导思想。

翻译实践方面，除了德语谚语的翻译外，16 世纪翻译的主流仍是古典文学和宗教作品的翻译。文学作品主要是古典拉丁语作品的翻译，其中包括西塞罗、贺拉斯、普利尼、卡托等人的作品。宗教翻译集中在《圣经》的翻译上。较著名的译者和理论家比较多，犹以路德的《圣经》翻译达到最高峰。

伊拉斯谟

在翻译理论方面，16 世纪对文学翻译采取新方法，对翻译理论提出新见解的杰出代表之一是德西德利乌·伊拉斯谟（Desiderius Erasmus，1466?—1536）。他出身于荷兰鹿特丹的一个牧师家庭，早期教育受奥古斯丁教规的影响，后留学巴黎，又先后旅居英、德、意、瑞士诸国，接受人文主义思想，反对经院神学，成为北欧文艺复兴运动中最著名的人物。他学识渊博，长于语言研究，对希腊文学和拉丁文学有深厚的造诣，他对文学和风格问题的论述尤其引人注目。他的思想对整个欧洲，尤其是对德国的影响很大。他翻译过古希腊修辞学家里巴尼乌、罗马希腊语讽刺散文家琉善、欧里庇得斯等人的古希腊文学作品，并在原手抄本的基础上于 1516 年首次刊行希腊语《圣经·新约》，后附有他本人所译的拉丁文本和所作的评注。这部《新约》对照本的问世轰动了整个欧洲学术界，对后世的《圣经》研究和翻译产生了极大的影响。

伊拉斯谟的译文准确、风格优美，而且他从多方面对翻译理论作了深刻的阐述。他认为：

（1）必须尊重原作。伊拉斯谟从人文主义的思想出发，一针见血地指出，《圣经》的翻译和评注必须尊重原作，因为任何译本，包括《通俗拉丁文本圣经》，都无法完全译出"上帝的语言"，即《圣经》原文的语言。

（2）翻译者必须具有丰富的语文知识。他认为，要正确解释《新约》就必须学习古希腊语；凡想从事神学研究的人都必须首先能读懂古典文学，从中学习希腊语的语义、词义和修辞学。他认为，在解释《圣经》的问题上，没有绝对的权威可言。人们在语言知识和学问上每前进一步都会导致对《圣经》的新的理解，因而可以产生新的译文。他在《新约》译本序言中着重指出各种语言之间的差别，强调只有具备了丰富的语文知识，比如精通习惯表达法和比喻用法，才可能正确理解和翻译《圣经》，并认为这一观点同样适用于世俗文学作品的翻译。

（3）风格是翻译的重要组成部分。伊拉斯谟的翻译原则是：风格是翻译的重要组成部分，他要表现出希腊语的修辞手段，以诗译诗，以单词译单词，以朴素语言译朴素语言，以高雅风格译高雅风格。

（4）风格的性质还取决于读者的要求。伊拉斯谟对《圣经》的翻译采取逐词译法。遇到歧义时，在译文的正文中采用一层意思，而把其他可能的意思放在注释中加以说明，由读者根据上下文决定取舍。他认为，他的译本用词准确，有助于正确理解，能为一般读者所掌握。他极力赞成把《圣经》译成各种民族语，让民族语读者各自去理解。

毫无疑问，伊拉斯谟的翻译理论是他人文主义思想和他精通多种语言、对文学风格富有鉴赏力的产物。他所遵循的翻译原则和方法对同时代和后世译者都产生了较大的影响。

路德

马丁·路德(Martin Luther，1483—1546)是德国宗教改革运动的领袖和翻译家，生于图林根的一个农民家庭，早年在一所修道院中攻读神学，后获维腾贝格大学神学博士，并担任解释《圣经》的教授。1521 年因拒绝查理五世勒令他改变其宗教改革的主张几乎被俘。此后，他便在合作者的协助下着手翻译《圣经》。他先从希腊语译出《新约》，于 1522 年出版；后从希伯来语译出《旧约》，于 1534年出版。在翻译中，路德遵循通俗、明了、能为大众接受的原则。他以图林根一带比较统一的公文用语为基础，吸收中东部和中南部方言中的精华，并创造了许多新的词汇，使译文成为德语的典范。这部《圣经》的问世，使德国农民和平民能够直接援引《圣经》中的章句为自己的阶级利益辩护，因而被誉为"第一部民众的《圣经》"。它不仅对德国人的生活和宗教发生了深远的影响，而且创造了为民众所接受的文学语言形式，对德国语言的统一和发展起了不可估量的作用。

路德的《圣经》德译本是西方翻译史上对民族语言的发展造成巨大而直接影响的第一部翻译作品，与古希腊语的《七十子希腊文本》、古罗马第一位翻译家安德罗尼柯的《奥德赛》、哲罗姆的《通俗拉丁文本圣经》以及后来英语的《钦定圣经译本》齐名，在西方翻译史上占有极其重要的地位。

除《圣经》以外，路德还翻译了《伊索寓言》，其文学价值也是不可低估的。在理论方面，路德对翻译也很有见地。他的翻译观点可归纳如下：

　　(1) 翻译必须采用人民的语言。路德像伊拉斯谟等人一样坚持人文主义者的语言学观点，认为语言各具无法逐词互译的特征。为了再现原文的文学形式和风格，路德把原文译成地道的德语。同时他认为只有采取意译，才能在某种程度上再现《圣经》的"精神实质"。

　　(2) 翻译必须注重语法和意思的联系。路德受到伊拉斯谟语言学方法的启发，开始注意词语在上下文中的内涵意义，并接受伊拉斯谟关于语法、风格、文学表达和修辞形式的解释，同意人文主义把注重原文看做是《圣经》评注的先决条件和根本原则。因此，他在翻译中特别注意希伯来语和希腊语文本，认真研究原文的语言现象。然而，语言分析和语法研究并不是翻译中最重要的方面。他在 1532 年 3 月 25 日至 27 日的"席间漫谈"中说："语法对于名词变格、动词变形和句子结构的理解是必要的，但在言语中必须着重考虑的应当是意思和话题，而不是语法，因为语法不可凌驾于意思之上。"路德所说的意思是指神学含义，指译者对话题的深刻理解。

　　(3) 翻译必须遵循七条原则。路德在翻译中采用意译，以使读者完全看懂译文为最终目的。他不仅对一些翻译原则作一般性的阐述，而且还系统地提出了关于翻译的七条细则：1)可以改变原文的词序；2)可以合理运用语气助词；3)可以增补必要的连词；4)可以略去没有译文对等形式的原文词语；5)可以用词组翻译单个的词；6)可以把比喻用法译成非比喻用法，把非比喻用法译成比喻用法；7)注意文字上的变异形式和解释的准确性。这些原则和方法产生了很大的影响。

　　(4) 翻译必须集思广益。尤其是翻译《圣经》这样的巨著，译者不可单干。路德认为他的译本在许多方面都比拉丁文本《圣经》清楚、准确，因为他在脱稿之后，同合作者一道对译文进行了细致的修改，后来又同行家举行特别会议，对译文作了进一步的润色加工。

　　然而，就整个理论的实质而言，路德是从神学家而不是从人文学家的角度来处理和谈论翻译问题的。他与罗马教廷决裂，抨击陈腐的经院哲学，但也不完全接受人文主义思想，而只是借用人文主义者的某些观点为自己的神学理论服务。他同意把伊拉斯谟的语言学方法看做神学家解释《圣经》必须采用的方法，但他同时指出，这种方法不能解释《圣经》的"精神实质"，不能使人更深地吃透《圣经》的含义。这样，他就回到了古代奥古斯丁以"上帝的感召"为依据的翻译方法，给翻译抹上了一层神秘的色彩，因而受到伊拉斯谟等人文主义者的批评。

路德的翻译实践也同样受到了各方面的批评，尤其是罗马天主教派的批评。然而，在整个翻译界，路德的《圣经》翻译享有最高的声誉，其影响之大是独一无二的。

4.3　法国的翻译

法国的翻译高潮是从 16 世纪才开始出现的。15 世纪末，但丁、彼得拉克、簿伽丘等大批意大利人文主义者的文学作品传到法国，打开了人们的眼界，促进了法国人文主义运动的开展，学者们向往古代拉丁、希腊作家。在古典文化的吸引下，人文主义者掀起了一股学习希腊语和拉丁语的热潮，致力于古典文学作品的研究，并相继把大量的古典作品和意大利文艺复兴时期的作品翻译成法语。

虽然翻译开始形成高潮，但大部分译作都是文学家在文学创作之余的"副产品"，翻译的质量不高，影响也不大。但是有两个人的贡献极为突出，一个是阿米欧，另一个是多雷。

阿米欧

雅克·阿米欧(Jacques Amyot，1513—1593)生于小商人家庭，早年在法兰西攻读古希腊与拉丁语言文学，后由王室推荐任布尔日大学教授，当过两位王子的家庭教师，还当过奥克赛尔的主教。晚年因受宗教战争的牵连，生活十分凄凉。他的成就主要是翻译了几部古代希腊、罗马的文学名著，但由于译作的巨大影响及其在翻译中追求"试与原作媲美"，一般文学史上都把他视为作家。

阿米欧的译作有：《特阿革涅斯和卡里克勒亚》（即《埃塞俄比亚传奇》（*Aethiopica*）、《历史丛书》（*Bibliotheca historica*）、《达夫尼斯和赫洛亚》、《希腊、罗马名人比较列传》（简称《名人传》）和《道德论说文集》。其中《名人传》是他的成名之作。

阿米欧在翻译《名人传》的过程中，始终得到国王的大力支持，有着优厚的条件。这部书的篇幅并不长，但他花了 17 年才译成。他的译本获得了成功，给同时代和后世法国乃至西欧其他国家的作家，如拉辛和莎士比亚，提供了创作素材。

阿米欧在翻译中所遵循的准则是：

(1) 译者必须吃透原文，在内容的移译上很下工夫；

(2) 译笔必须纯朴自然，不饰藻饰。

他强调内容和形式、意译和直译的统一。在这一原则的指导下，把人民语言和学者语言熔于一炉，文字上讲究朴素的美，使译文风格自成一体。在翻译中，他向希腊语和拉丁语借用并同时创造了大量政治、哲学、科学、文学、音乐等方面的词汇，从而大大丰富了法语词汇。阿米欧通过他的译本，对法语的纯洁化、标准化作出了不可磨灭的贡献。译本独具一格的文学风格，后来成为包括蒙田在内的 16 世纪末作家仿效的对象，对法兰西古典散文的形式、对提高读者的文学修养也都起了很大的作用。

然而，在翻译理论方面的重要人物却是多雷。多雷在 1540 年发表了一篇简短而富有创见的研究论文，成为西方近代翻译史上第一个比较系统地提出翻译理论的人。

多雷

艾蒂安·多雷(Etienne Dolet, 1509—1546)是法国里昂的语言学家、古典研究学者和印刷商。他出生于奥尔良，早年在巴黎求学，后旅居意大利，21 岁返回法国，投身于人文主义运动，多次卷入政治和学术争论之中，曾与伊拉斯谟进行过辩论。他撰写、翻译和出版了许多关于语言、历史和哲学的论著。由于发表了人文主义的新思想而遭到教会和代表反动势力的巴黎大学的仇视，多次被监禁，并有 13 部论著和译作被当局加罪而被焚毁。后来，他越狱逃走，在巴黎被捕，并被指控因"曲解"柏拉图的一部著作，使译文含有否认灵魂不死的意思而犯有信奉异教罪。最后，年仅 37 岁的多雷被定为顽固不化的无神论者，经过严刑拷打后被处以绞刑，其尸体同他的部分作品一并被焚。

多雷对翻译的贡献除几本译作和论述希腊语、拉丁语的专著外，主要在于他的那篇专门论述翻译理论问题的论文——"论如何出色地翻译"。他列出的翻译原则如下：

(1) 译者必须完全理解所译作品的内容；

(2) 译者必须通晓所译语言和译文的语言；

(3) 译者必须避免逐词对译，因为逐词对译有损原意的传达和语言的美感；

(4) 译者必须采用通俗的语言形式；

(5) 译者必须通过选词和调整词序使译文产生色调适当的效果。

但是，由于多雷的文章较简短，在提出原则后未加以论述，后来又没有写出或没有来得及写出更多的类似论著或论文重申自己的观点，因而并未在理论上形成流派，在当时也没有产生很大的影响。

4.4 英国的翻译

16 世纪初，文艺复兴运动开始在英国蓬勃展开，以 16 世纪中叶到 17 世纪初的伊丽莎白时代为鼎盛时期。当时英国的经济力量日趋强大，全国上下，从政治、经济到学术研究，充满了一种蒸蒸日上的气氛，英国的翻译也进入了历史上第一个大发展的时期。翻译家们抱着为国效劳的目的，通过自己的译作把古人的聪明才智介绍给英国，不仅给女王和政治家们提供了严肃的教益，而且给戏剧家和读者提供了故事情节和素材。当时，许多翻译家都不受任何严格的翻译理论的约束，有什么就译什么，想怎么译就怎么译。不少译本不是直接译自原作，而是译自译作，甚至译作的译作。翻译范围之广、数量之大，都是空前的。

译者、读者最喜爱的是历史作品的翻译。主要译作有尼柯尔斯从法语翻译的《伯罗奔尼撒战争史》、匿名译者的《希腊波斯战争史》、萨维尔翻译的《历史》等，最有名的是诺思译的《名人传》。

古代哲学家和伦理学家的理论符合英国都铎王朝(1485—1603)的利益，因而给翻译家提供了用武之地。翻译得较多的是亚里士多德、波伊提乌、西塞罗、塞内加、奥维德、狄摩西尼、阿普列尤斯、奥里留斯等人的作品，较知名的译者有威尔金森(John Wilkinson)、维廷顿(Robert Whytinton)、阿德林顿(William Adlington)、威尔逊(Thomas Wilson)、洛奇(Lodge)、戈尔丁(Arthur Golding)、巴克雷(Alexander Barclay)、伯纳斯(Lord Berners)和伊丽莎白女王。

戏剧作品的翻译主要限于古罗马作品。其中，塞内加的作品成了伊丽莎白时代戏剧的经典。

近代作品的译作，主要是意大利、法国和西班牙文艺复兴时期的作品，包括薄伽丘、彼特拉克、班德罗、拉伯雷、蒙田和塞万提斯等人的作品。

英国16世纪并没有出现像法国多雷那样的翻译理论家。从事翻译的人数虽然众多，但所发表的言论零零星星，不能上升为系统的理论。就其实际采用的方法而言，16世纪英国翻译的主要特点是：在宗教和哲学方面，人们主张准确的翻译，而对于文学及消遣之作，传统翻译方法中那种毫无节制的自由却贯穿着整个伊丽莎白时代。

【小结】

西方翻译在文艺复兴时期的一个最大特点，就是西欧各民族语的翻译得到了平行的、独立的发展。拉丁语的使用虽然仍有些空间，但是无论是在创作还是在翻译中都不是主流。在文艺复兴前，西方的翻译多半是使用拉丁语的翻译。然而，从中世纪，特别是从文艺复兴时期起，随着民族国家的逐步形成、巩固和民族语言的日益发展，西方翻译便转而以各国的民族语为主。因此，文艺复兴时期可以说是西方翻译史上的一个转折点，标志着翻译实践和翻译理论已脱离"黑暗的"中世纪而向前迈进了一大步。

第五章

近代翻译

5.1 概 论

17 至 19 世纪西方各国翻译在文艺复兴运动的推动下,继续向前发展。其声势虽不如文艺复兴时期浩大,但所译题材的广度比文艺复兴时期有过之而无不及。在个别国家,翻译的高潮到 17 世纪甚至19 世纪才出现。但是在翻译理论研究方面,整个西方翻译界则出现了前所未有的黄金时代。这两方面构成了西方翻译史上的又一个重要发展时期,即第五次高潮。

17 世纪英、法两国的国势遥遥领先于欧洲其他国家,两国的生产迅速发展,经济日益繁荣,受教育的人数不断增加,越来越多的人有了阅读、写作和翻译的要求,为翻译实践的开展和翻译理论的深入研究创造了有利条件。当时,法国文学的古典主义潮流,使作家们在创作和实践上都以古代希腊、罗马为学习榜样。翻译家们也受到古典主义思潮的影响,大规模地从事古典作品的翻译。在方法论上,翻译家和创作家一道,卷入了"古今之争",意译和直译的问题也就跟厚古薄今、厚今薄古的问题紧紧地联系到了一起。

17 和 18 世纪统治法国大部分学校的是耶稣会和詹森派两个宗教派别的成员。在这些学校里,翻译成为一门必修课。耶稣会极力推崇古人的文学风格,并讲究译作风格的优美,而不甚注重原作的精神实质。詹森派虽不像耶稣会那样讲究语言风格，但他们站在厚今薄古的立场上，也往往任意删减原作的内容。由于相当多的翻译家都曾经就学于这些学校，当时的翻译流派在很大程度上受到这两个派别的影响。

在英国，17 世纪出版了名震欧洲的《钦定圣经译本》。这是 47 人的集体成果，是英语翻译史上的一次壮举。同路德的《圣经》德译本对德语的影响一样，《钦定圣经译本》的历史功绩在于促进了现代英语的发展。在文学翻译方面，17 世纪的规模不及 16 世纪，但仍然出现了不少优秀的译者和译作。其中最出色的有谢尔登译的《堂吉诃德》，厄克特、莫特克斯译的《巨人传》，德纳姆译的《伊尼特》，考利译的《品达歌集》和德莱顿译的大量典籍。尤其在 17 世纪下半叶，翻译理论的研究逐渐加强。著名的有罗斯康芒《论翻译的诗》；德莱顿发表了大量有关翻译理论问题的论文和序言，深刻阐述了翻译的原则和方法，提出了不少创见。

18 世纪，在英国，古典主义仍有相当的优势，出现了蒲伯、柯珀这两个代表不同流派的翻译家。在法国，启蒙运动蓬勃发展，古典作品的翻译仍有一定的市场，但这一时期的最大特点是译介英语作品。

从 18 世纪下半叶起，随着英国工业革命的兴起和现代科学技术的发展，科技翻译在各民族语言中开始大量涌现。从某些方面看，18 至 19 世纪中最好的翻译出现在科技领域，而不是文学或宗教领域。

同样，在 18 世纪，不准确的翻译极为盛行。许多翻译家在译作中都极力为原作辩护，特别是法国译者，改进原作，使其迎合其典雅的法国风尚。

18 世纪是西方翻译理论的重要发展时期。理论家们开始摆脱狭隘的范围，提出较为全面、系统、具有一定普遍性的理论模式。如法国的巴特，英国的坎贝尔和泰特勒。

随着文学中浪漫主义思潮的兴起，19 世纪的翻译开始把重心从古代作品转移到近代或当代作品上来。弥尔顿、歌德、席勒、雨果等人的作品陆续互译成西方各国文字，对各国浪漫主义的相互促进起了积极的作用。

在翻译理论界，首先值得一提的是英国的阿诺德和纽曼。他们围绕荷马史诗的翻译问题展开了激烈的大争论，阿诺德认为"评判译作的优劣要看专家的反应"，而纽曼认为"评判标准在于一般读者而非学者"。他们的争论活跃了学术讨论的气氛，丰富了理论研究的内容。

然而，19 世纪翻译理论研究的中心是在德国。自 18 世纪后期起，德国翻译家和理论家的思想极为活跃，翻译和研究的活动频繁，硕果累累。以歌德、施莱尔马赫、洪堡、荷尔德林为代表的翻译理论家，从文学和语言学的角度，对翻译进行了多层次的探讨，为翻译研究开辟了新的、科学的途径。

19 世纪的俄国，翻译理论方面涌现了普希金、茹科夫斯基、别林斯基等人，提出了各种文艺学翻译理论和观点，促进了俄国翻译理论的大发展。

5.2　法国的翻译

法国的翻译活动在文艺复兴运动发生以后继续向前发展。17 世纪文学中产生的古典主义思潮，18 世纪出现的汉学高潮，19 世纪对西方各国当代文艺作品的介绍，都与翻译的蓬勃发展有着密切的联系。

17 世纪，复古之风盛行，其表现不仅在于继续大量翻译古典作品，而且主要在于围绕古典作品的译法展开了波澜壮阔的"古今之争"。有的译者厚古薄今，讲究字随句摹，推崇所谓准确译法。有的译者则恰恰相反，厚今薄古，任意发挥，采用相反的译法。

18 世纪，法国国势不如 16、17 世纪强盛，文化也不能坐井观天

了，于是开始把眼光投向别国文学，首先是英国。当代英国感伤主
义作家理查逊的小说被译成法语，对法国感伤主义文学的发展产生
了重大的影响。特别值得一提的是，早就进入欧洲的中国文化也在
18 世纪更多地活跃在法国的土地上，不少作家向往中国，介绍新奇
的中国作品，赞美古老的中国文化，因而掀起了一个前所未有的汉
学高潮。文学家伏尔泰（Francois-Marie A. Voltaire，1694—1778）根
据元曲《赵氏孤儿》的素材写出悲剧《中国孤儿》。许多神甫和语言
学家都积极翻译中国的作品，编写中国丛书。但他们在翻译介绍中，
重视的不是语言文字而是内容，译作虽然数量繁多，但质量往往并
不高，因而在翻译史上并不占有重要地位。

　　法国在 18 世纪翻译理论研究上贡献最大的是巴特。

巴特

　　夏尔·巴特（Charles Batteux，1713—1780）是法国皇家学院的哲
学教授，18 世纪法国乃至整个欧洲最富影响的文学理论和翻译理论
人物之一。他编辑出版过多种翻译丛书，译过亚里士多德、贺拉斯
等许多古希腊、罗马的经典作品，撰写过《论文学原则》和《纯文
学教程》等作品。《论文学原则》一书更是翻译领域里的一部具有重
大影响的著作。巴特在书中论述了他对于翻译问题的种种看法，他
的观点新颖，论述精当，使该书成为西方 18 世纪翻译理论发展史上
一个重要的里程碑。

　　巴特在《论文学原则》一书的第五部分探讨了翻译问题。主要
是从一般语言技巧，而不是从文学创作的角度来探讨翻译的原则的。
他论述的重点之一是翻译的语序问题。他认为语言中普遍存在一种
自然的语序，而"自然的语序"取决于"人的特性"；语言的普遍因
素不是语法，而是语序，语法结构为句子次序所支配。因此如果出
现矛盾，语法结构应让位于句子次序。就翻译中语序等问题的处理，
他提出了 12 项规则：

（1）原作所说之事不论是事实还是推理，我们对它们的先后次序都不得改变，因为事物排序取决于人的共性，不取决于不同民族的个性，这个次序在所有语言中是相同的。

（2）对原文思想的先后次序，我们也应予以保留。原作者为什么要用某一种表达方式，而不用另一种方式，其中一定自有其道理，因此译者不可轻易破坏。

（3）原文句子不论有多长，在译文中都应保持其完整，因为一个句子就是一个思想，在句子里不同成分彼此关联，它们的相互关联构成一种和谐。

（4）原文中所有的连词都应予以保留。

（5）所有副词都应置于动词旁边，或前或后，视句子和谐和语句气势而定。

（6）对称的句子应译成对称的句子。

（7）对于色彩斑斓的思想，在译文中应当使用尽可能相同的篇幅来加以表达，以便保持相同的亮丽。

（8）对于用以表达思想的修辞手段和语言形式，我们必须在译文里予以保留，因为思想在所有人的大脑里是同样的：思想能够把同样的排序、同样的布局、同样的姿态带到任何地方。正因为如此，我们才能对疑问、对偶等方式加以翻译。至于语言的修辞手段和表达形式，如比喻、重复、名词或动词的抑扬顿挫，必须注意到不同语言会有所不同：在一般情况下，可以采用对等的形式来加以表达。如果原文中的比喻用法不能移译，或无法用对等词来代替，那么我们就必须转而采用自然的表达形式，把原文比喻转换成意义相近的其他形式，使翻译过来的语句在整体上不会丧失原文所具有的风姿。

（9）对于人们喜闻乐见的、短小精悍的谚语，我们必须用谚语来加以翻译，或者译成行文自然并可以当成谚语的语句。由于谚语涉及的都是人们交际场合里反复使用的东西，而且许多谚语在各民族之间是共同的，即使在语言表达形式上不一样，至少在意义方面是共同的，因此几乎所有的情况下，谚语都是可译的。

（10）解释是不正确的、不完满的，因为解释不再是翻译，而是评论。然而，如果没有其他办法传递原文的意思，译者也只好采用释译了。对于这一不足，问题不是出在原文语言，就是出在译文语言。

（11）出于意思的需要，我们必须完全放弃表达形式，以便把话说得明白易懂；放弃情感，以换取译文的轻快活泼；放弃和谐，以换取译文的赏心悦目。

（12）原文的思想在保持本质不变的情况下，可以用不同的形式予以表达，可以通过用以表达的词语对其进行组合和分解，可以通过动词、形容词、名词和副词来表达。我们应当让读者去使用天平，让他把表达形式置于天平的任何一端，用各种办法使天平保持平衡。译者可以作出改动，但前提是他必须使原作思想保持同样的实质，同样的生命。译者只是一个旅行者，为了旅行方便而有时以一块金兑换几块银，有时有用几块银兑换一块金。

巴特不仅提出了理论，而且把理论付诸实践，这一点在他所译的亚里士多德的《诗学》中得到了充分的体现，译作始终保留了原作的语序，句子长短也与原文接近，做到了形式上的对等。巴特这种重形式轻内容的理论自然有其偏颇之处，但它的语法原则不仅对法国，而且对西欧其他国家的翻译界却产生了一定的影响。

法国翻译的另一个高潮是在19世纪，大量翻译了英国、德国、意大利、西班牙以及拉丁文学作品，如英国的莎士比亚、弥尔顿、拜伦、雪莱，德国的歌德、席勒，意大利的但丁以及西班牙的民歌。最突出的是莎士比亚作品的翻译。如果说18世纪还只是莎士比亚在法国的白银时代，那么19世纪便是黄金时代。人们不仅崇拜莎士比亚的作品，而且更加崇拜其人，整个法国出现了莎士比亚热。从1800—1910年，法国至少出了八套不同的莎剧全集译本，其中以弗朗索瓦-维克多·雨果（Francois-Victor Hugo，1832—1873）的译本最佳。这部译作忠实地保留了戏剧所独有的优美韵律，被评论家誉为法国莎剧翻译史上的第二座里程碑，其作用之大，甚至超过了 18 世纪末勒图尔纳的著名译本。

19 世纪法国著名的翻译家还有夏多布里昂（Francoise-Rene de Chteaubriand，1768—1848）、奈瓦尔（Gerard de Nerval，1808—1850）和波德莱尔（Charles Baudelaire，1821—1867）。夏多布里昂是继阿米欧之后法国又一位具有划时代意义的翻译家。他的译文忠实而优美。他采用直译法所译的弥尔顿的《失乐园》，韵调悠扬，寓于诗意，是法国杰出的译作之一。奈瓦尔以译歌德的《浮士德》著称，采用的是散文体。1830 年，歌德看了奈瓦尔的译本，大加称赞，说译本比他的原作还要好。波德莱尔是这一时期另一位著名诗人，是法国文坛最早译介美国文学作品的翻译家之一，是爱伦·坡的第一个法译者。主要译本有《奇异故事集》（*Histoeiws Extraordinaires*）、《奇异故事续集》（*Nouvelles Histories Extraordinaires*）和《亚瑟·戈登·皮姆历险记》（*Adventure d'Arthur Gordon Pym*）等。波德莱尔在爱伦·坡的作品中找到了他所追求的东西，认为他和作者在精神上一脉相通，因此翻译起来能与作者心心相印，译文通畅自然，有如法语的创作，并被列为优秀法语散文经典作品。

5.3　德国的翻译

17 至 19 世纪，德国翻译也有较大发展。特别是在 18 世纪末至 19 世纪初，德国出了赫尔德、歌德、施莱尔马赫、洪堡、荷尔德林等著名语言文学大师和理论家，还有瓦斯、蒂克、维兰德、席勒、施莱格尔等杰出的翻译家，大量翻译了古希腊、罗马的作品和近代或当代英、法、西等国的文学佳作，使德国成为欧洲翻译理论研究和翻译活动的又一中心。

施莱格尔

18 世纪和 19 世纪德国翻译实践中成就最大的应数奥古斯特·维廉·施莱格尔(August Wilhelm Schlegel，1767—1845)。他是卓越的文学评论家、语言学家和翻译家，早年在哥廷根大学攻读神学和语言学，后在波恩大学担任文学教授和波恩博物馆馆长。他学识渊博，造诣精深，擅长于用流利的语言进行评论和翻译。他是一位多产的翻译家，自 1797—1810 年，在蒂克的协助下译了莎士比亚的 17 部剧本，1803—1809 年译了卡尔德隆的西班牙戏剧，此外，还译过塔索、彼得拉克、阿利奥斯托等意大利作家的作品。1804 年出版了德译本《意大利、西班牙和葡萄牙文学的花束》。他所遵循的原则是，翻译必须准确，保持原作风格。他在翻译中能熟练地掌握诗的格律和技巧，译笔流畅优美，特别是他对梵文和其他东方语言的研究，对当代和后世都产生了很大的影响。

赫尔德

约翰·高特夫利特·赫尔德(Johann Gottfried von Herder，1744—1803)被号称为狂飙突进运动的主要代表，对语言和翻译有很深的研究，在这方面的主要论著有《论语言的起源》和《论德国的新文学》。在前一本书中，赫尔德驳斥了语言起源于上帝的谬论，他重视人民的语言，认为促进德语是德国民族的一项重要任务。他强调语言的重要性，认为知识只有通过语言中介才能获得。在后一本书中，他认为，翻译是一项触及作品最本质的东西的活动，并精辟地论述了译者的职责和任务。他指出，译者的任务是使外国书籍能被不会外语的读者看懂，这就是说，译者的任务是"解释"。解释就是一种教学，正如奥古斯丁所阐明的，是使读者获得知识。理解原文只是译者采取的第一步，优秀的译者必须以这一步为基础，引导读者对原作的语言有直观的了解，进而了解原语的民族及其历史。赫尔德运用上述原则翻译了莎士比亚的《暴风雨》。为了达到"解释"原文的目的，他不采取意译或释译，也不采用增补说明性译法，而是在译文中使用与英诗表达法最接近的德语表达法。为了揭示原作中一些特有的东西，他模仿了莎士比亚原诗的形式，始终采用音响效果类同于原文的德语词汇，采用语义上的对等语。赫尔德对语言问题和翻译问题的论述，对语言学界和翻译界产生了比较深远的影响。他把自己的观点传给歌德及其他同时代的文学家和翻译家。

歌德

约翰·沃尔夫冈·歌德(Johann Wolfgang von Goethe，1749—1832)是近代德国最卓越的文学家。他早年在赫尔德的介绍下，攻读了荷马、莎士比亚和18世纪英国现实主义小说，终生对翻译抱有浓厚的兴趣。他精通多国文字，能从事拉丁语、希腊语、英语、法语、西班牙语、意大利语、中古高地德语、波斯语和一些南部斯拉夫语等多种语言的翻译。他所译的意大利雕刻家切里尼的《自传》、西班牙戏剧家卡尔德隆的戏剧和法国哲学家狄德罗的《拉摩的侄儿》(*Neveu de Rameau*)等作品，在整个欧洲文学中都是最有影响的上乘之作。

歌德不仅是一位伟大的文学家和翻译家，还是一位有卓见的翻译理论家。他对翻译问题所表现出来的兴趣，几乎体现在他的全部著作中，其中主要有《诗与真》(*Dichtung und Wahrheit*)、《西东合集》(*West-Ostlicher Divan*)和《致卡莱尔书简》(*Letter to Carlyle*)。概括起来，歌德的观点大体如下：

(1) 翻译往往是不完全的，但无论人们怎么揭短，它仍是世界事务中最重要、最有价值的活动之一，译者是人民的先知，因此人们应当重视翻译。

(2) 语言形态之间存在着一种相互交织的关系，不同的语言在其意思和音韵的传译中有着彼此相通的共性，这就构成了文学作品包括诗作的可译性。

（3）朴素无华的翻译总是最适当的翻译。那种要与原作媲美的句斟字酌的译本只不过是学者们彼此间舞文弄墨之作，不会受到广大读者的欢迎。他主张，不论外国名著是诗体还是散文体，都应用平易明快的散文体来翻译，因为任何作品，包括荷马的史诗，以散文译出，无论何人都看得懂。语言的节奏和声韵固然重要，诗之所以为诗就靠它们，但诗作中深刻影响和陶冶读者的却是诗人的心血被译成散文之后依然留下来的东西，这是诗的精华，诗体只是一种绚烂的外饰。

（4）翻译分为三类：1）传递知识的翻译（informative translation），如路德的《圣经》的翻译；2）按照译语文化规范的改编性翻译（adaptation/parodistisch），这种译法近似创作；3）逐字对照翻译（interlinear translation），指译者逐行在原文下写出译文，通过语言上的紧扣原文以再现原文的实质，这种方法可归属于逐字直译，但不是逐词死译。

歌德的上述翻译理论，特别是他以散文译诗和翻译三分法的主张，对德国以及其他西欧国家的文学界和翻译界都有较大的影响。然而，歌德毕竟是以其文学创作著称于世的。在语言学和翻译理论界享有更大声誉的是施莱尔马赫和洪堡。

施莱尔马赫

弗里德里希·施莱尔马赫（Friedrich Schleimacher，1768—1834）是一位颇有影响的德国基督教新教哲学家、神学家和古典语言学家。他 1787 年入哈雷大学研究各派哲学，特别对亚里士多德和康德感兴趣，1804 年任哈雷大学教授，1810 年起任柏林大学神学教授。施莱尔马赫通晓希腊语和拉丁语，1796 年译了柏拉图的作品。1813 年 6 月 24 日，他在柏林皇家科学院的学术讨论会上宣读了一篇长达三十多页的论文，题目为"论翻译的方法"。文章从理论上阐述了翻译的原则和方法问题，对德国的翻译理论界产生了重大影响。论文的要点有四个方面：

（1）翻译分笔译和口译。施莱尔马赫是西方第一个把笔译和口译明确区分并加以阐述的人。他指出，口译者主要从事商业翻译，而笔译者则主要从事科学艺术翻译。书写的语言适合于科学艺术的记录，因为只有书面的东西才能使科学艺术得以保存；要把科学和艺术上的成就口译出来，一是难于做到，二是做到了也于事无补。但在日常事务和商业活动中，书写只是一种机械的手段，口头的东西是原话，书面材料是口头材料的纪实，而口头翻译本身则又是一种机械的活动。

（2）翻译分真正的翻译和机械的翻译。所谓真正的翻译指文学作品和自然科学作品的翻译；所谓机械的翻译，是指实用性的翻译。笔头翻译属于真正的翻译的范畴，口头翻译则属于机械翻译的范畴。

（3）翻译必须正确理解语言思维的辩证关系。一方面，每个人都受到所说语言的制约，任何在语言范围之外的东西，说话人都不可能明确地想到；思想观念的形成、这些概念相互联结的方式和程度都是说话人从小开始习得的语言所安排的，说话人的智能和想象都由它控制。但另一方面，凡是思想自由、智能独立的人都能创造语言。否则，科学艺术作品就不能从原始水平变化发展到"尽善尽美"的程度。这与其说是翻译问题，还不如说是翻译的哲学和语言学的更大范畴的问题。

（4）翻译可以有两种途径。一是尽可能地不扰乱原作者的安宁，让读者去接近作者；另一是尽可能地不扰乱读者的安宁，让作者去接近读者。这两种途径彼此截然不同，因而无论采取哪种途径都必须坚持到底，如使二者混淆，就势必产生不良后果，使译作的读者无法理解原作的意图。

施莱尔马赫的上述理论在19世纪曾产生过很大的影响，甚至在今天也仍有重要意义。当然，虽然他是第一个区分口译和笔译的理论家，但他对口译所持的观点是错误的。口译并不是一种机械的活动，也不仅仅适合于商业翻译，它也讲技巧，同样要求译者有很高的语言表达能力和创造能力，在时间要求方面比笔译要求高，因此需要译者有快速灵活的反应能力。

洪堡

维廉·洪堡（Wilhelm von Humboldt，1767—1835）是语言学家、哲学家和教育改革家。早在耶拿大学求学期间，成为席勒的挚友，并常与歌德有书信往来。18世纪末至19世纪初，德国成为西欧翻译理论研究的中心，洪堡对此有特殊的贡献。德国的浪漫主义思潮不仅标志着文学的大发展，而且也是翻译史上一个转折点。在浪漫主义思潮的影响下，洪堡先后发表了《按语言发展的不同时期论语言的比较研究》和《论人类语言结构的差异及其对于人类精神发展的影响》两部论著，并为他所译的《阿伽门农》写了一篇重要的序言。在这些论著中，洪堡用崭新的观点，对语言问题进行了深刻的论述。他对翻译理论的贡献也主要体现在这些语言学的观点上。他的观点如下：

（1）语言决定思想文化。洪堡认为，一种语言的作用以及构成这种语言的词语是生活现实在语言中的反映，其反映方式是说这种语言的民族所特有的。词语不再像传统的符号理论所认为的那样，只是思想观念的索引，而被认为是直接构成思想观念和文化。单词并不是公认的符号，而只是声音。这些声音连同它们所代表的事物和概念，并通过它们生成的精神以一种神秘的联想方式而存在。语言之间的区别并不是"声音与符号上的区别，而是世界观上的区别"。"语言可以说是各个民族的心灵的外壳；各个民族的语言是各个民族的心灵，他们的心灵也就是他们的语言，说这两者是等同的一点也不过分"。

（2）语言差距大而互不可译。洪堡语言理论的哲学基础是主观唯心主义，它把思想意识置于客观现实之上，否认超出单个语言范畴的概念体系和支配语言现实的普遍法则的优先存在。他提出，每一种语言都有一种与之相关的世界观，而由于各个民族的世界观千差万别，语言和语言之间便存在实质性的区别。这种区别支配着翻译中的可译性与不可译性的问题。他在 1796 年 7 月 23 日给奥古斯特·施莱格尔的信中说："在我看来，所有翻译都只不过是试图完成一项无法完成的任务。任何译者都注定会被两块绊脚石中的任何一块所绊倒：他不是贴原作贴得太紧而牺牲本民族的风格和语言，就是贴本民族特点贴得太紧而牺牲原作。介乎两者之间的中间路线不是难于找到而是根本不可能找到。"这种看法是同传统的观点分道扬镳的。17、18 世纪在德国广为流传一种半哲学半功利主义的观点，认为语言符号可以完全互换。特别是 18 世纪，一些人对翻译持有一种较幼稚乐观的态度，认为人们在不同的语言中所看到的是形式不同而意思毫无区别的词语，任何东西都可以完美地加以翻译。

（3）可译性与不可译性是一种辩证关系。洪堡用语言的历史性原则取代了他此前用以决定语言与思维或语言与现实之间关系的逻辑法。他曾明确指出，各种语言在精神实质上独一无二，在结构上也是独特的。这些结构上的特殊性不能抹杀，因而翻译在原则上是不可能的。然而，洪堡在后来发表的《阿伽门农》译本序言中又修正了这种观点。他说："在任何语言中，甚至不十分为我们所了解的原始民族的语言中，任何东西，包括最高的、最低的、最强的、最弱的东西，都能加以表达，这么说并不过分。"在另一处他还说，人类"先天具有的语言使用能力是一种普遍存在的能力，因此所有语言中必定都具有理解'所有语言的秘诀'"，换言之，语言结构差异和不同言语群体所产生的明显的不可译性，能够为潜在的可译性所抗衡。

从表面上看，洪堡在语言的可译和不可译的问题上表现出一种前后矛盾的观点。但实际上同施莱尔马赫一样，他的观点中包含着辩证的成分。他把语言是一个"系统"和语言是一个"操作过程"

这两个概念统一起来，一方面分析了语言作为一个整体的心理特征，另一方面又注意到具体语言中静止的和动态的因素的相互作用。他把语言看做是一种语言交际的符号工具，用相对的眼光看待语言的不可译性，并对照自己的翻译实践，认为语言之间既有个性也有共性，因此所有语言又都是可以互译的。

综上所述，洪堡的最大贡献在于，他提出了一种二元论的语言观。这种语言观在 19 世纪并没有引起理论家们的重视，但到 20 世纪却产生了很大影响。反映在语言学界，先后出现了索绪尔(de Saussure)、帕尔西格(Walter Porzig)、加丁纳(Alan Gardiner)和乔姆斯基(Noam Chomsky)等现代语言学家的二分法语言观，即认为可以从"语言系统"(langue, Sprache, language, competence)和"言语行为"(parole, Rede, speech, performance)两个方面来分析语言。反映在翻译界，语言的可译性与不可译性问题又一次成了翻译理论家们所热烈探讨的课题之一。

荷尔德林

德国 19 世纪在翻译界产生了较大影响的人物还有弗里德里希·荷尔德林(Friedrich Holderlin，1770—1843)。荷尔德林是这一时期仅次于歌德和席勒的重要诗人，是德国浪漫主义文学家的主要代表之一。他大量研究古希腊、罗马和近代英国、法国的文学与哲学著作。他翻译了荷马、品达、索福克勒斯、欧里庇得斯、维吉尔、贺拉斯、奥维德和卢康(古罗马诗人)的著作片段。

荷尔德林对翻译理论没有专门的著述，只针对自己所译索福克勒斯的作品作过一些评论，但这些评论意味深长，触及语言和翻译的实质问题，因而在西方翻译理论发展史上占有特殊的位置。

荷尔德林认为，人类每一种具体语言都是同一基本语言即所谓"纯真语言"(pure language)的体现，翻译就是寻找构成这一基本语言的核心成分即意思。不同的语言是从"逻各斯"(Logos)这一统一体分离出来的一些飘忽不定的团体，如要进行翻译，把不同语言中的成分融合起来，就必然要返回到逻各斯这个统一体来。在翻译古典作品的过程中，译者应冲破语言上和心理上因古老、遥远而造成的障碍，抓住古语意思的核心，看到创作灵感的普遍性。荷尔德林把语言的理解和复述过程当做对直觉进行考古研究的过程。他比任何语言学家或翻译家都更加刻意寻找诗的和语言的普遍性根源。

在翻译方法上，荷尔德林采用的是逐词对译。他的目的是要在他所译的古代希腊语和现代德语之间开辟一个文化和言语上的中间地带，这个地带既不完全属于希腊语，又不完全属于德语，而是更贴近所有人类语言所共有的东西。要做到这一点，就只有逐词翻译原文。这种翻译就是歌德所提倡的逐行对照式翻译。这是一种奇特的、歌德此前已经触及的观点，它至今仍受到许多翻译理论家如斯坦纳(George Steiner)的推崇。

5.4　英国的翻译

在伊丽莎白时代，英国翻译活动的规模之大是空前的。在 17 世纪至 19 世纪期间，英国翻译蓬勃发展，著名译作不断出现。特别是在翻译理论研究方面，17 世纪、18 世纪的成果超过了伊丽莎白时代。

17 世纪以至整个英国翻译史上的重要译作，当推 1611 年出版的《钦定圣经的译本》(Authorized Version)。这是一部卓越的经典，在很长时期里是英国唯一的一本家喻户晓、人手一册的读本。它吸收了 16 世纪各译本的优点，译文质朴、庄严、富于形象，韵律也饶有声韵之美，发挥了英国民族语言的特点，独具一格，对英国散文、语言和文化的发展都产生了不可估量的影响。这是一项 47 位名学者参加的集体翻译的成果。得到国王詹姆斯一世的支持，译者们分别在西敏寺、牛津大学和剑桥大学从事各自承担的任务。钦定本的最大特点是译文语言通俗纯朴。据统计，译文所用词汇中 93%是英国本土语。做到这一点与译者的指导思想和译语同原语文化之间的差距大小有很大关系。译者们在早先英译本的影响下，顺从时代的发展和普通人的需要，提出采用通俗宗教术语，使译本为人民所欢迎的宗旨，因而有意识地选用地道的英语词汇。钦定本直接译自古希伯来语和古希腊语。古希伯来语的特点是生动具体的词多，抽象的词少。这样的语言长于叙事和形象表达，是诗的语言。句法也很简单，整个句法跟英语十分相近，因而即使逐词对译也不会使译文显得呆板生硬。《圣经》希伯来语原本有五大特点：内容带有普遍性；文学类别如叙事、诗、寓言等界限分明；所用语言具体而形象；语言结构简单而类同英语；韵律不难于掌握。许多源于《圣经》的语言，因符合地道英语的习惯，很快为英语接受而同化。如 clear as crystal; arise as one man; a thorn in the flesh; broken reed; eye for eye, tooth for tooth; the man of sin; king of kings 等等。这些来自希伯来语的结构和表达法，丰富了英语，增强了英语的表达力和活力。

必须指出的是，钦定本既没有得到主教们的正式审订，也没有得到国王的正式批准就出版了。只是由于国王支持这项计划，并由于译者们为了增加译本的权威性而取了这个名字。当然，译本本身质量高超，这是无可非议的。

在文学翻译方面，17 世纪的成就同样是卓著的。有托马斯·谢尔登所译的塞万提斯的《堂吉诃德》，查理斯·科顿所译的蒙田的《散文集》，罗杰·来斯特兰奇所译的《伊索寓言》等作品。还有汤姆·布朗、约翰·菲利普斯、阿伯拉罕·考利、约翰·德纳姆、约翰·德莱顿等翻译家，其中德莱顿对翻译的贡献超出前人和同时代的其他人，既有大量的译作，又有系统的理论。

德莱顿

约翰·德莱顿(John Dryden，1631—1700)是英国古典主义流派的创始人，复辟王朝的桂冠诗人，17 世纪最伟大的翻译家。他出身在一个乡村绅士家庭，13 岁在伦敦西敏寺学校求学，后去剑桥深造。早年在学校受到的古典教育无疑是他后来推崇和翻译古代希腊、罗马作家的重要源泉。

德莱顿最主要的译作是维吉尔的《伊尼特》。此外，还有普鲁塔克的《名人传》，佩尔休斯和朱文纳尔的讽刺诗，乔叟、簿伽丘和奥维德的《古今寓言集》，贺拉斯的《歌集》（选译），奥维德的《变形记》和《诗简》，荷马的《伊利亚特》，迪·弗雷斯诺伊的《绘画艺术》等作品。他的翻译风格因人而异，文字平易流畅，在 17 世纪的文学和翻译界占有非常重要的地位。

德莱顿是一位非凡的翻译评论家。他并没有出版过论述翻译的专著，但对翻译理论进行过认真的研究，写过大量的论文和序言，全面而深刻地阐述了自己的翻译观点，明确而系统地提出了翻译的原则。所有这些论文和序言后来被收入《德莱顿论文集》(*Essays of John Dryden*)，1900 年由克尔编辑出版。德莱顿的翻译原则和观点如下：

（1）翻译是艺术。因此，译者必须像艺术家一样，具备高超的艺术鉴赏力和表现力。

（2）翻译必须掌握原作特征。德莱顿赞同罗斯康芒的观点，认为译者不应只了解原作的语言，还必须懂得他的具体的思想和表达特征，因为正是这种特征才使他具有个性而区别于其他作者。德莱顿认为，要做一名优秀的诗译者，译者必须首先是一名优秀的诗人。特别是在特征上，译者必须与原作者类同。德莱顿从他本人的亲身经历中体会到，他在翻译与自己性格类同的作者时更能得心应手。这就是说，译者与原作者之间必须保持一种亲近的关系，才能把原作译得有血有肉，充满活力。

（3）翻译必须考虑读者。

（4）译者必须绝对服从原作的意思。译者在措辞上可以有某种自由，但在意思上却是受原文严格约束的。德莱顿把译者比做奴隶，认为"奴隶"只能在别人的庄园里劳动，给葡萄追肥整枝，然而酿出的酒却是主人的。创作者是他自己思想和言语的主人，他可以随心所欲地调整更动它们，直到它们和谐悦目。翻译者却没有这样的特权，他必须受原作思想的制约，只能在别人已经表达出来的东西里谱写音乐，主要目的是把其中的意味传给读者，因此他的音乐不总是和原作一样悦耳动听。

（5）翻译可以借用外来词。特别是译诗，因为诗所需要的那种"装饰"在单音节的英语词汇里找不到，就只有从高雅的古典作品（即古希腊、拉丁作品）中借用，把借用到的词化为己有。但不是人人都能分辨什么是迂腐之词，什么是诗的语言，也不是人人都能标新立异，因此在借用外来词时一定要慎重。译者必须断定，所要引进的词在原语中是不是个好词；仔细斟酌，看其是否符合英语特征；征求有识之友，尤其是精通两种语言的友人的意见；适可而止，不得滥用，因为外来词如果用得过多，就会显得引进外来词不是为了帮助接受者，而是为了征服他们。

（6）翻译分为三类：1）词译（或逐词译；metaphrase）；2）释译（paraphrase）；3）拟译（imitation）。德莱顿认为，词译强调与原文逐词相对，局限于原文的韵律，使译者成为韵脚的奴隶，因此问题太多，无法解脱。另一方面，德莱顿也不赞成在翻译中走向另一个极端，采取拟译法。按照他的定义："拟译是指后世诗人像以前的诗人一样写诗，写同一主题的诗；就是说，不搬原诗人的词句，也不局限于他的意思，而只是把他当做一个模式，好比原诗人生活在我们的时代和我们的国家，使用他可能使用的方式作诗。"因为译作中的思想和言语大都不来自原作，相反译作充满新的内容，变成另一个诗人的创作，谁想了解原作者的思想都会感到失望。在某种意义上，拟译是一种创作而不是翻译。

德莱顿认为词译和拟译是两个极端，都应加以避免。他主张折中，采取释译。用德来顿的话来解释，译者重意不重词。一般来说，原作的意思是不可侵犯的，有时可以有所扩充，但任何时候都不能更改。一句话，如果允许，译者可以改变原文的外观，但不可改变或毁坏它的实质。

德莱顿的翻译实践和翻译理论乃是 17 世纪英国翻译史上的最高峰。他的翻译批评大都十分中肯，对当时的翻译实践起了重要的指导作用。他提出的三分法，对西方翻译传统上的两分法，即意译与直译，是一个重要的发展。他的整个理论富有很大的启发性，它不仅支配着 17 世纪下半叶，而且也深深影响了 18 世纪、19 世纪以至 20 世纪英国的翻译研究。

与 17 世纪相比，18 世纪在翻译理论的研究上虽然有所成就，但基本上并没有取得实质上的进展。谈论翻译问题的翻译家和文学家，如蒲伯、柯珀、约翰逊等，仍基本停留在 17 世纪德莱顿的理论上，观点的论述比较零散，并大都重复过去的观点。然而在 18 世纪末，理论研究开始出现全面、科学而系统地论述翻译问题的大部头专著了。首先带来这一突破的理论家是坎贝尔。

坎贝尔

乔治·坎贝尔（George Campbell，1719—1796）是苏格兰阿伯丁的马舍利尔学院院长，他于 1789 年出版了题为《四福音的翻译与评注》（*A Translation of the Four Gospels with Notes*）的译著。全书分为两卷，第二卷是《圣经》译本；第一卷是他为译本写的导论，长达 500 页。这是一部专论翻译问题的著作。在这部书中，坎贝尔对《圣经》的翻译作了仔细而系统的分析，认为《圣经》的翻译应为文学和宗教两种不同的目的服务，并提出如何从词汇和语法方面取得对等翻译的应用理论，他在理论阐述的广度和深度上远远超过了前人。

他引用了大量实例说明他在《圣经》翻译中并未因循守旧，反复指出《钦定圣经译本》的不足之处，特别对许多关键用词作了深刻而精辟的分析。

坎贝尔对《圣经》语言希伯来语的造诣很深。他从原则上分析了希伯来语的特征，指出希伯来语是一种简洁的语言，在翻译过程中，译者也必须相应地采用结构简单的句子，以便正确地再现原作的风格。

坎贝尔在翻译理论上的突破主要表现在：

(1) 对翻译的作用和目的进行了说明；

(2) 对翻译的实际过程与技巧进行了描写和分析；

(3) 对目的与技巧之间的关系进行了评论。

同时，他第一次提出了翻译的三原则：

(1) 准确地再现原作的意思；

(2) 在符合原作语言特征的前提下，尽可能地移植原作者的精神与风格；

(3) 使译作像原作那样自然、流畅。

这三大原则有着划时代的意义。

泰特勒

事隔一年，即 1790 年，英国又出版了一部名为《论翻译的原则》(*Essay on the Principles of Translation*) 的专著。作者是泰特勒(Tytler)。书中也提出了三项原则，与坎贝尔提出的上述原则如出一辙。他们两人提出的理论原则和方法彼此相同，这"完全是一种巧合"。历史的见证表明，泰特勒的影响远远超过了坎贝尔，因为他涉及的范围更广，研究的又是非宗教作品的翻译，而且，正如他自己所说："这本书的价值不在于这些原则，而在于确立了应用于翻译艺术中比较细微的和难于对付的从属规则和理论，在于从大家承认了的一般原则中推论出这些规则和理论，并举例证明之。"

在《论翻译的原则》一书中，泰特勒首先给所谓"优秀的翻译"下了一个定义，认为在"优秀的翻译"中，"原作的优点完全移植在译作语言之中，使译语使用者像原语使用者一样，对这种优点能清楚地领悟，并有着同样强烈的感受"。接着，泰特勒便依据这个定义提出翻译必须遵循的三大原则：

(1) 译作应完全复写出原作的思想；

(2) 译作的风格和手法应和原作属于同一性质；

(3) 译作应具备原作所具有的通顺。

这是三项总的原则，在每项总原则下又分若干细则。

泰特勒在提出上述三大原则后，紧接着阐明了它们的相对重要性。他指出，要忠实于原作思想，往往需要偏离原作的笔调，但无论在什么情况下都不能因笔调而偏离思想，也不能只顾译作文笔的流畅和优雅而牺牲原作的思想和笔调。

泰特勒的著作除提出翻译三原则及其细节之外，另一个主要特点就是它精辟地论述了文学风格和译诗这一传统艺术。他用相当多的篇幅谈论了译诗的有关问题。他认为，诗应译成诗，而不应译成散文。有几种诗的主要优点在于这些诗的音调优美，译成散文，其精华便会消失。而且，诗与散文的区别不仅在于音调或韵律。写诗要求词句奔放，想象丰富，比喻多，转变快，而散文就没有这些特征。因此将诗译成散文，便表现不出原作的优美风格和手法，译诗时，译者可有较多的灵活性，在再现原作文采方面难度没有翻译散文那么大。但是他并不赞成无限制的活译。他还批评了德莱顿的翻译及其消极影响，指出在德莱顿以后，无限制的活译风行起来了，在这种活译中，"对原作的忠实性仅仅是第二位的东西"，翻译因而变成了"释义"。

此外，泰特勒还提出了习语的翻译问题。他指出，习语是语言的特殊现象，是翻译中一个极为棘手的难题。在处理这个问题时，译者尤其应当避免在译语中采用不合乎原作语言或时代的习语。泰特勒认为，由于习语是特殊的语言现象，因此译语中往往找不出与原语相应的习语，而由于对习语又不能采取直译，唯一可行的办法是把习语译成朴素易懂的语言。在某种意义上说，习语有时是不可译的。

最后，泰特勒专门论述了优秀译者的标准问题。他认为，译者必须具备类似于原作者的才华，最优秀的译者能够用原作者所用的体裁进行创作。但这并不是说译者非得等同于原作者不可。但是要能判断原作品的全部价值，细心领悟原作者的思想、推理，满腔热情地品味原作者作品的全部美感。

总之，泰特勒的翻译理论比较全面、系统。它不仅是英国翻译理论史，而且也是整个西方翻译理论史上一座非常重要的里程碑。

19 世纪有几个大翻译家。

首先是托马斯·卡莱尔（Thomas Carlyle，1795—1881），他的主要译作有歌德的《维廉·麦斯特的学习时代》和《海伦娜》。通过这些译作，英国读者了解到德国人当中有一位天才作家，并认识到德国文学也有研究价值。

小说家乔治·艾略特（George Eliot，1819—1880）从德语译了费尔巴哈的《基督教的本质》。

著名诗人拜伦、雪莱、朗费罗也有自己的译作。还有英国整个翻译史上最优秀的译作之一，即菲茨杰拉德从波斯语翻译的莪默·伽亚谟的《鲁拜集》。菲茨杰拉德出版《鲁拜集》的贡献在于：1）他通过模仿原诗格律，为英语创立了一种新的诗体，该诗体由四行组成，每行为五个音步，第三行不押韵；2）他使英国读者了解到东方国家的一些情调。

在 19 世纪，翻译中提出了衡量译作风格和准确性的新标准。就准确性而言，这一时期普遍采纳的原则是，必须再现"原文，整个原文，唯独原文"。当然，可以删略原文中的下流庸俗段落，也可以增加解释性脚注。但这一时期大部分译者实际使用的语言风格，由于讲究表达的准确性，而很难为当代读者所看懂。如卡莱尔译的歌德，形式上是英语，但其结构是德语。

对翻译理论问题的探讨，19 世纪没有出现 18 世纪末泰特勒的那种专著，但在 19 世纪下半叶，文艺界在荷马史诗的翻译问题上，却展开了一场著名的争论。这场争论有两个特点：

（1）它是在两位学者阿诺德和纽曼之间展开的，争论者指名道姓，相互发表了严厉的批评和反驳。这是 16 世纪富尔克和马丁就《圣经》翻译发生争论之后英国翻译史上发生的又一场翻译大争论，其影响远远超出富尔克和马丁的那场争论。

（2）争论者的措辞有时虽然偏激，使学术争论变得有点像个人恩怨之争。但争论始终是严肃深刻的，它不仅涉及荷马史诗的翻译问题，而且澄清了许多翻译的一般性理论和原则问题，提出两种迥然不同的观点，这甚至对 20 世纪的翻译研究都产生了一定的影响。

阿诺德的观点是：

（1）翻译荷马必须首先弄清荷马的特点。阿诺德指出，荷马有如下四大特征：笔调轻快，文字清晰，思想朴素，风格崇高。掌握了这四个特征，便能正确理解并再现荷马。

（2）要保留荷马的基本特征。为了做到这一点，译者"必须在必要时毫不犹豫地牺牲在字面上对原作的忠实，不担直译的风险，产生出怪诞和不自然的结果"。

（3）译诗必须具有诗人的洞察力。

（4）译诗必须译得像诗。

（5）译作必须具有同原作相同的感染力。

（6）检验相同感染力的是学者而不是读者。

这些观点大多是针对纽曼的，纽曼不服，提出了严厉的反驳，他的观点主要有：

（1）荷马是古人，译时必须再现他是古人。翻译中应采用古词译古词，采用较复杂的风格和较长的民谣韵律，而不像阿诺德那样采用六韵步诗体。"保留原作的所有特征乃是忠实于原文"。

（2）衡量译作的主要是一般读者而不是学者的反应。

（3）翻译是一种折中，原作越是杰作，译作越不能与之相比。

因此衡量译者的尺度不应是"怎样的译者才是最完美的译者",而应是"谁是缺点最少的译者"。

显然,他们所争论的问题并不是一般的翻译技巧和语言知识问题,因为他们两人都是语言文学和翻译领域里的佼佼者。他们意见分歧的关键在于,他们的原则立场和所采取的方法各不相同。

5.5　俄国的翻译

在较长的时期里,俄国遭受鞑靼人和其他外族的侵略,地理上又远离西欧发达国家,文艺复兴对其影响很小,经济文化一直处于落后闭塞的状况。因此,翻译事业也很难有大的进展。在 18 世纪之前的几百年中,俄国翻译自基辅时期开始出现较大的规模,虽然有所发展,但无多大起色。直到 18 世纪,这种状况才开始改变。

18 世纪,俄国进入彼得大帝时代。由于获得对瑞典的几次胜利,国家的版图得到统一,因此,俄罗斯逐渐成为欧洲最强盛的国家之一。彼得大帝厉行改革,对外实行开放,积极发展同西欧国家的经济和文化交流,吸取西欧的文明。为此,大量掌握和翻译外文材料,使 18 世纪翻译作品显著增加。因此,18 世纪是俄国翻译史上一个极为重要的转折时期。

这一时期的翻译活动有四个特点:

(1) 翻译活动得到皇室的支持;

(2) 文学家热心于翻译事业;

(3) 翻译工作有了一定的组织性;

(4) 翻译理论开始受到重视。

罗蒙诺索夫

俄国翻译史上对翻译理论卓有成效的研究始于 18 世纪。著名的翻译家有米哈伊尔·罗蒙诺索夫。他不仅是俄罗斯第一位大学者和诗人，而且是一位杰出的语言学家和翻译家。翻译了不少科学、宗教文献和德、法、希腊文学作品，著有《俄语语法》。他通过自己的翻译和创作的科学著作，为俄罗斯科学术语的纯洁化、统一化作出了很大贡献。他的做法是把外国语言中的科学术语巧妙地译成俄文，使其俄罗斯化。他认为，如果某些外来术语不能准确地译成俄语，或者这些术语早已通用，那么，可容许它们在俄语中继续存在下去，但必须把它们改造成最接近俄语或最便于发音的形式。他的这些主张被俄国翻译界普遍接受，许多外来术语于是以他所规定的形式流传了下来。

18 世纪俄国翻译家们所持的一种观点是，翻译是一项创造性工作。然而，翻译认识上的这种乐观主义以及当时颇为流行的"适应俄国口味"的风气，也引起翻译实践中的自由主义。这种自由主义的翻译观从 18 世纪末一直过渡到了 19 世纪，在许多著名文学家的译作里或多或少有所反映。

19 世纪的翻译首先应当提到的是普希金。

普希金

亚历山大·普希金(1799—1837)是俄罗斯最伟大的人民诗人。19 世纪俄国文学界的杰出代表。作为翻译家，他主要译了 17 世纪、18 世纪法国诗人的讽刺诗篇(其中包括伏尔泰、帕尔尼和安德烈·谢尼耶的诗)、古罗马贺拉斯的颂诗、古希腊抒情诗的片段、意大利诗人阿利奥斯托作品的片段、波兰诗人密茨凯维奇的叙事诗和长诗《康拉德·华伦洛德》(*Konrad Wallenrod*)的序言，以及《可兰经》片段和《圣经》片段。在普希金文学生涯的全部遗产中，译著的比例虽然并不大，但它们的艺术价值同样是高超的。普希金通过这些译著以及在翻译实践中所采取的具体做法和在为数不多的翻译评论中所发表的精辟见解，有力地推动了俄国翻译工作向前发展。其翻译方法和见解如下：

（1）译者在选择原文材料上必须有自己的主张，不能人云亦云，受别人思想的支配。因此，他挑选的作家和作品在很大程度上反映了他本人的进步思想倾向。

（2）译者在处理原著的过程中，应当享有充分的自由。普希金是一个活译派，特别反对不讲究译文艺术性而只追求表面准确的逐字死译。他认为逐字死译永远不可能忠实于原文，因为每一种语言都有自己的措辞，自己修辞上的固定辞藻，自己固有的表达法，而这些东西是不能用相符的词汇译成另一国语文的。

（3）原著具有的特色，译者必须尽量保留。普希金即使对原作进行某种改变，也还是能抓住原作独有的特点，有时还能以轻轻数笔就把这些特点复制出来。当译文在意思和形式上能与原作相吻合时，他不会放弃形式上的逐词复制。但所有这一切都必须服从他的语言准则，即遣词造句必须做到清晰、准确、简朴、自然。

茹科夫斯基

瓦西里·茹科夫斯基(1783—1852)是普希金的同时代诗人和翻译家。在俄罗斯文学史上，他的主要贡献虽然在于他是"第一个真正的抒情诗人"，但他的翻译活动有着不容忽视的重要意义。在数量上，他翻译和改写的作品比他的创作多得多，主要包括席勒、歌德、约翰·黑贝尔、斯各特、拜伦的作品。他还在 1817 年至 1819 年间采用当时流行的诗歌格式，把古代俄罗斯文学名著《伊戈尔远征记》译成近代俄文。普希金和别林斯基对茹科夫斯基的翻译都给予高度评价。茹科夫斯基的翻译特点如下：

（1）茹科夫斯基经历了一个由"拟译"到翻译的过程。在他文学创作的初期，他对翻译的看法和 18 世纪法国的很接近，即对原著中一切"粗暴"、"激烈"、"不令人愉快"的东西统统加以删改，对不合"俄国口味"的原著特点进行修枝整叶。例如，任意改动原作故事发生的年代，把外国人名变成俄国人名。但从 1810 年起，他开始摈弃这种拟译法，更加尊重原著的特点，并重译了以前的译作。

（2）茹科夫斯基认为，译诗应当比散文享有更大的创作自由，因为"散文的译者是(作者的)奴隶；诗的译者是(作者的)敌手"。由于两种语言不相符合，诗的译者很难在译文语言中找到与原作相符的表达法，因此必须自己去创造。只有从所译的诗中充分体会到诗人的理想，然后又把这种理想转变为自己的想象力，才能把适当的表达法创造出来。

（3）茹科夫斯基在选择原文材料时提出一个重要观点，即译者和原作者之间，必须存在一种"友谊"，译者只应选择那些与自己气质、世界观接近的作品，而不去译那些与译者本性相去甚远的作品。由于他准确地选择了那些与他本人有着密切同感的作品，因此，他翻译起来也就得心应手，译文的感染力特别强。

从整体上看，19世纪中叶在翻译活动中占统治地位的观点是托尔斯泰所遵守的折中主义的原则，即在忠实或准确性不致损害原文艺术印象的地方尽可能逐词翻译，但如果逐词译法会在俄文中产生有悖于原文的印象，那就毫不犹豫地抛弃逐词译法，因为翻译的不应是词，也不应是个别意思，而主要应当是印象。

19世纪俄国翻译史上一个极为可喜的现象是大批杰出的文学家和文学批评家关心谈论翻译问题。批评家们深刻认识到翻译对文学发展的重要意义，对翻译中出现的问题作了广泛而严肃的探讨，从而大大丰富了翻译理论的内容。这些人中较突出的除上述的普希金、茹科夫斯基等外，还有别林斯基。

别林斯基

维萨利昂·别林斯基(1811—1848)是俄国革命民主主义时期最伟大的文学批评家。他对翻译理论问题的见解主要发表在他对各种译作的评论文章中，主要论点如下：

（1）无论原作或译作都必须内容充实。这是针对选择原文材料而言的。别林斯基认为，译者的首要任务，就是选择内容丰富的作品作为翻译对象，如优秀的古典文献，而不要迷恋于空洞无物、内容贫乏的作品，如某些华而不实的消遣性读物。

（2）忠实原文在于忠实原文精神，而不是原文字面。别林斯基强调，理想的译文应当做到：1）不任意增删修改原文；2）充分保持原作特点，甚至其缺点；3）充分代替原作，使读者通过译作能真切地、毫无出入地了解外国作品，有可能对原作作出正确的欣赏和评论。

（3）翻译艺术作品，译者本身必须是艺术家。

普希金和别林斯基的思想传统，得到了19世纪其他优秀理论家的继承和发展，如屠格涅夫、车尔尼雪夫斯基、杜勃罗留波夫和皮沙列夫。概括起来，他们谈论最多，且最具代表性的观点有如下三点：

（1）关于原文材料的选择。译者选择原作材料，必须在思想上和艺术上有较高的要求，不去理睬那些空洞无物的原作，而只翻译介绍最优秀、最有代表性的作品。

（2）关于翻译的目的。他们赞同别林斯基的观点，认为翻译的目的是为读者服务。这里所说的"读者"是指不懂原作语言的读者，而不是指懂得原作的读者。为了读者大众的利益，译者必须注意译文措辞的大众化。

（3）关于翻译的方法。他们都反对逐词死译，反对在形式上过分接近原文；另一方面，他们也不赞成歪曲原文意思的过分自由的译法。

这些见解不同于西欧翻译理论传统，它们用先进的思想方法阐明了以下几点：

（1）翻译作品首先应该注意思想内容和文学价值。

（2）好的翻译必须做到内容和形式的统一。

（3）翻译应该为读者服务，注意译文的人民性。

这样，在整个西方的翻译理论史上，翻译理论第一次明显地带上了革命思想的色彩。

19 世纪后期俄国翻译的主要特点在于翻译实践规模的空前扩大，翻译作品的出版日益增加。近代和当代西欧文学大师如歌德、席勒、海涅、莱辛、莎士比亚、笛福、斯威夫特、菲尔丁、狄更斯、萨克雷、伏尔泰、莫里哀、高乃依、雨果、大仲马、巴尔扎克、莫泊桑、左拉、但丁、塞万提斯等人的作品都被不断译成俄文，有的当代作品问世不久就被介绍过来了。但大多数译本都译自英、德、法语，而西班牙、意大利、北欧诸国以及斯拉夫各族语言的作品，只被翻译介绍了极少数。最有贡献的译者是魏因贝格。其他较有名的是克罗尼贝格、格贝尔、米恩、利哈乔夫及霍洛德科夫斯基。

在翻译理论方面，19 世纪后期比中期有所后退，没有增添多少有价值的理论见解。主要有波捷布尼亚的语言不可译论。这种唯心主义的语言不可译论在翻译理论上得到一定的反映。

【小结】

17 至 19 世纪在西方翻译理论方面是一个很重要的发展阶段，比文艺复兴前进了一步。实际上这一阶段延续到了 20 世纪上半叶。西方翻译史上另一个更大的发展，是从第二次世界大战后开始的。

第六章

现、当代翻译

根据谭载喜先生的划分，20 世纪的西方翻译史以第二次世界大战为界，战前将近半个世纪的翻译史称为西方现代翻译史，战后半个多世纪的翻译史称为西方当代翻译史。

6.1　现代翻译概况

进入 20 世纪后，西方发达国家的资本主义发展到了帝国主义阶段，各帝国主义国家一方面加紧对外扩张，压迫和剥削弱小国家和殖民地人民，另一方面相互钩心斗角，激烈争夺国际市场和势力范围。在不到三十年的时间里，爆发了两次世界大战。在这样的历史背景下，各国的翻译事业不可避免地受到严重的干扰和破坏。然而，在某些具体领域和某些国家，这一时期的翻译也自有特色，表现在以下四个方面：

（1）在古典作品的翻译方面，翻译家们不再强调原作风格高雅，而把译文必须朴素、通顺、准确当做衡量译作的标准。无论是法国的翻译家，还是英国、德国、意大利、西班牙、俄国的翻译家，都开始打破以诗译诗的传统，普遍提倡把原作译成散文，不译成韵文；即使是翻译历代大诗人的作品，也不采用严格的韵律。翻译中流行的做法是，使用质朴平易的语言把原诗译成散文，使译文在不加注的情况下也能为读者看懂。

(2) 翻译的重点，很明显地突出对近代和当代文学作品，特别是俄国和北欧各国作品的译介。19世纪末至20世纪初，俄国和北欧各国的文学有很大的发展，涌现出陀思妥耶夫斯基、列夫·托尔斯泰、契诃夫和安徒生、易卜生、斯特林堡等世界驰名的伟大文学家和戏剧家。他们的作品引起了西欧及北美各国文坛的注意；人们竞相学习俄语、丹麦语和瑞典语，并将他们的作品大量译成英、德、法等语言，从而使英、美、德、法各国的文学和戏剧创作受到不同程度的影响。

在译介过程中，各国都出现了不少优秀的翻译家。如英国的康斯坦斯·加尼特（Constance Garnett, 1861—1946），她翻译了几乎所有的俄国经典小说，被公认为是俄国文学的最重要的英译者，在翻译理论方面，她没有什么建树；以翻译托尔斯泰作品著称于西方现代文坛的莫德夫妇——路易斯·莫德和艾尔默·莫德（Louise and Aylmer Maude）；弗拉基米尔·纳博科夫；还有翻译安徒生的童话、易卜生和斯特林堡的戏剧的许多译者。除此之外，西欧各国近代或当代文学作品的互译活动也有相当的声势。

(3) 开始较多地翻译中国作品，出现汉学热潮。从13世纪意大利旅行家马可·波罗来华及他的《马可·波罗游记》的面世，欧洲人就开始向往中国和中国文化。16世纪末，中国作品开始被译成西方文字介绍给欧洲读者。现存最早的中国书西译本是意大利传教士罗明坚译成西班牙语的《明心宝鉴》。此外，把中国作品译成欧洲语言的还有利玛窦、金尼阁、郭纳爵、殷铎泽、白乃心等。据考，中国典籍的最早西译，大都出自来华传教士之手。17世纪起，中国文学作品也开始被译成西文。如法国人马若瑟译的元代杂剧《赵氏孤儿》；18世纪、19世纪的《好逑传》、《老生儿》、《玉娇梨》、《今古奇观》、《中国小说十种》等译本。20世纪50年代以来，随着新中国国际威望的提高，西方更是不断出现中国热和中国作品翻译热。不仅有许多典籍，如《四书》、《五经》、《三国演义》、《西游记》、《红楼梦》等被译成西文，李白、杜甫、白居易等人的诗作一再被译成英、法、德等语言，而且鲁迅、茅盾、巴金等现代作家也被介绍到了西方各国。有名的翻译家有英国的阿瑟·韦利、德国的弗兰茨·库恩。他们没有就翻译问题发表过重要的见解，但他们的译作数量多且质量高，译文保留了原作风貌，文字相当优美。对翻译介绍中国作品、沟通中西方文化交流作出了重要贡献。

（4）苏联的翻译独树一帜。十月革命以后，俄国进入伟大的苏维埃时代。政治制度的根本变更给包括翻译在内的一切工作带来了巨大转变。从此，西方翻译的实践和理论研究领域出现了一条泾渭分明的分界线：一是西欧、北美国家的翻译；另一是苏联（第二次世界大战后则是以苏联为代表的东欧社会主义国家）的翻译。它们之间虽有交流，但各自沿着两条基本不同的路线发展，从两个方面丰富和发展了西方的翻译事业。

在社会主义苏联，翻译工作的特征如下：

（1）马克思主义成了翻译实践和翻译理论的指南。翻译必须为人民服务，为社会主义建设服务，这已成为检验、评价一切翻译作品的重要标准。这标志着苏联的翻译与西方许多传统的观念，特别是与形形色色"为艺术而艺术"的观念决裂。

（2）外国文学的翻译和出版有了组织性、计划性和系统性。在高尔基的倡议和领导下，苏联于1918年成立了一家世界文学出版社，专门出版外国文学翻译作品。高尔基倡导有选择地译介世界名著、提高翻译艺术的水平，得到了苏联翻译出版界的继承和发扬，翻译技巧和质量从30年代起有了较明显的提高。

（3）严格按原作的思想、艺术和知识价值确定翻译选题。苏联翻译出版界本着批判地吸收外来文化的原则，不仅大量译介外国过去的，而且也大量译介外国现代的各类作品，特别是在翻译当代欧美资本主义国家的作品时，他们力求用科学的、实事求是的态度对待原作，既不夸大原作的缺点，也不贬低原作本来的思想价值和艺术价值。

（4）苏联国内各民族语言之间的互译得到了极大的发展。苏联是个多民族的国家，有着多种民族语言，为了加强各民族之间的相互了解和团结，就有必要加强各民族语言之间的翻译工作。在短短二三十年中，苏联各民族几百部优秀作品都陆续译成俄文，成为俄语文学中的宝贵财富。

（5）翻译中普遍遵循的原则是：忠实、准确、不逐词死译。苏联翻译界占主导地位的翻译方法，是19世纪初期的普希金和中期的别林斯基所提倡的那种意译。从整体上看，力求忠实反映原作特点，具有与原作相同质量的意译原则，支配了苏联的翻译事业。

6.2　现代翻译理论

在二次大战之前，现代翻译理论的研究，虽然仍旧集中在翻译特别是文艺翻译的再创作问题、效果问题、忠实问题和选词造句等问题上，但这些问题的具体阐述中却蕴涵了不少真知灼见，体现出翻译理论正在加速演变之中。

克罗齐

在意大利，美学家、文学评论家克罗齐（Benedetto Croce，1866—1952）在他的美学名著《美学原理》（*Estetica*）中对翻译问题提出一些精辟的见解。主要观点是：

（1）翻译不可能完美地再现原作面貌。这是因为，语言凭直觉产生，言语行为按潜在的思维出现，并对思维加以扩展和修改，因此，每一言语行为都是无先例的、创新的。

（2）翻译必须靠创造。由于完全相等于原作表达方式的翻译不可能存在，翻译的结果不是比原作少一点，就是多一点。理想的翻译应该是：译者读到一篇原文，把它放回熔炉即思维中，让它和译者本人的思想性格融为一体，然后创造出新的表达方式。这样，译文就不可能不带有译者风格的痕迹。

（3）文学翻译不可过分自由，专业性翻译不可过分拘谨。译者的责任是做到与原作有几分相似。此外，就是使译作具有独创的艺术价值。

克罗齐是从美学的角度谈论翻译的。他强调言语行为之不可重复性，这些实质上是对但丁"文学不可译"论的继承和发展。由于克罗齐在美学界、哲学界和文学界占有重要地位，他的这些有关翻译的言论也就有着特殊的价值，深深地影响了 20 世纪初期西方翻译理论的发展倾向。

本雅明

德国 20 世纪上半叶在翻译研究上最有建树、影响最大的是散文作家、文学批评家和语言哲学家沃尔特·本雅明（Walter Benjamin，1892—1940），他的翻译理论和观点主要见于 1923 年发表的一篇题为"翻译的课题"的论文。主要归纳如下：

（1）原文的可译与不可译，取决于原文本身有无翻译的价值。

（2）翻译不是译意思，而是译形式。译者只需跟原作打交道，丝毫也不必考虑读者的要求。译出的作品和原来的作品应当存在于一个共同的延续体中，而不是截然分开的两个独立体。换言之，译文应是透明的，不会遮盖原文，挡住原文的光辉，而是通过翻译手段的加强使原文更加闪闪发光。

（3）最理想的翻译法，是逐行对照式翻译即逐词对译。

本雅明把神秘的直觉论和美学、哲学观点一并融于翻译理论中，把上帝的某些特性，包括上帝的不可知性，统统变为语言的特性，从而引出了某种不可译论和翻译的客观规律。

中外翻译简史◆

马鲁佐

法国 20 世纪上半叶在翻译理论界值得一提的是理论家马鲁佐。他是巴黎大学教授，兼任《语文学年鉴》的主编，对翻译颇有研究。1931 年，他出版了一本小册子，叫《论拉丁语翻译》，是法语中一篇重要的翻译理论文献。论点如下：

（1）翻译首先是一门技巧。要掌握它，主要靠丰富的实践经验、坚实的语言知识和灵活的翻译方法。

（2）翻译不可不讲究译文清晰、生动、易懂，以争取尽可能多的读者，但译者的最根本任务乃是像语言学者、教育者和注释者一样，向读者揭示原作的内容而不是它的外壳。

（3）使用词典的目的，不是为了翻译，而是为了理解。他指出，译者必须学会使用词典，但首先必须弄清楚使用词典究竟是为了解决什么问题。

（4）翻译不可凭猜测。这一点尤其重要。遇到难点，译者必须仔细推敲，不要有半点"先入之见"，因为在翻译中，最先想到的意思或表达形式，往往不是最正确的或最好的。

（5）翻译必须采用活的语言。

20 世纪上半叶，在英语国家，主要是英国和美国，翻译理论研究更是活跃。英语的翻译理论著作在数量上超出其他西方语种。

托尔曼

1901 年，美国教授赫伯特·托尔曼（Herbert Cushing Tolman，1865—1923）撰写了一部题为《翻译的艺术》（*The Art of Translation*）的专著，对当时人们最关心的问题，如原文的理解问题，译文的表达问题，译者的职责问题，译作的风格问题，句子的结构问题，词序的安排问题，词的选择与搭配问题，等等，一一作了细致的阐述。他从德、法、希腊和拉丁的英译中，列举了大量实例，并广泛引用古今翻译权威的言论。主要阐明了以下观点：

（1）必须以正确的方法理解原文。正确的方法指从原作者的观点出发，而不是从译者的观点出发去理解原文。切不可掺入译者自己的观点，不用译者自己的眼光去衡量原作所传达的思想。读到一个原文单词，不应急于在脑子里产生一个与之相等的母语单词，而应先把原文单词与它所代表的事物联系到一起。

（2）必须如实反映原文的思想和风格。译者的目的不是只译出个别的词、个别的句子，而是要译出原作的整个思想，特别是译出原作思想的关键所在。译者必须再现原作所含情感和高雅之处，同时必须把原作的全部力量移注于译文之中。少了这一点，就失去了忠实原文的根本意义。另一方面，忠实原文又必须体现在句子甚至单词的翻译上。他指出，对于原作的忠实必须落实到作品风格的每一个细节上。原作的风格变化多端，译作的风格也不可千篇一律。总之，原作是什么风格，译作也应是什么风格。译文既要忠实于原文的优美词句，也要如实地表现出它的不足之处。否则，破坏了原作的风格特色，译文再优美，也不是佳译。

波斯盖特

英国文学家、翻译家、文学评论家和翻译理论家波斯盖特于1922年出版了一本专著，题为《译论与译作》（*Translation and Translations*）。全书分为两部分，第一部分论述翻译问题，第二部分是他本人的多篇译文片段。在第一部分作者讨论了翻译的理论和原则、翻译理论在实践中的运用以及诗的翻译技巧问题。其主要观点如下：

（1）翻译分两类："后瞻式翻译"（retrospective translation）和"前瞻式翻译"（prospective translation）。在波斯盖特讨论到的一系列问题中，这两分法最具特色，提出后得到翻译理论界不少人赞同，并经常被引用。所谓后瞻式翻译，就是说译者总是着眼于原作者，因为翻译的目的是传授原文知识，而不是"向前观看"，考虑译作的读者。在方法上，译者总是被动的，从不指望创新，只要依样画葫芦，也就心满意足。至于译文效果如何，能不能看懂，受不受欢迎，那全是读者的事。相反，在前瞻式翻译中，译者心目中始终装着读者，采用自由的方法，使用常见的表达形式，到处修修补补，以保证读者原有的思想不受冲击及其预测不受干扰。翻译的目的是要表明译者精通译文语言，重点在于译文而不在原文。

在后瞻式翻译中，译者采取的步骤是先理解，后表达；在前瞻式翻译中，理解是先决条件，译者全部的力量都集中在表达上。翻译古籍和文学名著，一般应当采用后瞻式翻译，以便把重心转向原作，帮助读者了解原作的伟大，因此对翻译者的水平要求更高。

(2) 译文效果要由学者判断。这就是说译文在读者身上所产生的印象，应由精通原文语言的本国人即译语方面的语言专家，而不是一般读者来判断。对于一个不懂原文的译文读者来说，译文就是原作，读者不可能透过译文看到原文，译得好与不好，他都无法断定。这是对阿诺德思想的直接继承和发挥。

(3) 忠实性是衡量翻译成败的最高标准这个问题可从多方面来看。在科技翻译中，形式不是主要矛盾，因此可以把原文内容全盘搬入译文，做到绝对忠实。文学翻译却不一样。忠实于原作精神是译者的神圣职责，但如果不顾及表达形式，原作精神有时就会全部丧失。要译好一篇作品，译者先是吃透原作的精神，但吃透了精神，也不要以为就同时获得了再创作的灵感。翻译不是画风景画的艺术，不可只满足于远距离的相似；翻译是雕刻家的艺术，一笔一刀也不能马虎，作品的整体是各个细小部分的总和。

(4) 词汇分四类。第一类完全相同的词，最常见于科技词汇中。第二类是不同的词。这些词不管他们的语法属性如何，都是根本翻译不了的。要翻译，只能靠借外来词，或杜撰新词。此外，可以采用解释法或迂回说法，或用意义接近的词语来替代，但它们都不完全对等，只可偶尔采用之。第三类词是部分相等的词，数量较多。

有的词，中心意思相同，关联意思却很不一样。第四类词是假同义词。有人认为，如果译文词和原文词的读音或拼写形式相同，或者如果词组结构的表面相似，那么，它们的意义就一定相同。这是非常错误的。

（5）译作的生命在于更新。随着语言的发展，译文用词在意义上的变更，译文先是变得不合适，后来变得可能令人误解，最后则变得可能使人看不懂。因此，各个时期都应有各个时期的翻译，"最终的"定本是不存在的。

菲利莫尔

英国 20 世纪 20 年代的另一位著名的翻译理论家，是英语学会（the English Association）的重要成员菲利莫尔（J. S. Phillimore）。他于1919 年发表了《略论翻译和译者》（*Some Remarks on Translation and Translators*）。人们认为它是当时最好的翻译论著。这是一本漫谈翻译的小册子，主要论述原文语言和译文语言、作者和译者之间的关系、译文词汇的合理选择以及文学译作的欣赏性、文学性等方面的问题。

菲利莫尔指出，翻译之前，应对两种语言的关系有所研究。表达要得当，必须具备丰富的词汇；而有了丰富的词汇，又必须根据原文意味加以得体的使用。只有在引进新的事物、新的思想时，才可引进新的词语。如果口语体不需加工而成文学，那么文学本身就很成熟了。在这种情况下，散文和诗文比在其他任何地方都更加彼此接近。表达上有缺陷，就必须千方百计加以弥补。对于原来有缺陷的事物，必须加以改变。改变是为了生存，要想变得完善，就必须经常发生变化。没有发生变化的意愿，语言就会像一个"毫无自我意识、患有遗传性痴呆症"的大脑一样，没有生气，没有发展。

在翻译中，译者如果发现原作者同某个译作者的思想、性格相似，如古罗马的提布鲁斯和近代法国的谢尼耶，那么，法译时就完全有权模仿法语作者的笔调去译。这就是说，单凭译者的才智是不足以译出最优秀的作品了。好的译作风格还要求译文具有纯属语言特征的格调。同时，判断一篇译作的优劣，最终标准是看文学家是否既把它当做欣赏品，又把它当做文学作品来读。

贝茨

斯图尔特·贝茨(E. Stuart Bates)是 20 世纪上半叶又一位较重要的英语翻译理论家，他还是卓有成就的古文学家和古典作品翻译家。他著有《现代翻译》(*Modern Translation*)，1936 年由牛津大学出版社出版。

贝茨论述翻译的方法与波斯盖特相似，但他涉及的问题更广泛、更系统。贝茨对于翻译的见解主要反映在书的第二大部分。通过对实际译例的剖析，对翻译理论和实践问题作了深入浅出的阐述。主要观点如下：

(1) 必须消除对语言知识的片面看法。人们常说，译者应当"懂得"翻译所涉及的两种语言，但人们对这种说法往往有所误解。要熟悉一种语言，必须长期居住在说这一语言的国家……大多数人都会发现，他们并没有同时或交替使用两种语言，而是使用一种语言多于另一种语言。因此，一般来说，一个人只可能对一种语言掌握到家，对于所有其他语言，再不陌生，也只是"像住旅馆，到不了家"。如果翻译有什么规则，那就是，译者只能把母语当做译文语言。

(2) 必须正确理解翻译的忠实性问题。翻译就和婚事一样，对于好的结合，怎么忠实也不算过分，而对于坏的结合，忠实则是多余的。不论是结婚还是翻译，衡量好坏，唯一合适的标准就是忠于对方。但是，有一种忠实必须避免，就是类似放大相片般的忠实。有许多英语译作就像放大的相片，特别是对德语小说的翻译，通篇的德语腔，表面像，实质却不像。如果给译文多加一个标点，切断几个长句，译文不但不会失真，反而会更加忠实。

(3) 译作可像原作一样经久不衰。这个观点与波斯盖特的观点恰恰相反。贝茨认为，每一部原作，本身就是一部译品，即把思想译成语言。如果译者能以原作者的手段把原作者的思想重新现出，同时又像原作者一样善于驾驭自己的语言，那么，为什么不能产生同样优秀的译作呢？

（4）翻译最好采用对照本。这是就某些重要著作的翻译而言。采用原文译文对照，读者自然受益。这样做，译者便可放手进行翻译，因为有原文作对照，反正欺骗不了读者。

（5）翻译古典作品，可以体现其古味。特别是在宗教作品和荷马史诗等典籍的翻译方面，由于原作成于远古时代，只有在译文中使用古字才能反映出它的历史原貌。既要有古味，又要不像天书。最好的办法是使用词源古老而当前仍在使用中的单词。

（6）英译外（指各种欧洲文字）应特别防止两种失误，一种是跟原文语序太紧，另一种是采用词源相同而实际含义不同的词语。

（7）译作的成败取决于读者和译者的共同努力。这是针对译文的内容和效果而言的。每一个读者都必须看到，他从书中究竟能获得什么，主要取决于他给书能带来什么，而不是书能给他带来什么。如果他看出了坏作品坏在什么地方，那就是一大收获；如果他能欣赏好书好在哪里，那便是更大的收获。读者不要指望从译作里获得很多东西，除非读者尽到了读者的责任，能够欣赏译作的艺术、语言和思想特点。

苏联翻译理论的发展特点比较显著，从十月革命胜利到第二次世界大战前，它明显地表现出文艺学的倾向。为了使翻译工作有章可循，必须制定一些明确的指导原则和衡量译文质量的标准。因此，在高尔基的倡导和支持下，苏联的翻译理论研究蓬蓬勃勃地开展起来了。1919 年，丘科夫斯基等人出版了一本题为《文学作品的翻译原则》的小册子。这是苏联第一部翻译理论专集，书中阐述文学翻译的一些问题，首次提出文学译者应是艺术家，是语言大师，并强调翻译的根本任务是再现原作的艺术特色。

丘科夫斯基

科尔涅伊·丘科夫斯基是苏联著名作家、翻译家和翻译理论家。他写的儿童文学作品，在十月革命前就享有盛名。他翻译了狄更斯、吉卜林、王尔德、马克·吐温和惠特曼等许多英美作家的作品。但使他蜚声翻译领域的并不是他的译作，而是他在翻译理论上的建树。其理论最早见于《论散文的翻译》一文，1919 年发表在《文学作品的翻译原则》专集里。在此基础上，他写了题为《翻译的艺术》一书，后来易名为《崇高的艺术》。该书集中反映了他对文艺翻译的理论见解，是他最主要的翻译论著，并被认为是苏联为数不多的翻译论著中"唯一可以指出的"重要著作。

丘科夫斯基在论著中以他作为作家兼诗人所特有的直觉，引用大量的翻译笑话，批判了各种错误的翻译原则，提出了许多发人深省的问题，侧重阐述了翻译是艺术的思想。其主要观点是：

（1）翻译是一种崇高的艺术。丘科夫斯基把翻译比作表演艺术，认为两者都是基于一定原本之上的创造性工作。在翻译中，译者也必须选择与自己性格相符的原作者，他必须按照自己的本来性格选择翻译作品。没有个性表现力的译者是译不出好作品的；有了个性的表现力，反倒具有高度准确再现原作思想和风格的可能，这时对译者的唯一要求是他的个性必须与原作者相同或相似。这与 17 世纪英国的罗斯康芒的所谓译者与作者之间必须建立"友谊"的观点十分接近。

（2）翻译的成败不能用偶然的差错来衡量。丘科夫斯基认为，翻译的中心任务，是把原作者的思想、面貌、声音、文学技巧、写作风格等各个方面再现出来，即把原作者以其整个特殊风格构成的艺术个性再现出来。如果这一点没有做到，无论如何也不能说译作是优秀的。相反，如果做到了这一点，那么，即使译文有许多这样或那样的错误，它还是算得上一篇有崇高价值的译文。

（3）从原文角度理解原文是正确翻译的重要条件。翻译来自不同社会制度的外国作品，这一点尤其重要。一般来说，要译者在译作中对自己的世界观和艺术观丝毫没有反映，是难以做到的。但译者必须学会抑制自己的情趣、方法、习惯和观点，对原作思想和风格上的一切特点加以客观分析，以便尽可能准确地显现出原作的自画像，而不给他戴上译者特制的假面具。

（4）翻译必须克服外国腔。这主要是针对句法而言。丘科夫斯基指出，每一种语言都有自己的句法，而这是不能照搬的。翻译的良好方法是，眼里看着外文，心里却按着译语文字去思索，这样才能摆脱外文句法规律的影响，写出符合译语句法规律的地道译文，使读者感觉不到自己是在读外国作品。

（5）译者必须掌握较大的词汇量。丘科夫斯基认为，译者的一个致命弱点是词汇贫乏，因为缺乏足够的词汇，往往把每个外国字都看做只有一个意思，因此，译文就好比患了贫血症，显得干瘪乏味，毫无生气。要医治这种语言上的贫血症，译者必须博览群书，尤其要熟读词汇最丰富的俄国作家如普希金、莱蒙托夫、托尔斯泰、屠格涅夫、契诃夫、高尔基等人的作品，把那些能在翻译中运用的词汇牢牢记住，日积月累，词汇量就扩大了，翻译时也就能得心应手，运用自如。

除了提出上述几个主要观点外，丘科夫斯基还讨论了翻译中应当注意的一些具体问题和可以采用的具体方法，如成语在翻译中占有的重要地位，还就人名地名等专有名词的翻译阐述了自己的意见。

除丘科夫斯基以外，30 年代、40 年代其他较有影响的苏联翻译理论家还有斯米尔诺夫和卡什金。

斯米尔诺夫

文学家斯米尔诺夫（1883—1962）于 1934 年写了一篇题为"文学翻译方法"的文章，作为"翻译"的词条发表在苏联《文学百科全书》中。在这篇文章中，斯米尔诺夫把马克思主义方法论运用于翻译研究，首次提出"等同翻译"的概念。他认为，文学翻译的任务是再现原作的思想、感情和言语结构，译者应利用不完全相符的语言形式，产生出与原作完全相符的译文。这种完全相符，是指完全传达出原作者的创作意图，其中不仅包括作者要使作品在读者思想感情上产生艺术作用的全部意图，而且包括原作者运用的各种形象、色调和节奏等各种表达手段。翻译的目的，不是保全作者个别的表达手段，而是在总的效果上使译作等同于原作。

卡什金

伊凡·卡什金也是从文艺学角度研究翻译问题的重要代表。他在莫斯科高等院校执教多年，培养了大批英译俄的出色翻译家，对翻译理论深有研究。他的学术生涯的特点是：为了翻译而研究，为了研究而翻译。作为翻译理论家，他并没有撰写专著，而只是写了一些零散的评论文章，但他创始的现实主义翻译理论，在苏联翻译史上占有特殊的位置。

按照卡什金的观点，现实主义翻译的基本任务是：忠于原作，忠于读者，忠于现实。所谓现实，是指原作中反映出的生活和译者、读者所感受到的生活。作者的现实是生活，译者的现实是作者认识到的生活。而要求忠于现实，译者就必须从深度和广度两个方面去探索生活，以便检验对原作的理解是否正确。换言之，译者必须具备作者认识生活的经验，才能产生出理想的译作。

卡什金指出，翻译是一门富有创造性的艺术。但翻译又不等于创作，因为对于作者来说，整个世界都是素材，而译者的素材只是作者提供的世界。译者的创造性主要表现在三个方面：

(1) 选择作者和作品；

(2) 制定处理原作的基本方针；

(3) 寻找把译者享有的权利即创造自由同应尽的义务即应受的

限制加以有机结合的途径。

译者根据原文进行再创作，他的创作手法应当为再现原作反映的客观现实服务，通过译作，既充分表现出原作的典型特点，又保持译者自己的面目。

从上面的介绍可以看出，现代翻译理论大都还是停留在传统的翻译研究方法上，一般只关心译作的文学性和译文选词造句等方面的问题，而不涉及诸如翻译对民族语言的贡献、翻译与思维的关系、各个民族语言之间的共性、决定语言的可译性与不可译性的科学根据、翻译目的和手段之间的关系以及翻译的科学性和艺术性的关系方面的问题。因此，这段时间在理论上并无突破。西方翻译理论的大发展是第二次世界大战后取得的。

6.3 当代翻译概况

第二次世界大战以后，世界进入一个相对和平的时期。西方各国经过战争的创伤后，全面开始恢复和发展生产和经济，翻译事业也进入了一个崭新的发展时期。不仅苏联及英、德、法等几个欧洲主要国家的翻译事业大为振兴，而且美国、加拿大的翻译事业也奋起直追，呈现出一派繁荣景象。整个西方翻译事业，二战后翻译范围之广，形式之多，规模之大，成果之丰，是历史上任何时期都比不上的，出现了西方翻译史上第六次高潮。

在这一时期，文学翻译仍是一个重要方面。虽然一般人对古希腊、拉丁语失去了兴趣，但仍有相当数量的专家在研究荷马、色诺芬、柏拉图、亚里士多德、维吉尔、西塞罗、贺拉斯、奥古斯丁等人的作品。翻译作品出版的一个特点是，不少专家、研究机构和出版社大力组织人力、物力，编辑出版各种丛书，使西方名著的出版系列化、系统化。如1952年美国不列颠百科全书出版公司编辑出版了一套"西方名著丛书"（Great Books of the Western World）。这是到目前为止用英语出版的名著丛书中最完整的一套。全书按内容分为四大类：文学、政治、科学、哲学。各部著作的类别均以封面颜色作为标记，四类书相互掺和，以写作年代的先后次序编排。类似的大型文学译丛，包括原文与译文对照本译丛，在法国、德国、苏联等国也有出版。

尽管近几十年来文学翻译仍然硕果累累，但 20 世纪被人誉为"翻译时代"，主要是因为这一时期的西方翻译已扩大到各个领域，具有以下五个特点：

（1）商业、外交、科技等专业和事务性翻译规模空前。第二次世界大战结束以来，出于实际需要，商业、外交、科技方面的翻译蓬勃兴起，其声势超过了文学翻译。第一次世界大战结束后，法语失去了它的统治地位，英语崛起，国际会议和其他外交场合出现了英语和法语并用的局面。1919 年的巴黎和会便是这种局面的开端。1945 年，联合国成立，规定以英语、法语、俄语、汉语和西班牙语为五种正式语言和工作语言。1957 年，欧共体成立，开始由 6 国组成，2007 年已拥有 27 个成员国，使用英、法、德、意、丹麦、爱尔兰、希腊、西班牙、葡萄牙等九个语种。无论同其他国家交往还是西方各国彼此交往，翻译工作已成为日常工作所不可缺少的部分了。

（2）翻译教学普遍展开。随着联合国及其各种专门机构的成立，以及欧洲共同市场（欧共体、欧盟）、经济合作与发展组织等国际机构的建立，翻译人员的需求日益增多。为了满足这种需要，一些专门培养翻译人员的学校相继成立。其中最突出的是巴黎第三大学的高等翻译学校和渥太华大学的翻译学校。欧美的许多大学也在高年级开设翻译班或翻译课。除此之外，西方各国还有许多其他的译校及提供翻译教学的语言学校、语言系、翻译系和翻译专业。

（3）翻译工作者组织成立并创办翻译研究刊物。各国的翻译工作者如雨后春笋般地组织起来，成立各种翻译协会，创办各种翻译刊物。如美国翻译工作者协会、美洲语言专家联合会、美国文学翻译家协会，加拿大口笔译理事会、安大略口笔译工作者协会，大不列颠翻译公司联盟、翻译家协会和翻译家公会，法国翻译工作者协会和法国文学翻译家协会，原联邦德国的联邦口笔译工作者协会和德语世界文学和科技翻译工作者联合会等等。各个协会都有着自己的办会宗旨和目的，以便有效地开展工作。特别是欧美各资本主义国家的翻译协会或联合会，他们普遍强调的是：通过立法手段以明确译者的法律地位；采取有效措施以保障译者的合法权利(尤其是译者所应享有的版权)；提高译者的社会地位，增加译者的经济收入；改善译者的学习和工作条件，给译者以不断提高翻译水平的机会，并提供优良的工作环境。

(4) 机器翻译问世。由于国际间的科学、文化交流日益频繁，各种语言文字材料堆积如山，手工翻译已不能及时满足国际需要，于是，机器翻译应运而生。远在古代希腊，人们就试图设计一种理想化的人工语言来代替种类繁多的自然语言，以方便不同民族之间的相互交流。到了 20 世纪 30 年代，现代意义上的机器翻译开始成为人们设想的目标。真正的"自动"翻译机是随着电子时代的来临才得以诞生的。提出机器翻译问题的人是英国的安德鲁·布思和美国的华伦·韦弗。在西方机器翻译研究领域影响最大的，应推韦弗。整个西方乃至世界机器翻译的发展大致分为五个重要时期：初创期、高潮期、低落期、复苏期、蓬勃发展期。实践证明，机器翻译具有强大的生命力。它的研究和应用标志着 20 世纪翻译事业跨进了一个崭新的发展时期。无论它终究能不能最终代替人脑人手，将人类彻底地从繁重的人工翻译中解放出来，它都会长期地发展下去，存在下去。

(5) 翻译理论著作层出不穷。这是西方现代翻译第五个也是最重要的一个特点。二战后，翻译实践活动的大规模展开，带动了翻译理论研究的蓬勃发展。理论家们以各种翻译协会、语言学会或文学团体的会刊以及各种学术杂志为园地，大量发表学术论文，各抒己见，交流思想。最早的主要国际性翻译研究刊物有《〈圣经〉翻译家》(*The Bible Translator*)和《巴贝尔：国际翻译杂志》(*Babel: International Journal of Translation*)。前者是圣经联合会和英国国家及海外圣经联合会共同发起，现在也包括其他西方国家的圣经公会；后者是国际翻译工作者联合会的正式刊物，面向口笔译工作者、语言学家、文学家、史学家、图书管理员、出版家、编辑、版权经办人、大学师生以及对翻译问题感兴趣、关心国际译联活动的读者。自创刊以来，尤其是在 20 世纪 80 年代之前的 30 来年中，该杂志刊登的各类文章大部分来自西方国家，来自亚非拉的文章寥寥可数，因此，在某种意义上，它只是一份西方或欧美国家的"国际性"刊物。

　　在近半个多世纪中，西方各国出版的翻译研究专著和论文集成千上万种，其中有关于一般翻译理论的，也有关于具体翻译技巧的；有泛论翻译操作的，也有专论笔译、口译、媒介翻译的；有论文学翻译的，也有论科技、法律翻译的；有译学论著，也有翻译实务指南和翻译工作者手册；有翻译史研究，也有译文比较研究；还有翻译工具书、翻译教程等等。几乎每一个专题、每一个领域都有人在研究、在探索、在著书立说。

6.4　当代翻译理论

　　20 世纪中期，二次世界大战结束以来的当代，即第六次高潮，是迄今西方翻译理论发展的最高峰。不仅因为翻译理论研究成果多，而且更因为翻译理论的发展出现了两大"质"的飞跃。

　　在传统翻译学者的眼里，所谓"翻译研究"即是"对翻译问题的研究"，基本上都是随感式的、经验式的、不够系统的。20 世纪 40 年代末、50 年代初，随着现代语言学的发展，特别是随着机器翻译的出现和应用，学者们就开始从科学的、现代语言学的视角来探讨翻译问题。出现了翻译理论发展史上的第一个"质"的飞跃。按德国翻译理论家威尔斯的观点，其标志是奈达于1947年发表的《论圣经翻译的原则和程序》(《1964年《翻译科学探索》的早期版本)。起始标志也可以苏联的费道罗夫1953年发表的《翻译理论概要》。尽管有其局限性，它们的翻译"科学"和"现代语言学"观却把翻译研究带进了科学发展的新时代。于是，在20世纪40年代、50年代到70年代的二十多年里，翻译研究的"语言科学"地位便稳稳地确定了下来。理论界一般认为，翻译研究属于语言学范畴，是比较语言学、应用语言学、语义学的一个分支，与社会语言学、社会语义学、符号学、逻辑学、哲学等科学有着密切的关系。

但是，把翻译研究定位于语言学或应用语言学的范围内，并未能真正反映出翻译研究的实质所在。经过60—70年代的持续研究和探索，西方翻译学术界逐步有了一种明显的共识：不应当满足于把翻译研究当做语言学的一个分支，而是应当把它当做一门独立的学科来对待。于是出现了西方翻译研究领域的第二次"质"的飞跃。以美籍荷兰翻译理论家霍姆斯在一次国际应用语言学会议上发表的题为"翻译研究的名称与性质"的论文为标志。他提出了把翻译研究作为一门独立学科的基本构想。

20世纪80年代，"翻译研究是独立学科"的理论意识，已经较为广泛地出现在理论家们的著述当中。自20世纪80年代到21世纪，西方翻译研究出现的各种各样的译学思想或流派，如翻译研究派、翻译科学派、文化学派、操纵学派、目的学派、功能学派、交际学派、语篇语言学派、话语结构学派、释意学派、解构学派、多元系统学派等等，都是在翻译研究作为独立学科的理论共识下得到发展的。

翻译理论方面，在20世纪，有费道罗夫的翻译理论首先"需要从语言学方面来研究"，翻译理论由翻译史、翻译总论和翻译分论三部分组成的观点；有雅各布森的"语内翻译"、"语际翻译"、"符际翻译"的三类别；有列维的"翻译应当使读者产生错觉"、"翻译是一个抉择过程"和加切奇拉泽的"翻译永远是原作艺术现实的反映"、"文艺翻译是一种艺术创作"的翻译理论;有弗斯、卡特福德的翻译在于"语境对等"的语言学翻译理论;有奈达的"翻译即科学"、"翻译即交际"和"读者反应对等"论;有穆南关于翻译理论问题的现代语言学观;有霍姆斯的"翻译研究学科论";有勒弗维尔、巴斯内特的"翻译受制于社会文化因素"的观点;有斯内尔-霍恩比"翻译研究即跨学科研究的观点";有弗米尔、赖斯、诺德"翻译须为目的服务"的主张;有纽伯特的"翻译须以文本为中心"的思想;有塞莱丝柯维奇、勒代雷把翻译视为一种解释过程的释意观;有图里"翻译规范"与"翻译描写"观;有韦努蒂"译者在译文中必须有形可见"的"异化翻译"主张;有哈蒂姆"翻译必须重话语、语篇分析"的观点;有赫曼斯的"文本由译者操纵"和鲁滨逊"轮到译者'主事'"的译者中心论;还有低地国家的"出声思维记录"等各式各样的翻译实证研究方法。这些都是西方庞大翻译理论体系的重要组成部分。

二次世界大战以后,随着科学技术、现代语言学和翻译活动本身的蓬勃发展以及机器翻译的兴起,人们逐渐改变了对翻译研究的传统观念,认为翻译不仅是一种艺术或技巧,而且是一门有规律可循的科学。翻译研究是一门与文艺学、社会学、心理学、数控论、信息论等多种学科有关的学科体系。翻译理论不应再是哲学家、文学家、翻译家的副产品,而应成为语言和翻译研究专家探讨的严肃课题。在这样的学术气氛中,翻译理论得到了更新,翻译问题的研究向前迈进了一大步。

当代翻译理论的发展有两大特点:

(1)理论研究被纳入语言学的范畴,受到现代语言学和信息理论的影响,因而明显地带有语言学色彩,与传统的文学翻译理论形成对照。

(2)打破了以往理论家闭门造车、互不交流的局面。翻译理论家们通过各种渠道，如出版论著、创办杂志、编辑论文集，充分发表各自的观点。

6.4.1　当代中欧的翻译理论之一的布拉格学派

布拉格学派，首先指的是以捷克首都布拉格为研究基地的语言学流派。其主要创始人是马西修斯（Vilem Mathesius，1882—1946）和两名俄国移民特鲁贝茨考伊（Nikolay S. Trubetskoy，1890—1938）和雅各布森（Roman Jakobson，1896—1982）。后来，布拉格学派成为一个含义广泛的名称，统指所有赞同特鲁贝茨考伊和雅各布森观点的语言学者，其中也包括来自法国、德国及其他西方国家的学者。这是 20 世纪中期欧洲影响最大的一个语言学派，而该派的主要成员雅各布森和后来的列维、穆南、维纳、马尔布朗等人都是重要的翻译理论家。他们的翻译理论和思想毫无疑问地带有布拉格语言学派的痕迹，因此他们也常常被认为是翻译理论中的布拉格学派。这一学派的主要论点是：

（1）翻译必须考虑语言的各种功能，如认识功能、表达功能、工具功能等等。

（2）翻译必须重视语言的比较，包括语义、语法、语音、语言风格及文学体裁方面的比较。

雅各布森

布拉格学派中最有影响的翻译理论家是罗曼·雅各布森（Roman Jakobson）。他原籍俄国，后来旅居捷克斯洛伐克，二次大战期间移居美国，加入美国国籍。他是布拉格语言学派的创始人之一，写过大量有关语言学的论文和论著。他对翻译的主要贡献体现在"论翻译的语言学问题"（On Linguistic Aspects of Translation）一文中。该文从语言学研究的角度，对语言和翻译的关系、翻译的重要性及其普遍存在的问题，作了非常精辟的论述。该文自 1959 年发表以来一直为西方理论界奉为翻译研究的经典作品之一。

雅各布森对翻译理论问题的论述主要有以下五点：

（1）翻译分三类：语内翻译（intralingual translation）、语际翻译（ingterlingual translation）和符际翻译（intersemiotic translation）。语内翻译是指在同一语言中用一些语言符号解释另一些语言符号，就是人们通常所说的"改变说法"（rewording）。语际翻译是指两种语言之间的翻译，即用一种语言符号去解释另一种语言符号，这就是人们通常所指的严格意义上的翻译。所谓符际翻译（亦称跨语类翻译，transmutation）就是通过非语言的符号系统解释语言符号，或用语言符号解释非语言符号，比如把旗语、手势语变成言语表达。第一个把这三种类型的翻译高度概括起来的是雅各布森。

（2）对词义的理解取决于翻译。雅各布森把翻译概括成三类的目的在于说明，在语言学习和语言理解中，翻译起着决定性作用。他不赞同英国哲学家罗素关于经验决定词义的理解的观点，认为人们对词义的理解，进而也就是对整个语言含义的理解，并不取决于人们的生活经验以及对世界的知识，而首先取决于语言本身，取决于对语言的翻译。语言的含义应当附加在符号上，而不应该附加给符号所代表的物体本身。没有符号，也就无意思可言。

（3）准确的翻译取决于信息对等。对一个词做语内翻译，可以选用同义词，也可以采用迂回表示法。但一般说来，同义词不可能是完全对等的词。同样，在语际翻译中，符号与符号之间一般也没有完全的对等关系。而要做到准确地翻译一个词或相当于一个词的词组，就必须采用多个词的意义对等的组合，即采用相等信息。而且，人们通常不是用一种语言的信息来代替另一种语言中的单个符号，而是用信息替代信息。译者把接收到的语言信息译成信号，然后又发出去。因此可以说，翻译所涉及的是两种不同语符中的对等信息。

（4）所有语言都具有同等表达能力，如果语言中出现词汇缺乏，那么人们可以通过译借词、新造词、语义转移和迂回表达等方式，对语言进行修饰加工。

（5）语法范畴是翻译中最复杂的问题。这对于有时态、词性、词数等语法形式变化的语言，尤其是个复杂的问题。语法结构决定着哪些东西是非表达不可的。在诗中，言语对仗是做诗的一个原则。句法和词法范畴、词根、词缀、音素以及音素成分（如区别性特征）等都会在类同和差异的基础上相互对立、并列、接近，各自有各自的语法意义。另外，当人们说笑话、做梦、玩魔术、使用双关语或做别的文字游戏时，语法范畴的意义也都占有很重要的比例。在这些情况下，翻译就变得更复杂、更加容易引起争议，甚至变得不可能了。

列维

布拉格学派的另一个有代表性的翻译理论家是吉里·列维（Jiri Levy，? —1966）。他是捷克斯洛伐克现代翻译研究的先驱。他的翻译理论代表作有《翻译的艺术》、《文学翻译理论与实践》和论文"翻译理论对译者有用吗？"、"翻译是一个抉择过程"。列维在其著作与论文中，运用语言学理论讨论文学翻译标准和技巧等方面的问题，为现代文学翻译研究树立了一面旗帜。

列维的理论观点如下：

（1）文学翻译重在再创作。列维继承古罗马戏剧翻译家泰伦斯开始的传统，认为翻译是一种文学艺术，焦点在于再创作。文学翻译研究应当摆脱对翻译作品的一般性评论，扎扎实实地在目的、方法和效果上很下工夫。文学翻译的目的在于使读者感到他所读的是艺术品，能从中获得智慧、知识和美感。文学翻译应该使译作具有和原作相应的艺术感染力，而能否做到这一点，在很大程度上取决于译者的文学素养、译者能否熟悉原作内容以及能否判断并再现原作的文学风格和特征。因此，就文学翻译理论而言，比较历代的作诗方法、创作方法以及分析阐明译者在翻译中的职能和任务，乃是构成这种理论的先决条件。

（2）文学翻译必须采用"错觉"理论。所谓错觉，就是指译者隐匿在原作后面，以原作者的面目出现，使读者产生一种错觉，以为自己读的不是经过中间人（即译者）处理的译作，而是在直接读原作。这种错觉理论最适合于文学翻译。换句话说，译者必须使译作读起来不像译作，而像用目标语写成的原作。否则，文学翻译就达不到标准，译品就缺乏文学性或艺术性。

（3）翻译是一个抉择过程。就目的而论，翻译是一种交际过程，目的是把外国原作的知识传递给读者。但就实际翻译操作而论，翻译是抉择过程。在这一过程中，译者遇到一系列连续发生的情况，必须在一系列的选择中作出一个选择。最先作出的选择为后来的选择创造了某种上下文。翻译就好比下象棋，每走一步都受到前面各步的影响和牵制。译的结果的好坏取决于译者从最初的理解到最后的润色能否正确圆满地作出判断和抉择。

（4）翻译必须正确对待更改原文的问题。列维通过实验证明，译者在翻译中往往以两种方式更改原文：1）在几个对等语中为一个原文词作出选择，译者必然趋向于选择一个词义比原词广泛的词；2）译者在用词造句时，往往喜欢把原文没有表达的思想逻辑关系表达出来，以此弥补原作想象中的"断线"现象，使表达"正常化"。在第一种情况中，译者在同义词中作选择，自然会选择最先想到的词。一般说来，这种词用途广，易于想到。在第二种情况中，译者认为自己有解释原文的义务，必须把内隐的语义逻辑关系明说出来，使译文易于为读者看懂，也就是说，他这样做，只是为了表达出原文在形式上没有，但在意义上已经存在的东西，对于这两种更改，必须抱有正确的态度，适可而止。不恰当地选择泛指词，会剥夺原文具体而生动的特征；处处把内隐成分变成明说形式，会使译文显得简单肤浅而不能发人深省。

6.4.2　当代英国翻译理论

二次大战后，英国的翻译理论再次蓬勃发展，并不断出现具有重要特色和影响的思想和人物。首先是早期最具英国特色的伦敦社会语境派。这是一个语言学派。它的中心概念是，语言的意义是由言语使用的社会环境(the social context of situation)所决定的。这个思想反映到翻译研究领域，便成为英国翻译学派的主要特征。这就是说，译文的选词是否与原文等同，必须看它是否用于相同的言语环境之中。

弗斯

最先把伦敦语言学派的语言学理论用于翻译研究的是这一派的创始人弗斯(J. R. Firth, 1890—1960)。他曾任教于伦敦大学东方和非洲研究院的语言和语言学系，任普通语言学教授和系主任。他的理论主要发表在他本人编辑的《语言学论文集》(*Papers in Linguistics*，1957)和帕尔默(F. Palmer)编辑的《弗斯论文集》(*Selected Papers of J. R. Firth*，1968)两部文集里，其中集中反映他翻译理论的文章有两篇，一篇是"语言学与翻译"(Linguistics and Translation)，另一篇是"语言分析与翻译"(Linguistic Analysis and Translation)。弗斯主要谈了三个问题：

(1) 语言分析是翻译的基础。无论何时何地，人们接触到别人的语言或本民族过去的语言，实际上就是在进行翻译。要做到翻译正确，必须对翻译的方法和手段采取一种有批评、有分析的态度，必须在语法、词汇、词的搭配和言语的使用场合等四个层次上对语言材料进行分析。语言分析是翻译的先决条件。

(2) 完全的翻译不等于完美的翻译。所谓完全的翻译，是指在语音、语法、语义、话语结构以及风格等层次上，经过全面的分析的翻译。而任何翻译都不可能是完美的、不可更改的。特别是随着时间的推移，即使是再好的译文也可以进行修改，直至重译。

（3）在任何两种语言的翻译中，甲语言中某些意义的表达方式是不可能译成完全对等的乙语言的。语言结构也是无法全盘移植的。但如果两种语言的文化越是接近，社会环境越是相似，翻译的困难就越小，源语和目标语之间的桥梁就容易架起来。

无论在语言学或是翻译研究的领域，弗斯的社会语境思想和方法都产生了重要影响。当代英国语言学和翻译研究的许多其他重要人物，其各种思想理论和研究方法中都或多或少带有弗斯的印记。

现、当代英国翻译理论中，除上述伦敦社会语境派的思想外，还先后出现了各种其他不同的理论和思想，其重要代表人物有较具有传统翻译特色派的萨瓦里，现代语言学派的卡特福德及其他泛语言学（包括语篇语言学、语料库语言学、交际学）派的哈蒂姆、贝尔、和纽马克，解释学派的斯坦纳，翻译研究和文化学派的巴斯内特以及翻译操纵学派的赫斯曼斯等等。

萨瓦里

西奥多·萨瓦里（Theodore Horace Savory, 1896—?）是一位重要的语言学者和翻译理论家，主要著作有《生物学拉丁用语和希腊用语》（*Latin and Greek for Biologists*）、《科学语言》（*The Language of Science*）、《翻译的艺术》（*The Art of Translation*）。萨瓦里的翻译理论主要体现在《翻译的艺术》一书中。在书中他论述了翻译的原则和方法，涉及古典作品、诗歌、《圣经》、教育与科技作品翻译的专著。萨瓦里认为翻译是一门艺术，进而把文学翻译比作绘画，把科技翻译比作摄影。按照萨瓦里的观点，翻译可分为四类：(1)完美翻译(perfect translation)；(2)充分翻译(adequate translation)；(3)综合翻译(composite translation)；(4)科技翻译(translation of learned, scientific, technical and practical matter)。

萨瓦里认为，"完美翻译"是指广告、布告等纯粹传递信息的翻译，译成译文语言时可达到完美的地步。

所谓"充分翻译"，是指不拘形式、只管内容的翻译。换句话说，只要译文在内容与原文保持一致，文字上有出入却无关紧要。这类翻译的服务对象是一般读者。由于读者感兴趣的不是原作的风格，也不是原作的语言，而只是故事情节，所以对译文往往可以放手增删甚至更改。因为在"充分翻译"中，"内容比形式更重要"。

所谓"综合翻译"是指从散文体到散文体，从诗体到诗体的文学翻译，主要包括古典作品的高质量的翻译。这类翻译的难度最大，形式同内容一样重要，甚至比内容更重要，因此往往采用逐词对译。从事此类翻译的多为饱学之士，服务对象也不是一般读者，而是严肃的读者，他们的求知欲远远超出于对精彩故事情节的追求。按照萨瓦里的观点，从事"综合翻译"，需要译者展现高尚的情操，因为在翻译中投入的大量心血和时间，是译本金钱收益所不能比拟的；译者所指望获得的回报，是翻译活动能给他带来的精神享受和欢愉。胸怀如此情操的译者，每当读到优美的原文作品，心里就会产生一种冲动，急于想用自己的语言把它表达出来，以便别人能分享自己的快感。

"科技翻译"的特点与"充分翻译"有相似之处。在科技材料的翻译中，内容的重要性远远超过语言表达形式的重要性。之所以要翻译某一科学文献，往往不是因为这个文献有什么语言文学上的价值，而完全是由于文献的内容可用于本国生产或科研部门具有借鉴价值。

萨瓦里除对翻译类别作出上述划分外，还归纳总结了翻译实际工作所遵循的原则和规律，指出所有的翻译规则不外乎以下 12 项：

(1) 必须译出原文文字；

(2) 必须译出原文意思；

(3) 必须译得读起来像原作；

(4) 必须译得读起来像译作；

（5）必须反映原作风格；

（6）必须带有译作风格；

（7）必须译成与原文同时代的作品；

（8）必须译成与译者同时代的作品；

（9）可以对原文进行进行增减加工；

（10）不可对原文进行进行增减加工；

（11）诗体必须译成散文体；

（12）诗体必须译成诗体。

萨瓦里对各原则的特点和功能，一一作了明确的阐述和描写，但没有肯定或否定哪一种原则更好。萨瓦里认为，译者可以根据本人所好，根据原文、译文及读者的要求，分别选用不同的原则。

萨瓦里着重指出，要获得圆满的翻译效果，必须根据不同的读者要求，提供不同性质和风格的译文。就是说，在动手翻译之前，应该首先解决为谁而译的问题。译者根据读者的水平和个人爱好，至少可以把读者分为四类：

（1）完全不懂原文语言的读者，他们阅读译作只是出于好奇或对源语文学的爱好。

（2）正在学习原文语言的读者，他们阅读译作是为了更快更好地掌握原文语言，了解源语文学。

（3）曾经学过原文语言但后来又忘记了的读者。

（4）精通原文语言的读者。

由于这四种人阅读译作各有各的目的，同一篇译作就不可能同等地适合于所有这些人。任何译品，只有由特定的读者来读，才能最有效地发挥出它的作用。

萨瓦里的翻译观基本上没有脱离传统译论的范围。

卡特福德

约翰·卡特福德（John Catford）是爱丁堡大学应用语言学院担任

翻译教学的语言学家和翻译理论家。1965年，他出版《翻译的语言学理论》（*A Linguistic Theory of Translation*），书中以新颖的现代语言学视角来诠释古老的翻译问题，为西方翻译理论研究开创出新的途径，在西方语言学界和翻译理论界同时引起巨大反响。

卡特福德指出，他的理论叫翻译的"描写理论"。即他运用描写语言学家韩礼德的"级阶与范畴语法"（Scale and Category Grammar）来描写翻译。作者从翻译的性质、类别、对等、转换、限度等方面着重阐述了"什么是翻译"这一中心问题。

（一）翻译的性质

据卡特福德所下的定义：翻译乃是"把一种语言（源语）的文字材料替换成另一种语言（目标语）的对等的文字材料"。在这个定义中，"对等是个关键词……因为翻译实践的中心问题在于寻找目标语中的对等形式，翻译理论的中心任务则在于解释翻译对等形式的性质和条件"。

（二）翻译的类别

就其程度而论，可分为"全文翻译"（full translation）和"部分翻译"（partial translation）。全文翻译指源文本的每个部分都被译出。所谓部分翻译，按照卡特福德的定义，不是指摘译，而是指源文本的某些词语未经翻译就原封不动地搬进目标文本。

就语言层次而论，可分为"完全翻译"（total translation）和"受限翻译"（restricted translation）。完全翻译是指源文本从语法结构到词汇都有目标文本的对等形式。当然，由于源语和目标语毕竟是两种不同的语言，目标文本的语音和词形就不可能和源文本完全对等。从这个意义上说，完全翻译也不可能是完全的。受限翻译指的是仅在一个层次上的翻译，可以分为语音翻译、词形翻译、语法翻译和词汇翻译。语音翻译（phonological translation）不可与音译（transliteration）混为一谈。

就语言结构的等级而言，可分为"级受限"翻译和"级无限"

翻译。固定在语言结构低层的翻译，即局限于词对词、词素对词素的翻译，称为级受限的翻译；通常在结构层次上层、上下自由移动的翻译，称为级无限的翻译。传统的"意译"、"直译"和"逐词译"等概念可以用这种新的理论来说明。按照卡特福德的解释，意译总是级无限的翻译，译者在层次结构上自由选择对等形式，不受级的任何限制。逐词对译是限制在词一级，甚至词素一级的翻译。而直译介乎两者之间。用卡特福德的话说，在直译中，译者以逐词对译作为起点，但为了恪守目标语的语法规则而不得不有所变化(如增加词，改变任何一级的结构，等等)，这样便可能变成词组对词组或句子对句子的翻译。

（三）翻译的对等问题

这是翻译实践和理论研究的中心所在，必须从两个方面加以说明。一方面，翻译对等是一种以经验为依据的现象，是根据两种语言的比较而发现的。另一方面，翻译对等的产生必须看目标文本和源文本是否具有相同或至少部分相同的实质性特征。在一定长度的源文本中，某些词无疑会重复出现，每次出现都会在目标文本中具有具体的对等形式。对于重复率高的词语，可用概率论的概念来表达对等关系。倘若调查分析足够的样品，便可把翻译对等概率归纳起来，上升为"翻译规律"，运用于其他文字材料以至整个语言的翻译。

在形式对应方面，由于各种语言的语法范畴是通过它们在该语言中的相互关系来确定的，因此对应只可能是近似的。

怎么建立翻译对等，就必须从另一个侧面来看了。就语言的意义而论，源文本和目标文本的语言单位极少具有"相同的意义"。然而，它们可以在相同场合中起相同的作用。语言单位在特定的场合中如可互换，它们就能成为翻译对等形式。在翻译中，译者要选择的不是具有"相同意义"的对等形式，而是具有相同或相似场合特征的对等形式。目标文本和源文本共有的场合特征越多，目标文本的质量就越高。

（四）翻译转换

这种转换是通常翻译中必然出现的，是指把源文本变成目标文本时偏离形式对应。转换主要有两种：1) 层次转换；2) 范畴转换。

所谓层次转换，是指目标语文本和源文本所用的词语处于不同的语言层次上，也是指在语法层次和词汇层次之间互相转换。

所谓范畴转换，是指翻译偏离两种语言的形式对应，可分为：1) 结构转换，即按照目标语要求改变源文本结构；2) 词类转换，如源文本中的名词转换成目标语的动词等等；3) 单位转换，或级转换，指目标语文本和源文本属于不同的级，如俄语没有冠词，把英语的 a doctor 译成俄语，对等形式是 doctor，但是这是跳了一级的对等形式（即跳过冠词，进入名词词组一级）；4) 系统内部转换，是指源语和目标语结构系统在形式上基本上对应，但在翻译时需要在目标语结构系统中选用一个与源文本不对应的形式。

（五）翻译的限度

指的是不可译性的问题。翻译中有两种类型的不可译：

（1）语言方面的不可译现象有双关语、歧义语法结构。

（2）文化方面的不可译性是由于不同的社会风俗、不同的时代背景等非语言因素引起的。

后一种情况，译者可以把源文本移植过来，使读者通过上下文和语言环境理解原义，或者采用加注的方法予以说明。

卡特福德在翻译理论问题上表现出的语言学取向，给英国乃至整个西方的翻译注入了新的血液，它连同其他人的努力一起，推进了当代西方翻译研究领域的现代语言学意识。卡特福德提出的用"级阶与范畴"语言学理论解释翻译问题的主张是对当代西方翻译理论发展的一种贡献。

纽马克

彼得·纽马克(Peter Newmark, 1916—)是当代英国翻译理论界另一位十分重要的人物。他并没有提出过重大的原创性翻译思想，也不像卡特福德那样具有明显的理论标签，但他长期从事翻译教学和翻译研究，在许多翻译理论问题上有独到的认识和见解，写过大量的翻译理论作品，因此在翻译研究领域颇具知名度。

纽马克原为中伦敦理工学院(现名西敏寺大学)现代语言学院翻译教授兼学院院长，主要从事德英互译理论和实践的教学，后执教于萨里大学。他对于翻译理论问题的见解大多反映在 70 至 90 年代期间发表的论文中，其中有些文章汇编成集，以《翻译问题探讨》(*Approaches to Translation*)作为书名于 1981 年出版。他的其他翻译著作包括：《关于翻译》(*About Translation*, 1991)、《浅论翻译》(*Paragraphs on Translation*, 1993)、《再论翻译》(*More Paragraphs on Translation*, 1998)以及《翻译教程》(*A Textbook of Translation*, 1988)。纽马克的论文和论著所涉及的问题广泛，内容庞杂。他的主要特点是：潜心研究西方翻译的过去和现在，坦陈各家之言，广泛论述翻译与其他学科的关系，并在此基础上提出自己的见解。他对翻译问题的理论见解主要体现在以下四个方面。

(一) 翻译类别

纽马克把翻译主要分成四类：交际翻译，语义翻译，直译，死译(即逐行对照翻译，interlinear translation)。在交际翻译中，目标语文本所产生的效果应力求接近源文本。在语义翻译中，目标语文本应在目标语的语义和句法结构允许的情况下尽可能准确地再现源文本的语境意义。在直译中，源文本词语的基本意义被译了过来，目标文本合乎目标语的句法结构，但意思是孤立的，没有考虑源语用词的语境因素。在死译中，源文本所有词语的基本意义得到了翻译，但目标文本既不考虑源语用词的语境因素，句法结构也不符合目标语要求，连词序都是按照源文本排列的。语义翻译和直译的区别在于：前者尊重语言的使用场合，而后者却不尊重。语义翻译有时还有解释的任务。在语义翻译中，译者必须忠于原作者，而在直译中，译者必须忠于整个源语的规则。

交际翻译和语义翻译的区别在于：

（1）交际翻译首先忠于目标语和目标文本读者，即要求源语服从目标语言和文化，不给读者留下任何疑点与晦涩难懂之处；语义翻译则服从源语文化和原作者，翻译源文本的语义，只在源文本的内涵意义构成理解障碍时才加以解释。

（2）当信息内容和效果发生矛盾时，交际翻译重效果而不重内容，语义翻译则恰恰相反。

（3）交际翻译通顺、简朴、清晰、直接、合乎习惯，并倾向于欠额翻译，即遇到难译之词便使用包罗万象的泛指词；语义翻译比交际翻译复杂、笨拙、具体、浓缩，重在再现原作者的思想过程而不是他的意图，倾向于超额翻译，即采用比原词意义更专的特指词。

（4）交际翻译的译文通常比语义翻译长，因为后者没有帮助理解的多余词语。

（5）交际翻译是一门技巧，常可由多人承担；语义翻译是一门艺术，只能由一个人单独承担。

交际翻译和语义翻译也有共同之处。首先，在保证等同效应的前提下，二者都必须采取逐词翻译的具体方法。在任何类型的翻译中不可任意增词。其次，如果原文信息带有普遍性，不带文化特性，信息内容的重要性便超过表达信息的方式和手段。如翻译重要的宗教、哲学、艺术、科学文献，用交际翻译和语义翻译就会产生彼此类似的效果。另外，往往会出现这种情况：在同一篇作品中，有的部分必须采用交际翻译，有的部分又必须采用语义翻译。因此，从这种意义上来说，没有绝对的交际翻译，也没有绝对的语义翻译。纽马克特别不同意把一切翻译都看成为交际目的服务的翻译，因而间接地批评了奈达等人的语言交际观点。

(二)翻译性质

从性质上说，翻译既是科学，又是艺术。说它是科学，是因为语言中有些东西已经标准化，只允许一种译法。例如科技术语一般只有一个译名。此外，还有常用的比喻、成语、谚语、感叹语、文告语、社交用语、时间用语、度量用语、各个语域的典型用语等等，往往都只有一种固定的译法。

翻译是艺术，是因为语言中有些东西远非标准化，允许有多种选择，多种译法。但目标语文本也必须受到科学的检验，以便一方面避免明显的内容和用词错误，另一方面保证目标语文本同源文本一样行文自然，符合语境要求。要掌握翻译的艺术必须具备几个条件：

(1) 掌握丰富的词汇和语法知识，能写文雅、活泼、简练的文章。

(2) 精通外语，能分辨原作在何种程度上偏离了源语的常规；对于某些用法，能分辨它们是必须加以保留的创新之说，还是必须加以排除的怪僻之说。

(3) 能顺利地把理解到的东西表达出来，表达时可能需要再创作。在文学翻译中，对源文本的修辞手段必须有锐利的眼光；如果原作是文学作品，必须懂得如何在目标文本中运用这些手段。

同其他形式的艺术一样，译本的好坏不在于它是否畅销，而要看专家或知识水平高的读者怎么评价。评价必须讲出道理来。一般说来，目标文本是好是坏，必须看译者是否理解原作对源文本内容所抱的态度，是否保留了源文本的笔调风格，以及目标文本是否行文自然。

(三)翻译规则

纽马克认为，翻译是有规则可循的。翻译理论应当借助于逻辑学、哲学、语言学，为译者制定可行的规则。

(四)意义的走失

翻译主要涉及意义问题。语言的意义具有许多层次，同大脑思维系统一样错综复杂。人在思维时，大脑里产生的是意象，这时最能体验到意思。一旦开始说话写作，意象变成语言，想到的意思便开始走失。而把人们所说的话译成另一种语言时，走失的意思就更多。目标文本意思的走失表现在：

（1）如果源文本内容涉及本国特有的自然环境、社会制度、文化习俗，目标文本在意思上就必然有所走失。

（2）每一种语言都自有语音、语法、词汇的基本系统和运用方式；世界上形形色色的事物和思想观念怎么分门别类，各种语言也不一样。所以各种语言的词句很难在文体（严肃体、正式体、非正式体、随便体、亲密体）、感情色彩、抽象程度、评价尺度（好与坏、雅与俗、强与弱、广与狭）等四个方面完全对应。

（3）怎样运用语言，译者和原作者各有自己的方式。

（4）译者和原作者具有不同的语义理论和价值观念。译者的理论会影响他对源文本的翻译。原作者意在写实，译者可能以为是象征手法。原作者所表达的是一个意思，译者可能以为是几个意思。译者可能根据自己的思想体系，甚至根据自己对句法的理解，采用不同于原作者的着眼点。

纽马克的特别之处在于，他对翻译问题的研究虽然失之零散但却十分严肃，而且是全方位的。他对当代翻译研究中的常见问题和热门问题，从翻译的基本理论、翻译的性质、方法、规则到翻译评赏、翻译教学、翻译中的语篇分析、翻译中的文化问题、意识形态问题、伦理问题等等，他都作过广泛的论述。他对翻译理论中一些基本概念如交际翻译与语义翻译的诠释，尤其受到理论界的肯定。

斯坦纳

在西方翻译理论界有一个凭一部著作而蜚声西方译坛的人物，那就是乔治·斯坦纳（George Steiner，1929—）。斯坦纳出生在巴黎，在巴黎和纽约长大，后来长期居住英国，在英美多所大学执教，主要讲授语言和翻译理论。1975 年，他用英语出版了一本语言和翻译专著，书名为《通天塔之后：语言与翻译面面观》(*After Babel: Aspects of Language and Translation*)。斯坦纳的一个核心观点是：语言的产生和理解过程，实际上乃是一个翻译过程。翻译是语言的基本因素。在最基本的思想交流中，翻译是内隐的；在人类数千种不同语言的共存与相互接触中，翻译是一项外显的活动。翻译的基础是作为整体而存在的语言。然而强调语言共性的存在，决不应忽略语言个性的存在，否则对语言的解释就会神秘化，就会不符合语言的客观现实。斯坦纳看到了语言理解和翻译的极大困难，但他并未因此而提出不可译论。他指出："语际层面的翻译会引出堆积在一起的、显然难以解决的问题，但在语内交流这个更加隐蔽的或历来被人们忽视的层面上，这些问题同样大量存在……不管是语内还是语际，人类的交流都等同于翻译。"

斯坦纳代表了西方语言和翻译理论中独具一格的解释学理论派，把分析的矛头对准语言的相互作用，分析的中心点不是可以观察到的语言行为，而是语言交流赖以发生的语言认识意义和感情意义的理解。《通天塔之后：语言与翻译面面观》的一个主要特点在于其所阐述的理论思想极具深度和广度。它的主要目的是要阐明翻译乃是语言的基本因素，翻译和语言理解不可分，因此其重点在有关语言和翻译的一般性理论问题上，并没有提出完整的翻译理论。这部书的重要价值尤其在于对翻译步骤所作的诠释。

斯坦纳认为翻译的步骤有四点：

(1) 信赖(trust)；

(2) 侵入(aggression)；

(3) 吸收(incorporation)；

(4) 补偿(restitution)。

首先，在着手阅读和翻译之前，译者会自觉或不自觉地经历"信赖"这一步骤，即"相信原文是有意思的，译者必须加以透彻理解"。

就有意思的原文而言，原文究竟说了些什么，这个问题又会由于文章体裁、类型的不同而各异，或由于翻译目的之不同而不同。

翻译的第二步是"侵入"原文，译者打破原文的外壳，抽出原文的精髓，然后带回去。有些原作通过翻译被全盘移植到译文语言中，原文语言里的东西一点儿也不留。有的原作则无须人们再去阅读，因为译作比原作出色。

第三步是"吸收"。原文的意思和形式被移植过来，不是在真空中移植，也不是移植到真空中去。译文的语义场已挤满了语义，对于引进的成分会有各种各样的同化和应用。但不论同化的程度如何，从原作中的引进总有可能搅乱或重组译文语言的结构。通过翻译，译文语言可以变得更加丰富，但也有可能被原文语言俘虏过去，而丧失译文语言的本色。译者应该看到外来成分吸收过程中的这种辩证关系。吸收原文是一项思维活动，但它是以语言的使用为标志的。在科技翻译中，吸收原文的任务不会太难，因为读者只需在一个层次即客观事实和知识的层次上下工夫。在文学翻译以及在某些宗教文献的翻译中，对原文的吸收就必须在多个层次上进行，有的层次纯属译者的直觉范畴，因此吸收的好与坏完全取决于译者本人。

第四步是对翻译过程中的走失进行"补偿"，即把原有的东西归还到原来的地方。"补偿"是不可缺少的一环。在第一步，译者倾向于原文失去平衡。接着，译者在认识上"侵入"原文，理解原文的意思。尔后，译者对原文进行索取，给译文增进可能导致不同后果的新成分，于是又一次失去平衡。因此，译者必须作出补偿，通过交互作用以恢复平衡，也就是达到理想的翻译。这一点，正是翻译原则与技巧的核心所在。

巴斯内特

苏珊·巴斯内特（Susan Bassnett）是英国沃里克大学比较文学与翻译学教授、比较文化研究中心主任，并于后来兼任大学副校长一职。巴斯内特是一位思想活跃而阅历丰富的学者，她早年求学于丹麦、葡萄牙与意大利，懂意大利语、法语、西班牙语、德语、葡萄牙语、丹麦语、拉丁语等十余种语言，先后到过二十多个国家和地区（包括中国内地、香港）任教或讲学，讲学内容主要包括文学翻译、翻译理论、西方翻译史、莎士比亚戏剧、女性文学、性别研究、语言研究和文化研究等多个方面，而她的学术研究范围和成就也就主要涉及这些方面。通过对多国语言、文学和文化的接触和认识，并通过对包括诗歌、戏剧在内的文学翻译以及翻译理论问题广泛而深入的研究，巴斯内特在翻译思想上逐步显露出了她的文化取向。她在翻译研究学派创始人霍姆斯的思想影响下，将翻译置于与之相关的社会文化环境中来考察，并把这种文化理念贯穿在她与美国学者勒弗维尔共同主编、在西方译界极具影响的《翻译研究论丛》之中，从而逐步确立了她作为当代英国乃至整个西方翻译研究学派和翻译文化学派重要代表之一的地位。

巴斯内特是一位多产的翻译理论家，主要学术成果包括《翻译研究》(*Translation Studies*，1980/1991)、《翻译、历史与文化》(*Translation, History and Culture*，1990，与勒弗维尔合编)、《英国文化研究导论》(*Studying British Cultures: An Introduction*，1997)、《比较文学导论》(*Comparative Literature: A Critical Introduction*，1993)、《文化建构：文学翻译论集》(*Constructing Cultures: Essays on Literary Translation*，1998，与勒弗维尔合编)、《后殖民翻译：理论与实践》(*Post-colonial Translation: Theory and Practice*，1999，与特利维狄合编)以及《翻译研究论丛》(*Translation Studies Series*，与勒弗维尔合编)、《翻译专题论丛》(*Topics in Translation Series*，与根茨勒合编)等。其中最具代表性的作品是 1980 年初版、1991 年修订版的译学专著《翻译研究》。

概括起来，巴斯内特的翻译思想具体表现如下：

（一）翻译研究的性质

巴斯内特认同 20 世纪 70 年代末、80 年代初西方翻译研究界出现的一种观点，即"翻译研究"（Translation Studies）是一门"研究翻译及翻译问题的学科"。她认为，人们长期以来都是把翻译研究当做比较文学的一个分支，或把它隶属于主要包括外语教学和外语教学研究在内的应用语言学，这种传统观点是不正确的。翻译研究既不是比较文学的分支，也不隶属于语言学，而是一门与文体学、文史学、语言学、符号学、美学等各个领域密切相关，同时又具有自身特点的独立学科。巴斯内特认为，发展到20世纪80年代，翻译研究已经成为了这么一门独立学科；发展到90年代，翻译研究的独立学科地位则已在世界范围内得到广泛承认。相形之下，比较文学的发展已经滞后，因为它仍在为自己是不是独立学科的问题而争论。从研究当中所涉及的问题以及事物发展的总体趋势来看，在翻译研究和比较文学之间，我们不仅不能把前者归属于后者，而且反而应当把翻译研究视为主体学科，把比较文学视为这一主体学科的隶属研究范围，因为离开了翻译和翻译研究，比较文学就无法存在和发展。

（二）翻译研究的范围

巴斯内特认为，翻译研究作为一门独立学科，其具体研究范围可以涵盖四个方面：一是翻译史研究，其中主要包括不同历史时期的翻译和翻译理论研究、翻译评论、翻译的历史作用和功能、翻译方法的发展和演绎等等；二是翻译与目标语文化之间关系的研究，其中主要包括对于具体译本、具体译者、具体译本在目标语体系中对目标语文化的影响以及目标语文化对翻译策略的影响等方面的研究；三是翻译的语言学研究，主要涉及目标语与源语之间的比较研究，其中包括词汇、句法、语义等层面的比较，同时还涉及有关语言等值、语言可译与不可译、机器翻译、非文学翻译等问题的研究；四是翻译的诗学研究，主要涉及文学领域里的一切翻译问题，包括诗歌、戏剧、小说等各种文体翻译问题的研究，同时也包括翻译的诗学对比研究、目标文本与源文本的相互关系研究、作者译者读者的三元关系研究等等。在这四类研究中，巴斯内特认为第一、三类最常见。但她同时也指出，这四类研究并不截然分开，而是相互交叉、互为融合的。

（三）翻译研究的文化视角

自20世纪90年代来，巴斯内特表现出强烈的文化意识。不论是她的所谓"后殖民"翻译观还是"后现代"翻译观，都集中体现了一种文化视角。巴斯内特认为，翻译绝不是纯粹的语言行为，而是根植于有关文化深处的一种行为；翻译就是文化内部和文化之间的交流；翻译对等就是源语与目标语在文化功能上的对等。这种翻译文化观的具体含义是：

（1）翻译应以文化为单位，而不是把翻译单位局限在语言的范围里；

（2）翻译不只是简单的"译码—重组"过程，更重要的是一个交流的过程；

（3）翻译不应局限于对源文本进行描述，而应着眼于源文本在目标语文化里的功能对等；

（4）翻译在不同的历史时期有不同的原则和规范，不同时期的翻译都是为了满足不同时期的文化需要以及满足特定文化里不同群体的需要。

巴斯内特在这里所讲的文化，既指源语文化，也指目标语文化；而更重要的含义则是，翻译中译者不仅必须分析源文本的文化含义，而且更应该考虑如何把这个文化含义转化成既尊重目标语文化规范，又不违背源文本文化含义的目标文本。当然，在方法论上，巴斯内特等人所代表的翻译文化学派，与奈达倡导的翻译交际学派是不尽相同的。前者侧重于源文本与目标语文本在文化层面的转换与对应，后者则更侧重于源语信息在目标语境的可接受性。

英国当代翻译理论研究领域的其他重要人物哈蒂姆、贝克、赫曼斯等都从各个不同的层面或视角研究翻译，提出各具特色的理论和思想，进一步充实和丰富了英国翻译理论。

哈蒂姆

　　巴塞尔・哈蒂姆(Basil Hatim)于 20 世纪 70 年代后期从阿拉伯世界来到英国留学，在埃克塞特大学专攻话语分析与翻译研究，80年代初获得博士学位。此后，长期在爱丁堡的赫里奥特瓦特大学的翻译研究中心从事教学与研究工作，并加入英国国籍。哈蒂姆的主要译学著作包括 1990 年与另一英国翻译理论家伊恩・梅森(Ian Mason)合著的成名作《话语与译者》(*Discourse and the Translator*)以及 1997年与梅森合作的另一著作《译者作为交际者》(*The Translator as Communicator*)，此外还有他于 1997 年单独发表的《跨文化交际：翻译理论与对比语篇语言学》(*Communication Across Cultures: Translation Theory and Contrastive Text Linguistics*)和 2001 年出版的，《翻译教学与研究》(*Teaching and Researching Translation*)。

　　哈蒂姆在所有这些著述中所传达的一个基本理念就是，翻译者即跨语言、跨文化的交际者。他的这个理念与多年来西方翻译研究领域流行的交际理念相比，并无多少新颖之处，这不是哈蒂姆的贡献所在。他对于翻译理论的贡献主要在于他从一个新的视角对跨语言文化交际的种种因素进行了深入的考察和诠释，即从语篇语言学和话语分析的视角。可以说，哈蒂姆是英国乃至整个西方最早把话语分析结合到翻译研究领域的学者之一。特别是在他的成名作《话语与译者》一书中，他运用语篇语言学的基本原理和话语分析的基本方法，从各个方面对翻译中的语篇进行全面而深入的讨论和分析，包括跨语言、跨文化交际的诸多层面如交际层面、语用层面、符号层面，构成语篇和话语的诸多特征如语篇连贯、衔接、情景、互文等特征，影响语篇和话语意义的各种语域因素如话语场景、话语基调、话语方式等因素，以及翻译过程中处理文本时必须考虑的文本类型和文本结构等等。

中外翻译简史◆

贝克

莫娜·贝克(Mona Baker)是曼彻斯特科技大学语言工程系翻译研究中心主任、译学杂志《翻译者：跨文化交际研究》主编。她是进入 90 年代以来英国翻译研究领域十分活跃的理论人物之一，她以自己所主持的翻译研究中心和译学杂志为基地，常年开办翻译讨论会或研习班，吸引各地学人参加。她主要的作品包括 1992 年出版的翻译教材《换言之：翻译教程》(*In Other Words: A Coursebook on Translation*)、1993 年与人合编的论文集《文本与技术：约翰·辛克莱纪念文集》(*Text and Technology: In Honour of John Sinclair*)、1998 年主编的《劳特利奇翻译研究百科全书》(*Routledge Encyclopedia of Translation Studies*)以及论文"语料库语言学与翻译研究：意义与运用"(Corpus linguistics and translation studies: Implications and applications，1993)、"翻译研究语料库：综述与对今后研究的建议"(Corpora in translation studies: An overview and some suggestions for future research, 1995)、"语料库翻译研究：未来的挑战"(Corpus-based translation studies: The challenges that lie ahead，1996)等。

莫娜·贝克对翻译研究的贡献，除了主编《翻译者：跨文化研究》杂志、出版了颇具影响的翻译教程和翻译研究百科全书以外，主要在于她开辟了以语料库方法展开的翻译研究。这是一种全新的翻译研究途径。她从语料库语言学获取灵感，并借用语料库语言学的研究方法，对翻译问题展开其他调查，即广泛收集真实存在的翻译材料，借助现代化手段建立大型语料库，挑选出各种资料样本进行分析，以此来描述翻译的真实面目和性质，揭示可能存在于翻译真实中的规律，并为翻译操作提供范式。贝克认为，翻译研究所用的语料库可以分为三类：一是平行语料库(parallel corpus)；二是多语语料库(multilingual corpus)；三是可比语料库(comparable corpus)。

所谓平行语料库，是指双语平行的语料库。它收集的是一种语言如英语的原创文本及其在另一种语言如法语、德语中的翻译文本，因而可以把它称为真正意义上的翻译语料库。平行对应关系可能是一对一，也可能是一对二，或一对更多，也就是说源文本始终是一个，译入另一语言的对应文本却可能不止一个。研究者通过对两种平行文本，即对一个或若干平行目标文本进行比较和分析，可以发现对应文本在词汇、句法和风格上的对等关系和差异。实际上，传统的翻译批评就是根据此类平行文本的比较来进行的。采用平行语料库分析所不同的是，由于平行语料库的建立，意味着机器化、数字化手段的使用，因此它的分析速度更快，分析范围更广泛、更全面、更彻底，分析结果也往往更准确、更可靠。翻译平行语料库的建立，对于翻译培训、双语词汇教学、双语词典编纂和机器翻译等等，尤其具有实际价值。

所谓多语语料库，是指收集来自两种或多种语言、体裁相同或相似的文本的语料库，这些文本都是各种语言的原创，而不是翻译。从某种意义上说，这是真正的"平行"语料库，而不是翻译语料库。它与翻译研究的关系较为间接，价值主要在于，研究者可以通过对这些"平行"文本的比较，分析出它们在各自语言里文本的类型和风格特性，从而为分析或评论可能存在的相应翻译文本建立有效的参照系数。

所谓可比语料库，是指同时收集某一语言的原创文本和从其他语言译入这一语言的、体裁相同或相似的文本，例如收入某一体裁的英语原创文本和从法语或德语译入英语的文本。根据贝克的观点，此类语料库的建立对翻译研究最具价值，因为研究者通过从词汇到语法到文字风格层面，对同一语言里原创文本和外来翻译文本进行分析和比较，可以发现在特定历史、文化环境中翻译的规范和翻译活动中带普遍意义的规律。

翻译语料库或与翻译研究相关语料库的研究和应用，无疑可以为翻译研究创造出可靠的分析平台，可以帮助研究者以更加广阔的视野去认识翻译。尽管莫娜·贝克自 1995 年就已经开始主持建立的首个翻译类英语语料库尚在继续开发中，但研究人员所取得的阶段性成果足以证明，翻译研究中的语料库途径是大有可为的。莫娜·贝克作为这一研究途径的代表，被载入当代英国翻译理论发展的史册。

赫曼斯

与哈蒂姆、贝克同样重要的另一位翻译理论人物，是伦敦大学德语、英语翻译教授西奥·赫曼斯（Theo Hermans）。他的主要著作包括分别于 1985、2002 年主编的论文集《文学操纵：文学翻译研究》（*The Manipulation of Literature: Studies in Literary Translation*）和《跨文化违规：翻译研究模式（二）——历史与意识形态问题》（*Cross-cultural Transgressions: Research Models in Translation Studies II: Historical and Ideological Issues*）、1999 年出版的《翻译系统面面观：描写型与系统型理论诠释》（*Translation in Systems: Descriptive and System-oriented Approaches Explained*）以及论文"文学翻译：一个概念的诞生"（Literary Translation: The Birth of a Concept，1986）、"翻译规范与正确翻译"（Translational Norms and Correct Translations，1991）、"论翻译的模式化：模式、规范与翻译范围"（On Modeling Translation: Models, Norms and the Fields of Translation，1993）、"学科目标：翻译研究领域的移变"（Disciplinary objectives: The Shifting Grounds of Translation Studies，1995）、"规范与翻译抉择的理论框架"（Norms and the Determination of Translation: A Theoretical Framework，1996）等等。

赫曼斯是佐哈多元系统、图里规范理念以及弗米尔翻译目的论的支持者，属于翻译多元系统学派和文化学派的重要人物。他认为文学翻译是文学多元系统中的一个子系统，并且应当放在这样的系统中来研究，放在社会文化的大环境里来研究。翻译研究的注意力，主要应当集中在影响翻译方法和目标文本产生的翻译规范和种种限制因素上；翻译理论的一个重要功能，是解释翻译以何种方式在接受系统中发生作用，以及目标系统以何种方式接受和排斥特定的目标文本。赫曼斯还从翻译目的论的立场出发，指出任何类型的翻译都会为了达到某种目的而对源文本进行一定程度的"操纵"，并认为翻译研究应当超越对于个别文本和现象的解释，而更多地去考察"更大的整体——集体性的规范、读者的期待、时代的准则、文学体系中某些部分历时和共时的交错影响、周边文学或非文学体系的相互作用等"。

一句话，翻译，特别是文学翻译在赫曼斯看来，是一种系统现象；系统中的诸多因素，从翻译子系统在文学多元母系统中不断变化的地位，到构成翻译背景的社会文化、意识形态、翻译和文学规范、翻译目的和功能、原作者意图、委托者要求、接受者的期望和反应等等，无不在这种或那种程度上，以这样或那样的方式影响着、操纵着翻译终端产品——目标文本的产生。因此科学的翻译研究方法，是以系统理论为基础的描写方法，是重翻译目的和功能、重社会文化研究的方法。

以上讨论到的当代英国翻译理论家哈蒂姆、贝克、赫曼斯等等，论其出身，原籍都不是英国人，由于他们或是后来加入英国国籍，或是长期在英国从事教学和研究，或是在英国译界成名，所以把他们归入英国翻译理论人物。

6.4.3　当代美国翻译理论

由于美国本身的历史并不悠久，按照郭建中的看法，美国"勉强可以说有点儿'现代美国翻译理论'，但主要的和大量的是二次大战后发展起来的'当代翻译理论'"。只有进入 20 世纪后，美国在翻译理论研究领域才开始崭露头角，并一直到二次世界大战之后才开始出现真正具有重要影响的翻译理论家。

当代美国翻译理论的发展有三个主要特点：一是在整体研究方

法上继承了欧洲翻译理论的传统；二是早期研究多受美国结构主义语言学派的影响；三是在研究成果上有后来居上之势。

以英语为国家语言的美国文化继承了欧洲文化，作为美国整体文化组成部分的美国翻译文化，其发展也就同样地继承了欧洲的翻译文化，包括欧洲的翻译理论的文化。因此可以说，在整体研究方法上，美国翻译理论只不过是欧洲翻译理论在新大陆的延伸。尤其在美国翻译理论的发展早期，许多从事翻译研究并较具影响的翻译理论家都来自欧洲的移民或欧洲移民的后裔。

美国翻译传统的另一个特点，就是早期研究受美国结构语言学流派的影响较大，可以说这是美国翻译研究中一个较为鲜明的"美国特色"。美国语言学研究在许多方面都走在西方的前列，先后出现了人类语言学派、结构主义语言学派、转换生成学派等较大的语言学流派。这些语言学派对美国的翻译研究也都发生了各种直接或间接的影响。

奈达

尤金·奈达(Eugene Albert Nida，1914—)出生于美国中南部的俄克拉荷马城，1936 年毕业于洛杉矶加州大学，1943 年他在布龙菲尔德和弗莱斯两位名家的指导下获语言学博士学位。他还从事过语言学、语义学、人类学、通讯工程学等方面的研究。他于 80 年代退休之前供职于美国圣经公会翻译部，长期担任翻译部执行秘书；主要从事《圣经》翻译和译本修订的组织工作以及《圣经》译员的培训和理论指导。他精通多国文字，调查研究过一百多种语言，尤其是非洲及拉丁美洲的一些小语种。1968 年，他担任过一届美国语言学会主席。除较长期兼职在著名的美国暑期语言学讲习所讲授语言学和翻译课程外，他还在多所美国大学担任过客座讲师和教授，并经常应邀到各国作短期讲学，获得多个荣誉博士称号。美国圣经公会为了肯定他在翻译研究特别是在圣经翻译研究领域所作出的贡

献，于 2001 年以他的名字命名了该公会的学术研究所。奈达从 1982
年起先后十余次应邀来华讲学，与我国许多学校和学者长期保持着
密切的学术联系和交流。

　　奈达是一位多产的语言和翻译理论工作者。1945 年—2004 年，
他共发表文章 200 多篇，著作（包括与人合作和编辑的）40 多部。其中
关于语言与翻译理论的著作 20 余部，还出版了一部论文集。代表他
的研究成果的有：《翻译科学探索》（*Toward a Science of Translating*，
1964）、《翻译理论与实践》（*The Theory and Practice of Translation*，
1969，与泰伯合著）、《语义的成分分析》（*Componential Analysis of
Meaning*，1975）、《语言结构与翻译：奈达文集》（*Language Structure
and Translation: Essays by Eugene A. Nida*, ed. by Anwar S. Dil, 1975）、
《从一种语言到另一种语言》（*From One Language to Another*，1986，
与瓦德合著）、《跨语交际的社会语言学视角》（*The Sociolinguistics of
Interlingual Communication*，1996）以及《语言与文化：翻译中的语
境》（*Language and Culture: Contexts in Translating*，2001）。

　　奈达的翻译思想可以分为三个不同的主要发展阶段，即早期带
有明显美国结构主义色彩的语言学阶段，中期的翻译科学学说与翻
译交际说阶段以及后来的社会符号学阶段。

　　语言学阶段是奈达翻译思想发展及其整个学术活动的第一个主
要阶段，从 1943 年他写出博士论文"英语句法概要"，到 1959 年在
布劳尔编辑的论文集《论翻译》中发表"从圣经翻译看翻译原则"
（Principles of Translation as Exemplified by Bible Translation）。他发表了
一系列研究英语句法现象和词法现象的著作和文章，试图通过对句
法、词法和语言翻译问题的描写，阐明语言的结构性质。奈达早期
受美国结构主义派布龙菲尔德和人类学家萨丕尔的影响较大，在语
言研究中重视语言素材的收集和分析。他通过到世界各地考察和接
触各种不同语言的机会，收集到不少有关言语差异的实例。但他不
是把言语差异当做语言之间不可逾越的障碍，而是当做相同本质的

不同现象来加以描写。奈达关于语言的这种见解，与乔姆斯基"表层结构"和"深层结构"的概念相比，至少早提出五年。

奈达翻译思想的第二个发展阶段即翻译科学说与翻译交际说阶段，从 1959 年"从圣经翻译看翻译原则"一文发表到 1969 年《翻译理论与实践》的出版，共 10 年。这个阶段的研究成就，对于确立奈达在整个西方翻译理论界的权威地位，起了非常关键的作用。1964 年奈达的翻译研究达到了高峰。这一年，他出版了重要专著《翻译科学探索》，这是奈达翻译思想发展过程中的一个最重要的里程碑。1969 年他与泰伯合写了《翻译理论与实践》，以《翻译科学探索》阐述的观点为理论基础，着眼于理论与实践相结合，既提出理论，又强调实践，在许多方面补充和发展了前者。其主要思想体现在以下五个方面：

(1) 翻译科学说。奈达认为，翻译不仅是一种艺术、一种技巧，还是一门科学。这里所谓的科学，是指可以"采用处理语言结构的科学途径、语义分析的途径和信息论来处理翻译问题"，即采用一种语言学的、描写的方法来解释翻译过程。"对不同语言里相应的信息间的关系进行任何描写和分析，都必须是语言学的描写和分析"，因此也就是"科学"的描写和分析。奈达这种"翻译即科学"的观点，在西方语言学界和翻译理论界曾有过较大反响。

(2) 翻译交际说。奈达把通讯论和信息论用于翻译研究，认为翻译就是交际(Translating means communicating)。二次大战后，不仅广告家、政治家、商人十分重视语言的可懂性，而且学者、作家、编辑、出版家和翻译家也都认识到：任何信息倘若起不到交际作用，就毫无价值可言。因此，评判一篇翻译是否成功，首先要看它能否被接受者即时看懂，能否起到思想、感情、信息的交流作用。于是，在翻译研究领域里，诸如"交际翻译"、"功能翻译"以及与之相关的"同等反应论"、"同等效果论"、"同等力量论"等等名称与说法便层出不穷。而奈达所提出的"翻译即交际"以及"读者反应论"、

"动态对等论"、"功能对等论"，也就成了西方翻译理论研究领域交际学派的一个重要代表。

奈达"翻译即交际"说的理论基础是语言共性论。奈达和雅各布森一样，认为世界上所有语言都具有同等的表达能力，能使说该语言的本族人表达思想，描述世界，进行社会交际。论点立足于一个"同"字。

奈达认为，翻译的首要任务是使读者看了译文就能一目了然，即翻译的行文要流畅自然，读者无需源语文化背景知识就能看懂。这就要求在翻译中尽可能少地搬用生硬的外来语，尽可能多地使用属于接受语的表达法。

奈达的翻译交际理论在西方翻译界，包括东欧和苏联翻译界，都产生了很大影响。

（3）动态对等说。所谓动态对等的翻译，实际上就是翻译交际理论指导下的翻译，具体说来是指"从语义到语体，在接受语中用切近（原文）的自然对等语再现源语信息"。"自然"、"切近"都是为寻找对等服务的。翻译中没有绝对的对等，但译者应在寻求"切近而又自然的对等语"上下工夫。在这一方面，翻译必须达到四个标准：1）达意；2）传神；3）措辞通顺自然；4）读者反应相似。很明显，要达到这四个标准，内容与形式之间无疑会出现某些难于调和的矛盾，有时不是形式让位于内容，就是内容让位于形式，在一般情况下，为了保存内容，必须改变表现形式。内容是首要的，但同时又不能绝对化。应当看到的是，在任何语言信息中，内容和形式往往是不可分割的整体。特别是在文学翻译中，只管内容不顾形式，通常反映不出原文的美感，使译文显得枯燥无味；只顾形式不管内容，则不能忠实地表达原文的信息，使译文显得华而不实。译者不能机械地理解内容与形式统一、内容先于形式的原则，因为翻译（特别是译诗）是一种"再创造"，而不是"再生产"。

按照奈达的定义，动态对等不等于传统上的"自由翻译"或"活译"，因为动态对等对翻译有严格的要求，它要求接受语文本在不同的语言结构里尽可能完满地再现源文本旨意；而自由翻译往往是译者毫无节制的自由发挥。

事实上，奈达自 20 世纪 50 年代担任美国圣经公会翻译部执行秘书数年之后已开始用动态对等翻译理论来指导《圣经》翻译的实际工作。当年出版的《圣经·现代英语译本》就是根据这个理论译成的。该译本出版后，赢得了读者普遍赞誉。因此，至少在《圣经》翻译领域，奈达的这一理论较好地显示出了它的实用价值。

（4）翻译功能说。奈达从社会语言学和语言交际功能的观点出发，认为翻译必须以读者为服务对象。要判断一部译作是否译得正确，必须以读者的反应为衡量标准，译文读者作出的反应如果基本等同于原文读者对原作的反应，那就可以认为这部译作是成功的。要做到这一点，必须注意语言交际的动态特质，不仅要考虑到语言词汇本身的意义和翻译，同时还要考虑到在语言交际中由于各种因素和语言环境所产生的语用意义以及这种意义的翻译。他指出，语言的交际功能是多方面的，主要有：1) 表达功能 (expressive function)，指作者或说话人自我表现时所用的那种语言功能；2) 认知功能 (cognitive function)，指用语言进行思维的功能；3) 人际功能 (interpersonal function)（主要包括交感功能 phatic function），指通过语言建立人际关系、进行谈判、辨明或显示身份等的功能；4) 信息功能 (informative function)，即传递信息内容的功能；5) 祈使功能 (imperative function)，指通过语言影响人的行为，导致新的行动的功能；6) 司事功能 (performative function)，指用语言改变某种状况的功能；7) 情感功能 (emotive function)，指通过所用语言使人在感情上作出反应的功能；8) 美学功能 (aesthetic function)，有时称作"诗功能" (poetic function)，指采用各种修辞手段，如比喻、节奏、倒装等，以加强语言的美感效果。奈达指出，在语言的实际使用中，这些语言功能常常是并用的。

翻译的正确与否取决于译文读者能在什么程度上正确理解译

文。译者的任务不仅是使读者能够一般地理解译文，而且要保证读者不对译文产生歧解。如果要使每个人都能"正确"理解，就必须考虑词汇和语法结构的难度大小，作几种不同水平的翻译，这一原则尤其适用于《圣经》的翻译。

有些人认为，翻译古典作品，译文所采用的语言形式必须保持古老的风貌才算忠实于原文，才算正确。奈达则认为，这种理论是站不住脚的。因为，古代作家的服务对象是他们的同时代读者，而不是千百年后的现代读者，他们所使用的语言在当时是不会含有什么"古味"的。因此翻译中也应当以同时代读者能看懂为目的，而无须一味追求语言上的"古色古香"。

（5）四步模式说。这是指翻译过程而言的。奈达提出，翻译的过程是：分析、转语（把分析得到的意义从源语转移到接受语）、重组（按接受语规则重新组织译文）、检验（对照源文本检测目标语文本）。"分析"这一步最为复杂，也最为关键，是奈达翻译研究的重点所在。而分析的重点又在语义。在对语义的具体分析中，他重点分析了语法意义、所指意义和内涵意义（或叫感情意义、联想意义）。

在《从一种语言到另一种语言》中，由奈达主笔的理论部分较完整地反映出奈达80年代的研究成果，可视为奈达翻译思想第三发展阶段的代表作。

与以往的著述相比，奈达在《从一种语言到另一种语言》中有以下四点改变和发展：一是立足社会符号学的翻译理论，强调文本的一切都具有意义，其中包括言语形式，因此不可轻易牺牲形式。二是指出语言的修辞特征在语言交际中起着举足轻重的作用，因此不可不对这些特征予以重视。三是不再采用"动态对等"一说，以"功能对等"取而代之，意在使术语含义更清楚易懂。四是不再采用语法意义、所指意义和联想意义的区分法，而是把意义区分为修辞意义、语法意义和词汇意义，各类意义又各分为所指意义和联想意义两个层次。此外，书中对意义与大脑、意义与心理的关系作了阐述，并且提出了意义产生过程中的"同构"概念。应该说，这些改变基本上具有正面意义。

当然，奈达的理论和著述亦非完美无缺。首先，他的理论过于集中在解决译文的交际性和可懂性的问题上，因而其适用范围受到了限制。在《圣经》翻译领域强调译文的可懂性自然有其道理，但如果在世俗文学作品的翻译中也始终把译文的可懂性摆在第一位，势必导致译作语言的简化，甚至非文学化。近年来，奈达越来越多地认识到这一点，并且不断在修改和完善过去的一些观点。但他对其新观点却没能作出更加深刻的阐述；他只是认识到了问题的存在。另外，奈达曾经提出"翻译是科学"的主张，后来又基本放弃了这一主张。不管是提出还是放弃，他都没有提出充足的、令人信服的论证。

美国翻译研究从 20 世纪 70 年代起，逐步开始出现结构语言学派、交际学派以外的更多的声音，其中较为突出的是以罗伯特·布格兰德(Robert de Beaugrande)为代表的语篇语言学理论和话语分析。在布格兰德的著作里，他始终从他的语篇语言学视角阐述语言与翻译问题，从而确立了他在英美翻译研究领域里语篇语言学流派带头人的重要地位。

随着时代的前进，美国的翻译研究如同西方其他地方一样，在理论的深度和广度上不断得到提升。理论家们对于翻译问题的讨论，重点逐步从以往的具体翻译过程和方法更多地转向了对于翻译的根本性质、翻译与意识形态、翻译与文化、翻译与社会发展等纯理论问题上来。在这些方面成就卓著的有勒弗维尔、韦努蒂、鲁宾逊、根茨勒等等。

勒弗维尔

安德烈·勒弗维尔(Andre Lefevere，1944—1996)是美国得克萨斯大学奥斯汀分校的翻译和比较文学教授，原籍比利时。他是当代西方比较文学与翻译研究领域十分重要的人物，代表作包括 1975 年出版的《诗歌翻译：七大策略与一大蓝图》(*Translating Poetry: Seven Strategies and a Blueprint*)，1977 年的《德国文学翻译传统：从路德到罗森兹维格》(*Translating Literature: The German Tradition from Luther to Rosenzweig*)、1992 年出版的《翻译、改写与文学名誉的操纵》(*Translation, Rewriting and the Manipulation of Literature Fame*)、《文学翻译：比较文学的实践与理论》(*Translating Literature: Practice and Theory in a Comparative Literature Context*)和《翻译·历史·文化：研究资料集》(*Translation/History/Culture: A Sourcebook*)以及代表论文"文学翻译与翻译文学"(Translating Literature / Translated Literature，1980)、"翻译与比较文学：寻求中心位置"(Translation and Comparative Literature: The Search for the Centre，1991)、"论翻译：近期、过去与未来"(Discourses on Translation: Recent, Less Recent and to Come，1993)、"比较文学与翻译概论"(Introduction: Comparative Literature and Translation，1994)等。此外，他还与英国翻译研究学派代表人物巴斯内特合作，主编了多套翻译文集或译学丛书，其中影响最大的是《翻译研究论丛》。

勒弗维尔作为翻译研究学派在美国的重要代表，如同巴斯内特一样，也主要是从文化视角——特别是从他所擅长的比较文学和比较文化视角——来探讨翻译的。他的主要思想表现在以下两方面：

(1) 翻译研究的文化转向。把翻译研究的着眼点从语言学派最为关心的语言结构及语言形式对应问题，转向目标文本与源文本在各自文化系统中的意义和功能，这是所有文化学派的特征。勒弗维尔的思想也基本如此。他认为，任何文学都必须生存在一定的社会、文化环境里，它的意义和价值，以及对它的解读和接受，始终会受到一系列互相关联、互为参照的因素的影响和制约。这些因素包括文学内部的，如创作者、翻译者、评论者等从业人员自身的创作与翻译观念，以及他们所惯常采用的创作与翻译风格、手段等，同时也包括文学外部的因素，如特定时期内占主导地位的诗学原则、社会意识形态以及作品委托者、赞助者、接受者的要求和反应等。因此，就翻译研究而言，研究的目标远远不止于探究两种文本在语言形式对不对等或怎么对等的问题，而要同时研究与翻译活动直接或间接相关的种种文化问题。

（2）翻译中的操纵概念。在英文里，manipulation/manipulate 的语义比中文的"操纵"广泛。它可以是褒义词，指"（熟练）使用"、"（巧妙）处理"，也可以是贬义词，指"（使用权势或不正当手段来）控制，操纵，操控"或"伪造，篡改（账目）"等。显然，在所谓操纵学派或文化学派的操纵之说中，manipulation/manipulate 既不是明显的褒义词，也不是明显的贬义词，而是一个代表中性概念的专门术语。由于中文里未能找到一个字面意义完全对等的词，因此采用核心意义较为接近的"操纵"一词。按照勒弗维尔等人的翻译操纵观，这个核心意义就是，译者在处理源文本以及生成目标文本的过程中，为了达到一定的目的而有权也一定会取己所需，对文本进行改写。勒弗维尔认为，翻译就是对文本形象的一种形式的改写；其他文学形式如文学批评、传记、文学史、戏剧、电影、拟作等等也都是对文本形象的改写。而改写就是对文本的操纵，改写就是使文本按操纵者所选择的方式在特定的社会文化里产生影响和作用。

勒弗维尔及其文化学派翻译理论中的操纵式改写，并不简单地等同于一般意义上的"改写"，因为在他看来，凡是翻译都是改写，哪怕是"最忠实的"翻译也都是一种形式的改写。作为翻译操纵者的这种改写抑或操纵，在本质上应被视作一种文化上的必然。在翻译过程中，翻译者必然会受到各种社会文化因素的作用和制约，他除了必须考虑原作者意图、源文本语境等一切与源文本相关的特征外，更主要的是还必须考虑翻译的目的、目标文本功用、读者期望和反应、委托者和赞助者要求、作品出版发行机构审核等一系列与目标或接受文化相关的因素。这些因素的存在，以及译者对它们因人而异的受制程度，就构成了译者对文本的必然"操纵"条件。因此，对于译者的"操纵"，不论它是指传统忠实意义上的理想翻译，还是指各种改编式的翻译变体，即一般意义上那种"改写"，如"编译"、"摘译"、"拟译"、"述译"、"缩译"、"综译"等等，都是文化或操纵学派翻译理论参照下的合适翻译。对于这个意义上的"操纵"，不能用"正当"或"不正当"之类的道德价值词来评判，而只能从目标文本有没有达到翻译目的，符不符合受众的期望值，能不能被接受文化所接纳等方面的"合适性"标准来评判。评判的根本立足点，在于接受文化而不在于源文化一方。这也是翻译中"操纵"的最终目的所在，但操纵的结果却是双重的：它把异邦文化带入我族，一方面可以丰富和发展我族文化，帮助我族文学和文化从边缘走向中央（归化）；但另一方面，它也可以挑战并进而颠覆我族文化，使我族文学和文化从原有的中心位置上逐步边缘化（异化）。

这样一来，翻译研究中的文化学派或操纵学派，甚至多元系统学派，又和翻译的归化与异化扯上了关系。而美国翻译研究领域在"归化"与"异化"问题上发言最多也最响亮的理论人物，则是劳伦斯·韦努蒂。

韦努蒂

韦努蒂（Lawrance Venuti）是费城坦普尔大学的英文教授，是20世纪80年代、90年代以来美国翻译理论界最活跃、最有影响的人物之一。他的主要译学著作有1995年出版的成名作《译者的隐身：翻译史论》、1998年的《翻译的丑行：差异伦理标准探索》以及1992、2000年先后编辑的译学文集和读本《翻译再思：话语·主观性·意识形态》、《翻译研究选读》，2004年出版的译学教材《翻译研究与实践教程》。此外，韦努蒂还翻译出版了近10位意大利著名作家和诗人的作品。他译笔特异，风格考究，文字中渗透着他在翻译中有意阻抗目标文化——英美文化规范的异化主张。可以说，他是当今既精于翻译理论研究又擅长文学翻译实践的学者之一。

韦努蒂在其译学著作中，主张翻译不应以消除异族特征为目标，而应在目标文本中设法把文化差异表现出来。具体而言，韦努蒂的主要观点是：在翻译中要求译者隐身是错误的；译者在译文中不能隐身，而应当有形可见。即翻译应当采用"异化"的原则和策略，使译文保持异域风貌、异国情调，读起来像译文，而不是"归化"的原则和策略，使译文完全按照目标文化的意识形态和创作规范进行改造，读起来不像异族作品，而就是目标语原创。韦努蒂对 17 世纪以来的翻译进行考察，发现西方翻译史上一直都是归化翻译占主导地位，尤其是在英国。究其原因，就是深藏在背后的民族中心主义的意识形态和文学规范在作怪。韦努蒂对这种以我族文化为中心的归化翻译提出质疑和批评，认为把异族的东西归化为我族的东西，这是一种"文化侵略"。异化翻译则相反，它能抑制民族中心主义对源文本的篡改，特别是在当今处于强势地位的英美语言环境里，异化翻译可以成为抵御民族中心主义和种族主义，反对文化上的自我欣赏和反对帝国主义的一种形式，以维护民主的地缘政治的关系。其实，韦努蒂的"异化"不仅仅指翻译策略，还包括对原作题材的选择。尤其重要的是，他强调的是翻译的道德层面的问题。

显然，在韦努蒂看来，"归化"与"异化"并不是一个简单的翻译原则和翻译策略问题，而是必须把它们放在一个更大的社会政治、文化和历史的范围里来考察。然而，究竟应不应该放在这样的范围里来考察，或在何种程度上作出这样的考察，这是一个值得深思的问题。

鲁宾逊

道格拉斯·鲁宾逊（Douglas Robinson，1954—）是与韦努蒂齐名、在翻译理论作品上则更加多产的一位学者，现为密西西比大学英文教授。1985 年—2003 年，鲁宾逊出版译学专著 9 部，发表论文 60

余篇，内容涉及翻译、语言学、文学、文化、教学法等多个领域，还做了大量的芬兰语、德语到英语的翻译实践。在莫娜·贝克所编《劳特利奇翻译研究百科全书》中收集的鲁宾逊的论述就有十项之多，为该书之最。他的主要译学论著有《轮到了译者》(*The Translator's Turn*，1991)、《翻译与禁忌》(*Translation and Taboo*，1996)、《西方翻译理论：从希罗多德到尼采》(*Western Translation Theory from Herodotus to Nietzsche*，1997a)、《翻译与帝国：后殖民理论诠释》(*Translation and Empire: Postcolonial Theories Explained*，1997b)、《成为译者：速成教程》(*Becoming a Translator: An Accelerated Course*，1997c)(该书 2003 年出第二版，更名为《成为译者：翻译理论与实践导论》(*Becoming a Translator: An Introduction to the Theory and Practice of Translation*))、《何谓翻译——离经叛道的理论·品头论足的调停》(*What is Translation: Centrifugal Theories, Critical Interventions*，1997d)、《谁在翻译：超越理性的译者主观性》(*Who Translates: Translator Subjectivities Beyond Reason*，2001)、《司事语言学：说话与翻译即用词语司事》(*Performative Linguistics: Speaking and Translating as Doing Things with Words*，2003)等等。

鲁宾逊的译学观点新颖、文笔犀利、别出心裁、引人注目。他的翻译思想如下：

翻译应该以译者为中心。鲁宾逊在其代表作之一《轮到了译者》中强调，在原作与目标文本读者的对话链上，译者发挥着举足轻重的中心作用。而在与原作者和目标读者之间的双向对话中，译者作为中心，其注意力应从作者向目标读者倾斜，他应从各个方面去影响目标读者。他认为，文本对等往往是文本诠释上的一种虚幻目标(interpretive fiction)，一般也只适用于没有太大趣味的文本类型，如科技和学术文本。对于大多数更具挑战性的源文本，则须译者更富创造性的理解。因此，企图用标准化的规则来规范译者的选词是极为有害的。因为这阻碍了译者对源文本直觉体验的最佳发挥。译者永远不是，也不应该被迫成为中立的不带个人色彩的转换机器；在目标文本的构建过程中，译者的个人经历，包括情感的、动机上的、态度的、社会关系上的经历，不仅是许可的，而且是不可避免的。以人为中心，特别是以译者为中心来看待翻译，首先并不是看文本是否在形式上对等，而是看译者和读者究竟在做什么，看他们在围绕翻译的各种活动中是怎么互相影响的。至于翻译的成功与失败，它是文本上一种互动的、主体间的特征，而不是翻译本体论上的特征，因为翻译的好与坏是不同的人说的，而且会随着时间和空间的变化而变化。总之，翻译应当从人出发，特别是从译者感受出发。翻译的后殖民理论往往过分强调社会文化对于翻译的影响，忽略了人的自由、人的创造性以及人冲破霸权的本能，因此都是离经叛道的理论。很明显，鲁宾逊的这个观点带有强烈的反文化学派的色彩。但另一方面，由于他强调翻译过程中译者的中心能动作用，这又使他的思想接近文化学派的译者"操纵"观。然而，译者在进行抉择的整个过程中，始终都会受到各种因素，包括种种社会文化因素的影响和制约，译者的最终抉择权无疑也只是一种相对的，而非绝对的不受干预的权利。因此说到底，鲁宾逊的基本翻译思想仍属于文化学派的大的范畴。这一点，在他的主要论著中都得到了清楚的说明。

用修辞格来解释翻译类型是一种创新的理论尝试。从修辞和人类行为的角度，而不是从传统的文本结构上来看待翻译的本质，这不失为一种能启迪思维的新方法。按此方法，我们可以把翻译分为六种类型：

(1) 换喻型翻译(metonymy)；

(2) 提喻型翻译(synecdoche)；

(3) 暗喻型翻译(metaphor)；

(4) 讽喻型翻译(irony)；

(5) 夸张型翻译(hyperbole)；

(6) 转喻型翻译(metalepsis)。

前三种翻译类型都是要寻找目标文本和源文本对等的类型。换喻型翻译是把源文本的部分内容替换为目标文本的部分内容，两种文本都不是全部展现。提喻型翻译是以部分代替整体，其目标文本是对源文本的一种减缩。暗喻型翻译是以目标文本的整体来替代源文本的整体，使目标文本和源文本完全等同。讽喻型翻译承认翻译是仿造事实，或者直接否认完美翻译的可能性，或者又不否认完美翻译的可能性。夸张型翻译是指对源文本进行修正、改进或"夸大"；亦即说，译者把一个"低劣的"源文本拔高，在目标文本中加入译者自己的观点和见解，创造出一个原作者的意图。转喻型翻译是面对翻译行为在时间上的多种悖论，比如，荷马听起来不能像现代诗人，他也不能说英语，但是要用英语对他进行翻译，那是荒谬的，译者的出路在于忽略文本的时空悖论，创造一个虚幻的译本时空，目的在于为相应的读者(无论是现代的还是古代的读者)服务。

鲁宾逊在翻译教学和培训方面也有独到的论述。

根茨勒

埃德温·根茨勒(Edwin Gentzler, 1951—)是马萨诸塞大学阿姆赫斯特分校翻译中心主任、比较文学博士、翻译学教授。他的成名译学著作是1993年出版、2001年再版的《当代翻译理论》(*Contemporary Translation Theories*)，2002年与马丽娅·提莫茨科(Maria Tymoczko)合编的一套译学丛书"翻译专题论丛"(Topics in Translation Series)。他发表的多篇译学论文中，较重要的有"比较文学与翻译研究：来自内部的挑战"(Comparative Literature and Translation Studies: The Challenge from Within, 1999)、"翻译理论：拓宽领域抑或限制发展？"(Translation Theory: Expanding Horizons or Limiting Growth? 2001)和"翻译、后结构主义和权力"(Translation, Poststructuralism, and Power, 2002)。

根茨勒在翻译理论上的贡献主要表现在以下三方面：

（1）对当代西方翻译理论进行了较为全面的梳理，使人们对二次大战以来西方各个翻译理论流派的认识明晰化，并因此而引发翻译研究领域（包括我国翻译研究领域）对于形形色色的当代西方翻译理论的研究兴趣。根茨勒在《当代翻译理论》一书中，把翻译研究置于科学论、多元系统论、解构主义等不同视野中加以研究，并通过探索翻译（文学翻译实践）外围的"政治现实"（political reality）来勾勒出当代西方翻译研究的轮廓，引导读者对翻译定义和分类等一系列理论问题进行重新思考。

（2）根茨勒在全面、系统梳理当代西方各种翻译思想和理论的基础上，提出了一种"公正对待一切系统"的多途径合作的翻译研究观。他认为，当代翻译理论像文学理论一样，都源于结构主义理论。而所有这些结构主义或后结构主义的理论，无论是美国译坊学派理论对良好品味和文学价值的强调，还是翻译科学学派对"翻译本质"的强调，或早期翻译研究学派对具有艺术功能的文学手段的强调、多元系统派对"客观性"的强烈坚持，以及解构学派对现实文化交流的疏远，似乎在相当长的时间里，都囿于各自的学术圈子之内：各种学派对本系统所使用的术语要求非常特殊，而且术语有限；他们对理论"正确性"或"客观性"的追求往往趋于片面，都企图在牺牲其他视角的情况下去获得学术界普遍承认。结果所带来的，仅仅是理论之间的不断冲突，而没有理论之间应有的合作和交流，从而导致学术研究走向边缘化。毫无疑问，翻译理论想要有大的发展，就必须打破这种互相排斥的不良状况，加强不同学派彼此之间以及翻译研究与其他研究领域之间的合作与交流。翻译研究的未来发展方向，是破除不同翻译理论注定会互相冲突、互为排斥的错误观念，而在思想和方法上互相借鉴，不断形成新的途径，以及在新的平台上展开新的多途径之间的合作。

（3）根茨勒对翻译本质提出了一种后结构主义的解释模式。他在"翻译、后结构主义和权力"一文中，分析了德里达、斯皮瓦克等人的解构主义(后结构主义)思想，以及在他们思想影响下出现的翻译理论家韦努蒂、莱文和鲁宾逊等人的翻译思想，指出新的翻译解释模式不能再沿袭过去的传统，把翻译简单地定义为"从一种单一语言到另一种单一语言的转换"，而应把它看做发生在一种多文化形态环境和另一种同样多文化环境之间的转换。就译者扮演的角色而言，在翻译过程中，他从来都不是中立派，而是一个具有语言和文化能力，拥有自己行事方案的个体。他越来越清楚地意识到自己的世界观以及这种世界观可能对翻译过程染上的色彩。就翻译活动而言，它不只是为一个统一的异己的"他者"提供一个窗口，它直接参与这个"他者"的构建。这样的翻译不再是没有头脑的反映文化抗争的行为，而是直接把真正的差异带到文化的前沿、为文化构建提供的一种强有力的工具。通过这个工具，我们不仅重新创造了我们的先辈，同时会为未来创造了新的话语模式。

当然，美国翻译研究理论领域的重要理论人物，除以上讨论的几位之外，还有许多。由于历史的渊源和主题移民文化的影响，美国翻译研究的最初发展有赖于对欧洲翻译理论传统的继承和发扬，而随着时代的演进，美国翻译研究(包括前面提到过的机器翻译研究)又以快速发展和丰硕的成果，在不少方面后来居上，走在西方翻译研究的前列，成为推动当代西方翻译理论向前发展的一股重要力量。

6.4.4 当代德国翻译理论

德国翻译研究自 16 世纪路德时代起，一直保持着良好的传统。这种传统在 19 世纪得到歌德、施莱尔马赫等的继承和发扬；20 世纪以来的当代发展阶段，它继续显现着德意志学人热衷翻译理论研究的基本特色。虽然在二战后的半个世纪中，德意志民族处于分治状况，但翻译研究并未由于这种特殊的社会政治状况而受到影响，翻译理论受到学术界的重视，并经常有颇具影响的理论成果问世。尤其是莱比锡学派和萨尔派。

莱比锡派是民主德国的翻译理论流派，因其活动基地在莱比锡而称莱比锡派。主要理论家有纽伯特、卡德、雅格尔等。主要理论园地是莱比锡卡尔·马克思大学主办的《外国语》杂志及其不定期增刊。

纽伯特

纽伯特（A. Neubert），卡尔·马克思大学教授。1965年，在卡尔·马克思大学召开了一次翻译学术讨论会，纽伯特编辑整理的会议论文集《翻译学的基本问题》，集中反映莱比锡派的观点，在西方翻译界颇有影响。该派的基本观点是：翻译中必须严格区分不变因素即认知（cognitive）因素和可变因素即语用（pragmatic）因素；翻译理论可以借助于转换生成语法和符号学。

纽伯特认为，语用规则让语言使用者在任何一个交际环境里都可以预期一种特有的文本类型，这一文本类型即翻译中要处理的原文文本，便成了源语"不变量"。这个不变量并不妨碍译文可变性的存在，翻译就是在原文文本这一不变量的基础上，通过多种表达形式的比较而选择最佳的译文。翻译之所以可能，是因为不同语言在深层结构上彼此一致，而在表层结构所表现出的互不相同的语法、词汇及其语用功能，其实都是由相同的深层结构派生而来的。后来纽伯特进一步增强他对于文本作为翻译中不变因素的阐释，并把文本作为翻译研究的核心目标，因为"文本以及构成文本的各个因素"是翻译学这个跨学科体系中"起聚合作用"的主要因素，这一理念"提醒我们：日常翻译活动其实是以文本为中心的。译者从文本中摄取知识，又将知识植入文本之中"，因而"在翻译以及翻译研究中占据中心位置的都是文本"。

当代德国翻译研究的所谓"萨尔派"，是指以联邦德国萨尔大学为研究基地的一个流派，其主要代表人物是威尔斯。该流派的基本特征，是在奈达"翻译即科学"学说的基础上，主张把翻译研究作为一门独立的科学学科。这样一来，萨尔派也成了奈达翻译科学学说在欧洲的主要追随者和支持者。

威尔斯

沃尔夫兰·威尔斯(Wolfram Wilss，1925—)是萨尔大学的语言学和翻译教授，专门从事口、笔译人才的培养。他的研究侧重于翻译的宏观理论。他的主要学术思想见1977年德文出版、1982年英文再版的翻译理论专著《翻译学的问题与方法》。威尔斯撰写此书的目的，是要帮助翻译学习者和研究者在理论上全面而正确地认识翻译研究、翻译理论的各个层次、翻译对等语衡量标准、翻译困难以及翻译理论在教学中的应用等问题。书中大量引用并评述了西方，特别是现代西方的各派翻译理论与观点，同时在此基础上阐释了作者本人所坚持的翻译科学论。威尔斯的观点有二：

(一) 翻译是科学

这是他贯穿始终的指导思想。他认为"翻译学既不是在理论上封闭，也不是在普遍规律研究上封闭的科学，而是一门认知性、解释性和联想性科学，它以灵活的方式处理言语问题，试图回答原文可译还是不可译以及原文、译文效果是否等同的问题。在方法上，它没有控制系统的那种稳定性和绝对性。它只能在有限的程度上做到现代科学理论按照自然科学模式所要求的那种客观，并在程序方法上不受价值观念的影响"。因此，"它的研究成果只能部分地加以形式化、数学公式化，也只能部分地运用于实践"。

翻译学有三个研究内容：

(1) 普通翻译学，它研究翻译过程中的普遍规律，提出翻译的理论模式，因而具有超理论功能。

(2) 涉及两种具体语言的特指翻译学，它对源语和目标语进行描写，检验从源语到目标语的传译过程中出现的具体问题。

(3) 涉及两种具体语言的应用翻译学，主要用于翻译教学。

理论家应当把主要精力放在特指翻译学上。简言之，只要从一般理论、特指理论和应用理论等方面着手，翻译学的研究就会得到完善的发展，翻译学的地位就会得到巩固。

(二)翻译应以语篇为基本单位

这是翻译研究中语篇语言学派的一种观点。简单地说，是要把范围大于句子的语篇结构当做研究的对象。威尔斯指出，语言交流总是以语篇形式而不是以句子形式出现的。他给翻译下的最贴切的定义是：翻译是把源语篇变成最适当的对等的目标语篇。它要求译者在语法、语义、风格等各个层次上全面理解语篇。每一语篇都有一个或几个基本的交际功能，具有相同基本交际功能的语篇可以组合成同一种语篇类型。在翻译中，对不同类型的语篇需要采取不同的处理方法，也需要采用不同的衡量翻译是否对等的标准。

随着 1990 年德国的统一，如今翻译理论界似乎不再热衷于谈论所谓"莱比锡派"和"萨尔派"了，虽然这些学派的代表人物还活跃在德国翻译理论界，其译作仍然有着重要影响。

我们谈论当代德国的翻译学派，特别是 20 世纪 70 年代以来德国最具影响的翻译学派，首先想到的是翻译功能学派，即深具德国特色的翻译目的学派。创始人是弗米尔，在其"普通翻译理论的框架"一文中，针对语言学派各种形式的翻译理论的薄弱环节，率先提出重社会文化及交际功能的翻译目的理论，得到赖斯的响应和合作。他们的追随者和弟子有诺德(Chritiane Nord)、豪思(Juliane House)、安曼(Margret Amman)、荷尼格(Hans Honig)等，形成了迄今德国最有影响力的一个译学流派。

弗米尔

汉斯·弗米尔(Hans J. Vermeer)是德国海德尔博格大学翻译学院教授，长期从事语言和翻译研究，发表的译学作品除目的论奠基文献《普通翻译理论的框架》外，主要还包括《关于翻译理论》、《翻译行动中的目的与委托》（*Skopos and Commission in Translational Action*，1989）、《论目的与翻译委托》、《翻译目的理论：正论与反论》（*A Skopos Theory of Translation: Some Arguments For and Against*）、《是不再问什么叫翻译学的时候了》（*Starting to Unask What Translatology Is about*，1999）和《翻译教学法》（*Didactics of Translation*，1998）等。弗米尔在这些著述中所阐述的基本思想是：

翻译并不是一个转码过程，而是人类一种具体形式的行动。凡行动皆有目的，因此翻译亦由目的支配。在任何一项翻译行动开始之前，必须首先弄清楚它的目的是什么，否则无法进行翻译。在这种目的论支配下的前瞻式翻译观，把立足点放在目标读者和翻译任务委托者身上，特别是放在目标文本在他们所属文化中的功能上，译者必须根据目标文本在目标文化中所要承担的功能来决定在翻译中应当采用何种方法和策略。一方面，目标文本的功能即目的，是根据翻译发起者（即客户或委托人）的要求来决定的。而客户或委托人要求目标文本达到的目的，又会在很大程度上受制于目标文本的使用者，即读者或听者，以及使用者的环境和背景。另一方面，翻译作为行动，除了目的以外，凡行动又都有结果。翻译行动所产生的结果是"译品"，是一种特殊类型的目标文本。

弗米尔认为，从译者特定的目的来说，源文本是翻译委托的一个组成因素，也是影响最终译品形成的诸多因素的基础，但源文本的措辞对翻译的重要性来说是第二位的。源文本在翻译行动中占据何种地位，它必须由译者这个专家决定，而译者作出决定时的关键因素则是特定情景中的交际目的，而不是源文本本身的地位。一般说来，源文本根据源文化中一个特定情景而作，由于语言是文化的一部分，因此在翻译行动中仅仅变换源语符或者把源语符迁移到目标语中，是不能产生令人满意的译品的。正因为源文本面向的是源文化，目标文本面向的又是目标文化，两者内容的结构和分布可能不一，目的也可能不一，所以目标文本和源文本之间就可能存在很大差别。

当然，目标文本与源文本之间也可能存在"互文连贯"(inter-textual coherence)，即：二者彼此相同或相似。但这也是根据目的来确定的。翻译的目的可以是模仿源文本的句法或文本结构，因而可以产生出在句法或结构上对等于源文本的目标文本。在文学翻译中，追求对源文本的忠实也是一种目的，是一种普遍存在的目的。即是说，这样的模仿和忠实也都是翻译行动的合法目的，关键是我们必须知道自己是在采取什么样的行动，行动的后果会如何，这样创造出来的目标文本在目标文化中会产生什么样的影响，这种影响与源文本在源文化中产生的影响存在差别，或存在何种差别，等等。

按照弗米尔的解释，翻译目的这个概念实际上有三层意义，它可用来指：

(1) 翻译过程，亦即翻译过程的目的；

(2) 翻译结果，亦即译品的功能；

(3) 翻译方式，亦即所用方式的意图。

任何行动如果没有上述三种目的之一，那它从技术上来说就不是行动，而世界上那种没有目的的行动是不存在的。

总之，在目的论的定义中，翻译不再是从一种语言到另一种语言的文本形式转换，而是为另一文化的受众创造出能够在不同语境中实现特定功能的目标文本的生产行动。它是从源文化到目标语文化的一个连续体，两者之间的任何对应方式都是可能的翻译。这样一来，目的论便大大拓宽了翻译的范围，也大大增加了翻译技巧的适用范围，为译者灵活处理目标文本提供了理论依据，从而把译者从直译的羁绊中解脱了出来。

赖斯

撒林娜·赖斯(Katharina Reiss，1923—)是翻译目的论的另一倡导者。她毕业于海德尔博格大学翻译学院，像弗米尔一样长期在大学从事翻译研究与教学，发表过大量有关翻译的论文和评论，主要论著包括《翻译批评的可能性与局限性——翻译质量评价的类型及标准》以及与汉斯·弗米尔合著的《翻译理论基础》等等。

赖斯的基本理念与弗米尔是一致的。另外，根据信息论的观点，理想的交际是没有的，交际中信息走失即使在同一语言内的交际也不可避免，语际翻译更是如此。赖斯把这种信息改变区分为"有意改变"和"无意改变"。无意改变源于语言间结构差异或者译者翻译能力上的差异，有意改变则是译者根据目标文本目的与源文本不同而特意安排的。赖斯把翻译过程分为分析阶段(phase of analysis)和再次词语表现阶段(phase of reverbalization)，二者都是从功能角度来阐释的。

在分析阶段，译者必须首先分清源文本的功能。可以分三步进行：一是确定原文的功能类别(text type)，看原文主要是信息型文本(informative type)、表情型文本(expressive type)还是运作型文本(operative type)。二是确定文本的体裁(text variety)，看它是不是超越个体(super-individual)的言语或写作行为，如产品说明书、告示、社会新闻等。文本体裁并不局限于一种语言和文化，然而它的行文方式和结构形式在不同语言间可能有很大差别，因此确定文本体裁对译者来说至关重要。三是分析语言风格，即关注语言符号、搭配方式等方面的选择。

再次词语表现或再语符化阶段是利用词汇、分句、句子、段落等组织好目标文本的线性结构。在这个阶段必须确定所选择的语言符号及其序列能否实现译者追求的对等功能。这种选择需要参照文本功能类别和文本体裁来考虑。文本功能类别决定一般翻译方法，体裁决定对语言和文本结构方面的考虑。追求功能对等意味着源文本主要是什么功能，目标文本也应该传达什么功能。

在如何看待翻译的对等问题上，相对弗米尔及典型的目的论而言，赖斯表现出了一定程度的灵活性。她并不一概反对以原作为中心的翻译对等理论，指出理想的目标文本应该从概念内容、语言形式和交际功能上与源文本对等。但在实践中她又发现有些方面是不可能实现对等的，而且有时也是不应该追求的。于是她认为，有时因特殊需要，目标文本的功能会与源文本不同，这时应该考虑的就不是对等原则，而应该是目标文本的功能特征。

从这种功能理论出发，她提出了比较合理的翻译批评观。她认为，正当的翻译批评应该是这样的：如果翻译以文本为取向，那么就应该根据适合其文本功能的相应标准来对它进行评论；如果翻译是以目的为取向，那么对它的评论也应该是由功能类别引出的标准来进行，并根据翻译服务的特定读者群和特定功能来调整方法。无论是文本取向还是目的取向，翻译活动都受到主观因素的影响，受到阐释过程和译者个性等主观条件的影响。翻译批评同样摆脱不了这样的主观影响，因此只有把这些主观因素考虑在内，翻译批评才是客观的。

诺德

德国的翻译目的或功能学派，还有一位值得介绍的理论人物，那就是马格德堡理工大学应用语言学和翻译学教授克里斯蒂安·诺德（Christiane Nord）。她长期致力于翻译教学与培训，近年成为加强翻译研究国际合作的主要倡导者，1998 年成为欧洲翻译研究会的常务理事。她的代表论著是 1991 年出版的《翻译中的文本分析》（*Text Analysis in Translation*）和 1977 年出版的《翻译即目的型活动——功能翻译理论诠释》（*Translation as a Purposeful Activity—Functional Approaches Explained*）。

在《翻译中的文本分析》一书中，诺德重点阐述了源文本分析和目的论的关系。从文本内因素和文本外因素两个方面阐释了源文本分析的地位，提出了一系列理论原则，提出了文本划分标准和翻译质量评价的标准。她认为，目标文本的目的是决定翻译的关键因素，目的由译者的服务对象——翻译发起人决定，目的是翻译发起人旨意的语用内容。诺德对翻译目的的理解和弗米尔不同，弗米尔认为翻译目的是以翻译发起人旨意为基础的，而诺德则认为，目的只能由翻译发起人决定，译者无权裁决和改变。为此，诺德提出了翻译的"忠诚"（loyalty）原则。忠诚是一个伦理概念，指译者在与他人合作的翻译活动中的责任心，它超出了对文本"忠实"（fidelity）的范围。

在诺德看来，翻译的文本分析应该以翻译为取向（translation oriented），在确立源文本功能时，译者拿这些功能与目标文本在相应目标文化里的功能进行对比，识别在翻译中需要保留的功能，剥离那些需要调整的功能。从功能和交际的角度，她提出翻译的"纵向单位"（vertical unit），语篇被看做一个超文本单位，由各种级无限（not-rank-bound）功能单位组成，每一个单位都可以体现为各种语言或非语言成分，可以出现在语篇的任何地方。为了让信息接受者把握语篇的功能，信息发出者需要在语篇中为之提供不同层次的功能标记，如语篇标记、结构标记、句法标记、词汇标记等。一个功能可以在不同的语言级别上标记出来，指向同一个功能或次功能（subfunction）的各种标记就构成一个功能单位。把这些功能单位连接起来，就可以获得一种纵向排列的印象。功能型翻译单位对翻译评价也是有效的，好的翻译就是符合目的的功能型翻译（functional translation），错误的翻译就是非功能型翻译（non-functional translation），一个表达的错误本身并无错误之分，只有在不符合相应交际目的时才算是错误。

德国翻译目的或功能理论是 20 世纪 70 年代末、80 年代初创立的一个学派。它是针对语言学派理论过分重形式的薄弱环节，在综合利用信息论、交际理论、行动理论、语篇语言学、文本理论和文学研究中接受理论的基础上发展起来的。其实，当时受相同理念驱使、差不多在同一时间提出来的，还有其他一些同样富有开拓意义的思想或主张，其中以"译者行动"（translatorial action）理论较为引人注目。

霍尔兹曼塔里

"译者行动"有时也称作"翻译行动"（translational action），它是霍尔兹曼塔里（Holz-Manttari）于1984年提出来的，用来描述创造目标文本的联合行动过程。

在基本概念上，霍尔兹曼塔里的"译者行动论"与弗米尔的"目的论"有许多相似之处，二者都是以功能为取向的翻译理论，都把翻译看做跨文化的交际行动，最终产品也都在于满足特定环境的要求。但在概念意义上，"译者行动论"则比"目的论"更为激进。霍尔兹曼塔里不用传统术语"翻译"，而是新造一个"译者行动"来取代翻译。这不仅仅是术语的创新问题，它表达了比"翻译"更加宽泛的概念意义。

所谓译者行动，就是把译者的一切行动涵盖在内，不仅包括传统意义上的翻译，而且也包括释译、改编等其他类型的文本构建行为。构建目标文本是译者行动的目的，但目标文本的构建不仅仅由译者一人决定，原作者、客户或委托人以及目标读者等跨文化交际中的一切相关因素，都在构建目标文本的过程中起着作用，译者必须根据和所有这些相关人员事先达成共识的"生产规格"（production specification），与他们一道创造目标文本。所有这些人都是专家，而译者只是其中的专家之一，他负责执行客户的委托，决定何时以何种方式创造出目标文本，以达成它在目标环境中所要求的功能。所谓翻译的"生产规格"，就是对目标文本性质和特征的描述，对与构建目标文本相关和对译者行动框架有很大影响的文本外因素的描述，这些因素包括行动的目的、实现模式、翻译交稿时间及报酬等。而所有这些都需要与客户即委托人商定。译者对各相关因素的地位、每一项行动的运作环境、功能等都需要进行仔细的分析和评估。目标文本在何种程度上能反映出源文本的面貌，主要取决于两者各自的功能如何，因为源文本尽管对目标文本的构建起一定的作用，但它仅仅被看做目标文本的"部分原材料"，而非全部原材料。如果翻译各方商定要求目标文本与源文本的功能有所不同，译者就必须对此作出必要的调整和改变，或者补充一些解释性材料。对源文本的分析仅仅局限于结构和功能的分析，源文本也只是为了实现特定交际功能而需要采用的工具，至于如何采用，以及在何种程度上采用，这完全受制于目标文本所要达到的功能和目的。

斯内尔-霍恩比

玛丽·斯内尔-霍恩比(Mary Snell-Hornby)是弗米尔和赖斯的弟子，她把翻译研究界定为"综合性学科"，是西方翻译研究学派或翻译文化学派在德语世界的重要代表人物。她是维也纳大学翻译学系教授，长期从事英德两种语言的翻译和研究，是欧洲翻译协会的创始人之一。主要译学论著是《翻译研究的综合途径》(*Translation Studies: An Integrated Approach*)、《跨学科的翻译研究：翻译研究学术会议论文选》(*Translation Studies—An Interdiscipline: Selected Papers from the Translation Studies Congress*)、《翻译作为跨文化交际》(*Translation as Intercultural Communication*)。斯内尔-霍恩比立足于翻译研究学派和翻译文化学派的基本立场，批评语言学派将翻译研究划归为应用语言学，同时也批评操纵学派将它归入比较文学的研究领域。她认为翻译是一门独立学科，并以格式塔整体理论和原型学为基础，借用相关学科如语言学、心理学、哲学和比较文学的有益成分，提出对翻译研究采用一种集各家所长的综合型研究途径。她特别强调翻译过程中对于文化因素的处理，认为翻译者不仅应当通晓相关的双语，而且应当通晓双文化，因为翻译不是单纯的语言转换，而且更重要的是不同文化之间的转换。这是一个动态的转换过程，在这个过程中，各种相关理论如语篇及话语分析理论、情景语义理论、言语行为理论等等，都从各自的角度对译者的翻译选择活动发生着影响，译者只有充分考虑到了来自各方面的诸如语言的、文化的以及交际场合的因素，才能提供出合格的目标文本来。

20 世纪的德国无论是在发展翻译语言学派、翻译科学学派的理论方面，还是在开创后语言学、后科学的翻译功能学派、目的学派、研究学派和文化学派的理论方面，都显现出了善于进取和创新的风貌。在构筑当代西方翻译理论系统、推动西方翻译理论向纵深发展过程中作出了十分显著的贡献。

6.4.5　当代法国翻译理论

如同各个历史时期一样，在二次大战以来的当代法国，翻译文化继续占有重要地位。由于官方和民间对整个翻译事业都很支持，法国翻译领域的研究气氛一直很活跃。积极投入翻译研究的人员十分广泛，其中主要包括各个高等院校人文学科的教学与研究人员以及大量的翻译从业人员。各类翻译组织和机构，如法国翻译家协会、法国文学翻译家协会、法国国家翻译图书中心和阿尔勒国际文学翻译中心等，纷纷定期或不定期地举行各类翻译学术活动，包括大小型翻译学术会议、翻译论坛和翻译研习班等。通过这些长盛不衰的学术研究和交流活动，法国的翻译理论才得以向前发展，并以不断出现的研究成果，维持其在西方翻译理论的重要地位。

二战以来法国翻译理论的发展有两个主要特点：一是穆南具有鲜明语言学特色的翻译的语言学观；二是以塞莱丝柯维奇为代表的释意学派或巴黎学派。

穆南

乔治·穆南(Georges Mounin，1910—1993)是法国普鲁旺斯大学教授，毕生从事语言学和翻译理论的教学与研究，被誉为当代法国翻译研究中语言学理论的创始人和最重要的代表。主要理论作品有：《美而不忠的翻译》*(Le Belles, Infedeles*，1955)、《翻译的理论问题》(*Les Problemes Theoriques de la Traduction*，1963)、《机器翻译》(*La Machine a Traduire: Histoire des Problemes Linguistiques*，1964)、《翻译的历史、理论与运用》(*Die Ubersetzung: Geschichte, Theorie, An Wendung*，1967)、《语言学与翻译》(*Linguistique et Traduction*，1976)、《符号的实践》(*Semiotic Praxis*，1985)等，其中最为当代西方翻译理论界推崇的是《翻译的理论问题》。该书运用现代语言学的基本理论和方法阐述翻译问题，在法国翻译研究领域树起第一面观点鲜明的语言学派旗帜，其地位相当于苏联费道罗夫的《翻译理论概要》、美国奈达的《翻译科学探索》以及英国卡特福德的《翻译的语言学理论》，是西方翻译理论著作的经典之一。

穆南的《翻译的理论问题》的核心思想是，翻译属于语言学范畴，因此应当运用现代语言学的手段去研究、认识和解释。要建立卓有成效的翻译理论，就必须对翻译以及与翻译相关的基本问题作出科学的认识，这些问题包括翻译的性质，翻译与词汇意义、语法结构的关系，翻译与客观世界(世界映象)的关系，翻译与语言共性、语言特性的关系，翻译中语言功能的处理等等。

穆南指出，现代语言学不把翻译研究纳入自己的门下，这是"语言科学的耻辱"。他认为，翻译是一种特殊而又普遍的语言活动，理所当然地应当属于语言学的研究范围。穆南承认，翻译诗歌、戏剧、电影等文学作品时，许多非语言因素和超语言因素确实起着重要的作用，然而翻译活动的基础却主要是对原作和译作所进行的语言学分析，而实用语言学比任何技巧性的经验之谈都更能提供准确而可靠的启示。他认为："翻译和医术一样，可以说是一种艺术，但是一种建立于一门科学基础之上的艺术。翻译的许多问题，诸如翻译活动的正当性、可行性等基本问题，都可以从语言科学的研究成果中得到启示。"

总之，在穆南看来，翻译研究属于语言学；语言科学的研究成果可以应用于对于翻译问题的研究。穆南在翻译理论上的语言学主张不仅在法国创先，而且在整个西方也名列前茅。由于翻译必然涉及语言，翻译研究在任何时候都不应该也不可能完全摆脱语言学的影响。在这个意义上，穆南的语言学翻译观始终都有着积极的意义。随着穆南开启翻译理论的语言学观的大门之后，研究工作得到了迅速发展，并在相当长的一段时间里成为法国的主流翻译观。

后来，随着翻译理论在整个西方翻译研究领域的多元发展，其他思想流派纷纷涌现，逐步把占主导地位的语言学派从中心推向边缘。

20 世纪 70 年代和 80 年代以来，在法国翻译研究领域异军突起，一跃而成为后现代时期最瞩目的、最具法国特色的是以塞莱丝柯维奇为代表的释意学派或巴黎学派。

塞莱丝柯维奇

释意派的主要代表人物达尼卡·塞莱丝柯维奇(Danica Seleskovitch, 1921—)是巴黎高等翻译学校的教授。她在法国出生，在德法两国接受教育，先后获得德语和英语教育学士及会议翻译文凭，1973 年获取巴黎第四大学博士学位。她从事过大量的翻译(尤其是口译)工作，后来跻身教育界，创办巴黎高等翻译学校并担任校长。她不仅擅长翻译尤其是口译的实践，同时十分重视口笔译的理论研究。她以巴黎高等翻译学校为基地进行翻译研究活动，并与另一位口译专家玛丽亚娜·勒代雷(Marianne Lederer)合作，带领众多弟子和其他研究人员进行了卓有成效的探索，逐步形成了具有鲜明法国时代特色的释意派理论。

最先为释意派理论奠定基础的是塞莱丝柯维奇于 1968 年发表的口译专著《国际会议译员：语言与交际问题》。随后，塞莱丝柯维奇于 1975 年发表《言语、语言和记忆：接续翻译中的笔记研究》，1984

年又和玛丽亚娜·勒代雷合作出版了《释意翻译》，1994 年勒代雷发表另一部重要著作《翻译的释意模式》。至此，释意理论体系基本形成。

释意理论的一个重要特点，是从实际出发来揭示翻译作为交际行为的实质。释意派认为，翻译是一种语言行为，它和语言使用一样，必须有非语言的知识来支撑。但作为行为，翻译的对象又不是语言，而是意义，是语篇的交际意义。意义的输出需要非语言形式的思想同符号迹象结合，意义的接受要求受话人的有意识行为。词语的排列对词语发出者来说只是表述信号和思想的标识，对受话人来讲是辨识信号，是意义构成的途径。意义的理解和把握需要脱离语言外壳，摆脱原语言形式。意义产生于词语，但又不应同词语混淆。意义的领会是即刻的，并非分阶段先后完成的。意义不是字词的总和，而是有机的整体，意义理解是在语篇层面一次完成的。

释意理论认为，在译员的翻译中，语言与思想是分离的，语言和思想不完全是一回事，它们之间有一种不断的双向交流，思想波可以转变为语言，语言又可以转变为思想波。人类知识和经验并不以言语形式存于大脑。就是说，思想在得到表达之前，并无言语，语言一旦阐明了思想，思想就回复到非语言状态，存入大脑。口舌编码(言语)与概念的非言语处理(思想)之间的双向交流连续不断，这正是人类大脑独一无二的特点。

释意理论同时认为，理解需要认知知识的参与；理解过程就是释意过程。释意是翻译的前提，没有释意就不能翻译。反过来说，翻译也就是释意。释意翻译是意义对等翻译，意义对等建立在语篇之间。若想翻译成功，就必须寻求源语篇和目标语篇的总体意义对等，词语的对应只能满足临时需要，一味使用词汇对等不可能帮助完成意义对等翻译。意义对等需要做到认知对等和情感对等。译者利用自己的才能，把源语篇的认知内容和情感内容有机结合为不可分割的整体，然后成功地表达出来，这样才能做到意义对等。所有翻译都会有词汇的对应,但是只有创造出对等的语篇,意义才算翻译成功了。这就是释意理论的精髓所在。

释意理论也注重忠实,译者不能随意阐释,他的解释和理解只能忠实于发言人的实际内容。虽然译员在口译时用自己的话来表达,但他所传达的是发言者的意思,仿效的是发言者的风格。译员应领会发言的总体风格,并与发言者趋于一致,应当尽可能摆脱词语的约束,以便能正确地体现原话风格,正如他应该尽可能摆脱词语的约束,以便能传达原话的意思一样。释意派理论认为,就口译而言,他是一个三角过程:从语言到意思再到语言,而不是单纯地从一种语言到另一种语言的直线过程。语言先被感知(感知阶段),接着被归纳出意思(理解阶段),最后用另一种语言形式表达出来(表达阶段)。

法国翻译研究中的释意理论最初是用来阐释口译原则和过程的。但由于它较好地利用了语言学理论中关于解释语言和翻译的合理部分,因而逐步从开创期的口译范围,扩展到了包括文学翻译、科技翻译在内的笔译以及翻译教学、一般翻译理论等各个不同领域,而发展成了具有较强解释力的普适性翻译理论。也正因如此,释意理论的影响才得以超越法国翻译界,传播到西方乃至世界其他地方的译论领域。

6.4.6 低地国家及以色列等地的翻译理论

"低地国家"主要包括荷兰、丹麦、芬兰等北欧国家以及与西方文化有着紧密关系的以色列。

二次大战后,随着各国政治、经济、文化等各个领域合作与交流的不断发展,北欧一些较小的国家愈来愈重视各类外语与翻译人才的培养,几乎所有大学都有外语系,有不少还建立了翻译学院或翻译系,即使是外语院系也都几乎全开设翻译课程。在翻译市场不断扩大、外语和翻译教育备受重视的背景下,翻译的实践和理论研究工作也得到长足的发展。在翻译理论研究领域,低地国家作出了至少两个方面的贡献：一是在翻译研究作为独立学科的发展初期，低地国家作出了开拓性的贡献；二是在开展翻译的实证研究领域，低地国家走在西方其他国家的前列。

20 世纪 60 年代末、70 年代初，低地国家的语言学和翻译理论研究气氛十分活跃，不少重要的国际会议在那里召开，不少最具影响的理论杂志和著作在那里出版。低地国家在翻译研究领域对当代西方翻译理论作出的最大贡献是翻译研究学派的主要创始人霍姆斯。

霍姆斯

詹姆斯·霍姆斯(James S. Holmes, 1924—1986)是荷兰阿姆斯特丹大学文学系教授，原籍美国，长期从事比较文学和翻译理论研究。1972 年，他作为会议主题发言人，在哥本哈根召开的第三届国际应用语言学会议上发表了题为"翻译研究的名称与性质"(The Name and Nature of Translation Studies)的重要论文。霍姆斯在这篇翻译研究学派的奠基性文献里，就翻译研究的学科性质和研究范围等问题，提供了一个宏观的解释框架。其主要贡献首先是他对翻译研究的名称所提出的建议。

霍姆斯建议依循许多新兴学科的命名方式，把翻译研究这门学科称为 translation studies(直译：翻译研究)。霍姆斯的建议得到了翻译研究界的积极响应和支持。

霍姆斯对译学发展的贡献更在于，他首次以图谱的形式，对"翻译研究"的学科任务和研究范围进行了一目了然的描绘和规划，从而有力地强化了翻译研究作为学科的系统意识。霍姆斯把翻译研究分为纯翻译研究和应用翻译研究。纯翻译研究包括理论翻译研究和描写翻译研究。理论翻译研究分为普通理论和局部理论。描写翻译研究分为产品取向、过程取向和功能取向。应用翻译研究包括译者培训、翻译工具和翻译批评。所有这些都包括特定媒介理论、特定区域理论、特定层级理论、特定文类理论、特定时间理论和特定问题理论。如同奈达被视为当代西方翻译学派的创始人一样，霍姆斯成了翻译研究学派的开山鼻祖。当然，翻译研究学派在后来的发展中，增加了许多文化研究、综合学科研究以及描写研究的取向，但"翻译研究"在 20 世纪 80 至 90 年代在西方得以发展成为一个得到公认的学科，与霍姆斯的开创之功是分不开的。

低地国家在翻译研究领域的另一个重要特色，是对翻译展开了卓有成效的实证研究。例如，芬兰约恩苏大学撒翁林纳翻译研究学院的特克南康狄特教授通过多年对口笔译活动的实际考察和实验分析，获得了不少引起西方翻译理论界重视的实证研究成果。另外，80 至 90 年代在芬兰等地开展的翻译研究中的"出声思维记录"(Think-aloud Protocols，TAPs)，也取得了引人注目的进展。

"出声思维记录"是源于心理学的一个概念，是分析各种不同的心理活动认知过程的一种方法。把"出声思维记录"用于翻译研究，可以包括调查翻译行为的心理活动等。在研究中，主要是让受试对象把他们在创造译本时头脑里想到的一切，用言语表达出来，研究者对此进行同步录音或录像，然后对这样记录下来的资料进行分析，以便发现译者翻译时在头脑这个"黑箱"里究竟发生了什么。有时，研究者甚至还要把译者眼球的转动都记录下来，以分析其中可能显露出的一些额外信息。"出声思维记录"研究的一般目的在于更好地了解翻译活动的心理和语言机制。它把内省和观察结合起来，以找出翻译过程的各种特征，如受试对象对翻译问题的理解、他们对参考文献的使用、对源文本语义信息的分析以及他们在源语和目标语中对等语之间的比较方式等。

用"出声思维记录"的方法来研究翻译，充分证明了翻译研究的跨学科性质。它从心理学借来信息搜集方法，然后从广泛的研究领域如心理语言学、认知心理学、社会心理学等借来描述和分析方法。然而，多样化的研究视角也给"出声思维记录"研究带来不利。

视角不同，研究目的、对翻译要求不同，对翻译研究的定义不同，得出的结论自然会互不相同。而且，"出声思维记录"在目前只是处于初级阶段，有的方法还只能用于假设的提出，研究的实际有效性还有待进一步论证。有人认为，在研究过程中，受试者的言语表述是不完备的，只能作为对翻译过程的评论而已；也有人认为这种方法可能混淆口译和笔译，实际上两者蕴涵的思维过程是不同的；还有人怀疑，出声行为可能会影响译者头脑里的实际思维。然而不论如何，这种主要由低地国家翻译研究界贡献给世人的新的研究途径，已经并将继续以其颇具科学含量的实证结果，推动21世纪的翻译研究向更深的领域发展。

由于在人种和文化渊源等方面以色列与西方国家有着十分密切的关系，特别是由于当代以色列相当一部分翻译研究作品又都是用英文写成，并在西方国家发生着重要影响，因此我们将以色列的翻译研究纳入西方译学范围来讨论。以色列翻译理论界最突出的代表人物是图里。

图里

基迪恩·图里(Gideon Toury)是以色列特拉维夫大学的翻译教授，《目标》翻译研究杂志社的主编。他以同为以色列人的当代著名文学及翻译理论家埃文-佐哈的多元系统论为出发点，沿着霍姆斯开创的翻译研究学派的基本路线，做了大量的翻译描述和理论建设工作，被普遍视为文化操纵学派的重要代表之一，在当代西方翻译理论研究领域享有很高的知名度。图里的主要译学著作包括1977年出版的《翻译规范与希伯来语文学翻译》(1930—1945)、1980年的《探寻翻译理论》(*In Search of a Theory of Translation*)和1995年的《描写翻译研究及其他》(*Descriptive Translation Studies and Beyond*, 1995/2001)；另有1980年编的《翻译理论选读》(*Translation Theory: A Reader*)、1987年编的《跨文化翻译》(*Translation Across Cultures*)、

1991 年编的《翻译理论文选》(*Introducing Translation Theory: Selected Articles*)以及 1981 年与埃文-佐哈(Itamar Even-Zohar)合编的《翻译理论与跨文化关系》(*Translation Theory and Intercultural Relation*)等。其中《描写翻译研究及其他》是他的代表作。

翻译研究学派创始人霍姆斯的翻译研究框架，曾把描写翻译研究分为纯研究和应用研究两大方面，在纯研究之下又分为理论研究与描写研究两个分支。但历来的翻译研究一般都集中在理论研究和应用研究领域，而未能给描写研究以应有的重视。图里指出了这种不足，并展开了对描写翻译研究这一翻译研究分支学科的理论构建工作。他对于翻译理论的贡献，也就体现在他所试图构建的描写翻译研究理论上。图里认为，描写翻译研究的目的，就是要对实际发生的翻译现象进行描写，并通过对具体翻译个案的描写和分析，归纳出对翻译实践具有示范或启示的理论原则来。换言之，构建描写翻译研究理论的基础，是大量的具体个案研究。而每个具体个案都必须置于更高层次的语境中，即充分考虑它们的语境因素如文本和翻译行为模式、文化背景，这样才能使研究产生有用的结果。

图里在他的描写翻译研究理论中最引人注目的，是他在翻译与规范(norms)关系上所阐述的独到见解。他提出一个描写翻译行为的三分模式。在这个模式中，"规范"位于"能力"(competence)与"运用"(performance)之间，或从另一个角度来说，位于规则与译者风格之间。这里的所谓"规范"，就是在特定文化或文本系统中，被优先而且反复采用的翻译策略。图里认为，在翻译过程的每一个阶段以及翻译产品的各个层面，有关规范都在起作用。翻译的规范分为"预先规范"(preliminary norms)和"操作规范"(operational norms)，前者指译者对于翻译政策、翻译本质等问题必须作出的考虑；后者指支配译者在翻译过程中进行抉择的因素，如文本中语言材料的分布模式即结构规范(material norms)、文本的表述方式即文本规范(textual norms)等等。译者可能遵循源语规范，强调进行"充分翻译"(adequate translation)，也可能倾向于遵循目标语规范，侧重于目标语的可接受性(acceptability)。在现实翻译中，译者的决定实际上常常是这两个极端的混合或妥协。传统翻译观的对等概念与实践有不可调和的矛盾，而从"规范"这个切入点来谈论翻译的"对等"问题，则不失为对传统概念的一个富有建设意义的升华。在"规范"解释模式中，要判定目标文本与源文本对不对等，或在何种程度上对等，必须充分考虑各个层面的"规范"因素，其中包括"预先规范"因素如目标文化系统对于翻译的种种政策、政治、文化方面的限制，还包括不同语言文化系统对于对等概念的不同理解、对翻译普遍特征的不同鉴别，以及不同语言文化系统中，翻译文学在文学多元系统中所处的不同位置等。

总之，在图里看来，"规范"无论在翻译的实践或是理论层面，都是一个十分重要的概念；"规范"是存在于语言、文化以及翻译现实之中的一种客观现象。描写翻译研究及其理论就是要把包括"规范"在内的，属于翻译范畴的各种客观现象纳入自己的研究范围，对这些现象进行描写和解释，提出必须的定义、基本假设和假说。这样的描写研究，也就拉近了翻译理论与实际翻译行为之间的距离，进而有助于翻译理论研究的深化与发展。

6.4.7 苏联翻译研究中的文艺学派和语言学派

二次大战后到 1991 年苏联解体，苏联的翻译理论领域呈现出异常活跃的气氛。建国初期开始形成的文艺学翻译理论流派，在新的时期有了更大的发展。与此同时，在现代语言学理论的强力推动下，翻译理论中的语言学派也迅速发展起来。在欧美几个主要资本主义国家的现、当代翻译领域虽然同样存在文艺学派与语言学派，但它们不如苏联这两个流派那么引人注目。在苏联，虽然随着时间的推移，语言学派也逐渐占有较明显的优势，但文艺学派在翻译研究中却始终保持着强大的阵容，足以与语言学派分庭抗礼。这样，苏联翻译理论的两大流派之间便展开了激烈论战。这场论战在某种意义上构成了新时期苏联翻译理论研究的最大特点。

属于文艺学派的多半是作家和翻译家，属于语言学派的多半是语言学家和翻译教学工作者。文艺学派的基本观点是：文学翻译是文学创作的形式之一，属于美学范畴。它的任务首先是寻求艺术上的对应，翻译的单位是印象、感情、形象，翻译的目的是从整体上再现原作的艺术实现。语言学派的基本观点是：翻译是一种语言行为，它依靠两种语言的对比进行工作。它的任务是寻找语言上的对应，翻译的单位是句子、段落、话语，翻译的目的是从整体上再现原作的语言功能。

费道罗夫

语言学派最突出的代表人物是安德烈·费道罗夫。费道罗夫担任过列宁格勒大学教授，长期从事文学、语言学和翻译理论的研究，主要著作有1941年出版的《论文艺翻译》、1953年的《翻译理论概要》、1960年主编的《18至20世纪俄国作家论翻译》、1967年的《莱蒙托夫及其所属时代的文学》和1971年出版的《普通和比较修辞学论文集》。其中《翻译理论概要》是一部具有划时代意义的翻译理论专著，出版后引起苏联翻译界的强烈反响。后来，作者对这本书作了进一步修改扩充，并易名为《翻译概论》，于1968年再版。

《翻译理论概要》的发表，标志着苏联翻译理论研究中的一大突破。它不仅是苏联语言学派翻译理论的开拓性文献，也是整个西方现代翻译学中最早的重要著作之一。在此之前，只有美国的奈达发表过类似的作品。但费道罗夫的语言学观点阐述得更为系统、明了。著者在探索翻译问题的过程中，始终以马克思列宁主义学说为指南。这种方法论反映了当时苏联学术界的现实。从积极的方面看，它把科学的马列主义学说运用于一般学术研究，给翻译理论提供了崭新的途径。这是和西方资本主义国家翻译理论家大不相同的。但从消极的方面来看，费道罗夫的立论有时不免失之偏颇。例如，他遵循马恩列斯关于语言是思想交流的工具这一观点，这无疑是正确的，但他强调"语言是表达思想的唯一工具"，这就未免有些片面了。

但是，《翻译理论概要》之所以有其重要的价值，是因为它作为苏联第一本从语言学角度系统探讨翻译理论的专著，阐述了翻译作为一门单独的学科的性质、特点、任务及其与其他学科的关系，追述了翻译史，阐述了马恩列斯对翻译问题的见解，回顾了苏联建国以来的翻译状况，并讨论了翻译的实践问题，对促进苏联翻译研究的蓬勃发展起了巨大的作用。费道罗夫在该书中的主要论点如下：

(1) 翻译的过程是使用语言的过程。费道罗夫指出，翻译是一种语言创作活动。语言在翻译中的作用，就是语言在社会生活中经常所起的作用。译者把一个思想从甲语转移到乙语必须借助于语言。翻译过程不论在心理上多么复杂，都绝不会产生"赤裸裸"的思想状态，即原作思想似乎已经脱离原文语言形式，而又尚未变成译文语言的那种状态。即，翻译的过程始终离不开语言的表达形式。翻译过程可能经过很多阶段，要到最后阶段才能在译文语言中充分明确而连贯地表现出原作的思想，但这个思想在任何阶段都具有语言的性质，即都是由语言体现的。要翻译，首先必须从语言上了解原作，然后在译语中寻找适当的语言表现形式。一个译品忠不忠于原作，极其重要的一个条件就是译者能不能正确地挑选语言材料。因此，在翻译中，语言问题应放在头等重要的位置上。

(2) 翻译理论属于语言学研究范围。由于翻译始终涉及语言，始终要在语言上下工夫，因此，它首先应当从语言学的角度加以研究，从两种语言之间和各个具体语言材料之间的对比关系上来研究。不可否认，翻译问题还可以从其他许多方面来研究，如原文的知识价值、文学特征方面，译作在译文语言里所起作用方面，译者的文学观点和艺术风格方面，翻译过程的心理特性方面等等。但无论从哪方面来研究，都改变不了翻译理论的语言学性质，因为语言是翻的基础，离开了它，翻译的一切作用，包括它的社会政治作用、文化知识作用和美学艺术作用，都不可能实现。费道罗夫还指出，把翻译纳入语言学范畴，并不等于把它和文艺学、心理学、哲学等对立起来。相反，它在很多方面与这些学科有密切联系，它可以从文艺学吸取许多知识和原理，并从辩证唯物主义哲学中学会正确解决语言与思想关系的方法。

(3) 翻译理论由三部分组成。即翻译史、翻译总论和翻译分论。翻译史指必须利用翻译史方面的材料，把历史上关于翻译问题的各种观点加以总结，在此基础上提出新的理论见解。翻译总论是指从具体翻译现象的研究中总结出来并加以系统化了的一般翻译理论。翻译分论是指涉及两种具体语言互译的特指性理论。翻译分论是基础，翻译总论把翻译分论的知识总结起来并加以系统化，使之成为各种翻译分论共同的东西。它具有普遍性，它的基本原则应当适用于一切形式的翻译。费道罗夫的翻译理论分三部分的观点，后来在其他翻译理论家的著作中得到了呼应。

(4) 可译性是语言的本质。费道罗夫从语言是思想交流的工具这一马列主义的观点出发，指出思想内容与表现思想的语言形式是不可分割的统一体，无法表达的思想是不可想象的，而每一种相当发达的民族语言都有能力传达另一种语言所表达出来的思想。也就是说，语言是可译的。但对语言的可译性要做辩证唯物主义的解释。费道罗夫认为，语言中不可翻译的特殊东西确实存在，比如具有鲜明地方色彩的方言和具有较强社会色彩的行话，但这并不足以从根本上推翻可译性原则，而只能说是对可译性原则的某些限制。遇到方言行话等特殊语言现象时，虽不能完全传译到译文语言里，但至少对它们在原文中所起的某些作用还是能传达的。此外，可译性的原则不是针对个别语言现象，而是针对原作整体而言的。费道罗夫坚持的是，译文与原文之间完全可以确立确切对等的关系。费道罗夫的"确切对等"不是指形式上的逐词相对，而是指作用上的对等。

确切翻译常常需要使用形式上与原文不相符合，但与译语准则相符合，并能在整体中起相同表现作用的语言材料。

费道罗夫在后来的著作中不再强调翻译只能从语言学角度加以研究的观点，而是认为各种理论可以独立存在，无须一种理论从属于另一种理论。尽管费道罗夫对其理论有所修改，他仍是以其开拓性的语言学翻译理论而被载入翻译史册的。

巴尔胡达罗夫

巴尔胡达罗夫是语言学派的另一代表人物。他是语言学博士、莫斯科多列士外国语师范学院等多所高校的教授，多年来从事翻译教学和翻译理论研究。主编《翻译工作者札记》丛刊，编写过翻译教材，发表过翻译研究论文。1975 年出版的《语言与翻译》，是他在大学开设翻译理论讲座的讲稿为基础而写成的一部阐述翻译的语言学理论的专著，集中体现了巴尔胡达罗夫对翻译理论问题的见解，较典型地反映了苏联翻译研究界语言学派在 70 年代的思想观点。主要论点是：

(1) 翻译理论是一门语言学学科。这继承了费道罗夫的基本思想，也是巴尔胡达罗夫翻译理论的核心。他认为翻译理论为了完成自己的任务，即反映翻译的规律，必须：1) 分析原文语言和译文语言中表达同一意义在方法上的异同；2) 找出处理其不同之处的最典型的方法，而这一任务实质上属于语言学范畴。因此，既然翻译理论承担这个任务，它就只能是一门语言学学科。但也必须看到，翻译是人类的一种多方面的活动，应该是各种科学而不是一种科学的研究对象。就是说，除了翻译的语言学理论外，还会有其他类别的理论，如翻译的文艺学理论、翻译的心理学理论、翻译的控制论等等。但各种非语言学科对翻译的兴趣是有限的。翻译的语言学理论的研究对象从笔译到口译，从文艺翻译、政治翻译到科技翻译，可以说无所不包。但是它研究的只是语言本身的翻译问题，而不是心理学、美学之类的问题，因此，从语言学角度研究翻译并不是翻译研究中唯一正确的方法，它必须和其他学科紧密配合以构成翻译学，才能使翻译工作顺利展开。但必须明确的一点是：翻译的语言学理论是翻译学的核心部分，其他流派如文艺学派、心理学派、数控论派等，都应当围绕它而发展。

巴尔胡达罗夫进一步指出，翻译理论属于宏观语言学和应用语言学的研究范围。把翻译理论列入应用语言学，这一点无须多加解释。至于宏观语言学，巴尔胡达罗夫的解释是：宏观语言学的研究对象不仅包括语言本身，而且包括超语言因素，如产生语言的心理因素、社会因素、种族因素等等。翻译过程涉及的不是抽象的语言体系，而是具体的话语。任何话语除了语言因素外，还必须具备三个超话语的条件：1) 话语内容；2) 交际环境；3) 话语活动参加者都必须具备一定的实践经验，其中包括语言知识和非语言知识。巴尔胡达罗夫举了很多例子，说明翻译理论不可能不考虑与语言相关的超语言因素。在这个意义上，翻译理论属于宏观语言学。

(2) 翻译理论的主要任务是描写。巴尔胡达罗夫说："翻译理论主要是一门描写性学科……它的主要任务是描写实际的翻译过程，即揭示从原语到译语这一转换的客观存在的规律，通过对已有译文的分析来发现这些规律……并通过一些术语将翻译过程模式化。"这里必须强调两点：1) 翻译理论同任何其他理论模式一样，反映的只是研究对象的一些最主要特征。把原文和译文加以对比分析便可以看出，两者之间除了具有规律性的关系外，还有大量无规律的、仅仅见之于个别情况的对应现象。这些无规律的对应现象无法加以归纳，但正是它们，构成了翻译中的最大困难，而善于找出理论上还没有加以归纳的这类无规律的对应关系，便是翻译活动的创造性之所在。另一方面，随着翻译理论的发展，许多原来被认为不规则的现象又会逐渐被纳入具有普遍意义的模式中，成为翻译理论的研究对象。2) 翻译是个错综复杂的过程，涉及面很广，因而不可能只建立一种模式，而必须建立许许多多的模式，每种模式都以不同的方式反映翻译过程的某个方面。这些模式并不相互排斥，在很多方面它们是一致的，并且有一部分相互交叉。它们只有结合在一起，才能给翻译过程提供一个全貌。

这是翻译理论的描写性功能，是占主导地位的一面。但不能因此得出结论说，翻译理论中就完全没有规定性的一面。任何一门应用学科都有某种程度的规定性。换言之，翻译理论不仅要为翻译过程提供带规律的模式，而且必须具有应用价值，即给译者提供某些规则，以便他们在实践中遵循，获得预期的效果。翻译理论不能代表翻译技巧，也不能代替译者的才能和天分，但却能同它们一道为实践指明道路。

(3) 语义问题必须从三方面加以研究和传达。在语义问题上，巴尔胡达罗夫并没有提出实质性的新内容。类似的观点雅各布森和奈达等人在 20 世纪 50 年代和 60 年代初就提出过。但巴尔胡达罗夫的阐述更加详尽，更加充实，在某些方面更加具有概括性。

(4) 在六个层次上建立等值翻译。这六个层次是音位(字位)层、词素层、词层、词组层、句子层、话语层。英国翻译理论家卡特福德在他的《翻译的语言学理论》一书中，也使用过类似概念。但卡特福德的论述不够深入，而巴尔胡达罗夫则把语言等级系统中的六个层次更加系统地运用于翻译理论，明确指出它们是几个不同层次的基本翻译单位。他对这六种基本单位逐一进行了解释。巴尔胡达罗夫认为，"翻译层次"这个概念与"等值翻译"、"逐词翻译"、"意译"等常见的概念有关。根据翻译的具体情况在相应的语言层次上准确地选择翻译单位，这对评价翻译质量具有重要意义。必要和足够层次的翻译是等值翻译，层次偏低的翻译是逐词死译，层次偏高的翻译是"自由发挥"。偏低偏高都不可取。人们一般都主张意译，但也不能绝对化。采用意译好，还是采用逐词翻译好，这要看译的是什么样的体裁。翻译文艺作品，采用意译是好的，但翻译公文、法律和外交文件，就绝对不容许意译。

科米萨罗夫

　　苏联另一位多产的翻译理论家科米萨罗夫对翻译理论的贡献并不亚于巴尔胡达罗夫。特别是在他的《翻译语言学》一书中，他着重阐述了翻译的语言学性质，并把从语言学角度研究翻译这一学科干脆称为"翻译语言学"。他认为，翻译语言学是建立在语际交流的双语性基础上的，它涉及两种语言在语法、语义、语用、修辞等方面的"等值"问题，因此必须使用对比的手段来加以研究。翻译标准的制定也应当依据翻译语言学的科学性质，从译文的等值性、体裁修辞、译文言语、实用性以及约定俗成等几个方面来加以厘定。总之，翻译研究必须是翻译语言学的研究，才有广阔的发展前景，而翻译语言学作为一门独立的学科却处在方兴未艾的发展阶段，其理论与方法有待在研究中逐步加以完善。

　　苏联翻译理论研究一开始就表现出明显的文艺学倾向，而这一倾向一直可以追溯到19世纪普希金的时代。因此，用历史的眼光看，文艺学翻译理论对苏联文学翻译产生的影响，是语言学翻译理论所不及的。第二次世界大战之后，西方现代语言学的发展影响了与语言相关的一切研究领域，而翻译理论的文艺学派在苏联却不同于西欧和美国，仍然保持了他们强大的独立阵营。究其原因，主要在于苏联文学家、翻译家素有谈翻译理论问题的嗜好，这种现象不限于少数几个人，而是一种普遍现象。从早期的高尔基、布留索夫、丘科夫斯基等到吉洪诺夫、安托科尔斯基等人，都既是文学家、翻译家，又是翻译理论家。当然也必须看到，大部分文学家、翻译家谈翻译，主要是谈自己的翻译经验以及在个别问题上的某些见解，而不是从文艺学角度对翻译理论进行全面而系统的阐述。但他们经验丰富，旗帜鲜明，所发表的观点对发展壮大苏联翻译理论的文艺学派起了重要作用。其中的重要代表人物是加切奇拉泽。

加切奇拉泽

基维·加切奇拉泽(1914—1974)是苏联著名文学翻译家、翻译理论家、第一批翻译学博士之一、"对比诗学"的创始人之一，长期在第比利斯大学从事英语教学，多次代表苏联翻译界出席国际译联和其他翻译工作者国际会议。

作为翻译家，他主要从事外译格鲁吉亚语的工作。他译有大量的文学作品，特别是诗歌作品，其中包括莎士比亚的戏剧和十四行诗、英国的许多民间叙事诗以及拜伦、雪莱、歌德、雨果等人的作品，此外还包括许多俄罗斯、乌克兰古典文学和苏联文学中的优秀作品。他译的诗技巧娴熟，韵味隽永，译作创造性地再现了原作风格，成为现代苏联文学翻译中的典范。

作为翻译理论家，加切奇拉泽的贡献更为突出。重要的翻译理论专著有 1964 年出版的《文艺翻译理论问题》、1970 年出版的《文艺翻译理论概论》和 1972 年出版的《文艺翻译与文学交流》。此外，他还在国际译联主办的翻译理论杂志《巴贝尔》(Babel)和他本人创办并参与编辑的苏联文学翻译家的主要理论刊物《翻译技巧》上发表过许多论文。他从文艺学的角度出发，运用文学史、文学批评方面的知识，全面而系统地阐述了苏联文艺学派的基本理论和观点，创造性地发展了这个学派的艺术见解，在苏联翻译界产生了广泛的影响。他的主要论点如下：

(1) 翻译理论必须坚持创造性原则。加切奇拉泽提出这个观点的理论基础是，文艺翻译是一种创作活动，即用乙语言把甲语言写成的作品表达出来的再创作活动。它的任务不是寻求语言上的一致，而是寻求艺术上的一致；译者要再现的不是原文的词，而是原文所表现的艺术形象。对原文中出现的词自然必须深刻了解，但吃透原文的字面是为了更清楚地揭示它所反映的现实，准确无误地把握原文的形象。也就是说，译文在字面上可以脱离原文，以便接近原文的实质——形式与内容的统一，产生出由这个统一体在原文所产生的整个艺术效果。

简言之，语言本身就是一种创作，它有时并不严格地受语法规律的约束，在实际运用中往往因人而异，因此便产生了不同的语言风格。

另外，如果对通过不同方法翻译出来的作品加以对比，也可看出文艺翻译中的创造性因素。当然，同一种创造方法译出的作品，用另一种创作方法也同样可以翻译。这样一来，同一篇原作便可有几种译文，就会带上不同的色彩。例如，浪漫主义的翻译方法能赋予所译作品以它本来没有的崇高风格；自然主义的翻译方法会机械地复制原文的形式而损害原文的内容；现代主义的翻译方法则会把译者自己的主观风格强加给原作，随意创作形象，改变原作的思想，使古老的思想现代化，等等。

这些都说明翻译是一种创造性活动，是文艺创作的一种形式，同原始创作一样，属于美学范畴。因此，评价文学创作的一切标准，也同样适用于文艺的翻译。

(2) 文艺翻译必须运用现实主义方法。加切奇拉泽继承了卡什金的观点，以马克思列宁主义的认识论为基础，指出只有现实主义翻译理论，才能正确地解决翻译中的各种问题。

概括地说，现实主义翻译是指译者根据现实主义的艺术规律，忠实地反映原作的艺术现实。原作与译作的关系同客观现实与它在原作中的反映一样，作者面对的是自己要反映的生活现实，译者面对的则是原作的艺术现实。原作者提供的是一个程式化的现实，翻译家则要创造一个程式化的第二次的艺术现实。翻译是原作艺术现实的反映过程，反映的是原作在内容和形式上的统一。这就是文艺翻译的辩证法。

在翻译中谁主张采用创造性方法，谁都会把等同翻译作为自己的最高纲领。但是在哪些方面等同呢？按照现实主义的翻译原则，

"等同"必须体现在反映原作的艺术现实上，而不是形式上的死板复制。这里所说的艺术现实，是指经过原作者的中介并赋予了一定艺术形式的活生生的现实。现实主义的翻译是一种艺术，是一种特殊形式的文艺创作，它如同原作的创作一样必须遵守艺术的一般规律。它必须运用译者的创作天才，创造性地再现原作的艺术整体。

现实主义的翻译方法讲究作品内容与形式的统一。一方面，它反对过分拘泥于原文形式的逐词死译；另一方面也反对译者为所欲为，随意改写原文，在现实主义翻译中，译者在内容与形式统一的问题上，竭尽全力地与原文保持一致。译者按自己的创作方法和世界观，把原作内容和形式作为一个整体创造性地而又忠实地传达给译文语言。然而，正如原作并不能详尽无疑地反映出所反映的现实一样，译作也不能把原作的艺术现实表达得详尽无遗。

必须强调指出，现实主义翻译指的并不是现实主义风格，而是指传达原作风格的一种方法，即运用现实主义的方法忠实地传达原作的风格。因此，对于非现实主义的原作，同样可以用现实主义的方法去翻译。这样产生出来的译文，尽管在内容风格上同原作一样不是现实主义的，但译法本身却是现实主义的。

(3) 文艺翻译不能纳入语言学研究范围。这个观点是与语言学翻译理论派的观点是针锋相对的。加切奇拉泽对语言学派的翻译理论见解进行了评论，肯定了他们"等值翻译"等方面的新观点，同时也从文艺学角度尖锐地批评了他们的不足。他指出，文艺学派同费道罗夫的原则分歧，在于他对文艺翻译美学方面没有给予应有的注意。如果按他的观点只研究艺术形象的语言特点，研究两种语言之间的对应关系，那就会导致艺术上苍白无力的、不忠实的译文。

文艺翻译离开创造性，只一味追求语言上的对应，便不可能产生出真正的艺术品。毫无疑问，文艺作品的首要成分即形象，是语言外壳的。但它也和任何艺术现实一样，是以自己的思想内容、艺术感染力和修辞上的特点作为一个艺术整体而存在的。因此，在翻译中寻求语言的对应，必须发挥译者的创造性，使译文在艺术上而不是语言上与原文保持一致。译者选择语言对应形式的手段愈巧妙，就愈能圆满完成自己的任务。但语言对翻译艺术家来说，只好比石头对于雕刻家一样。原料的质量固然重要，但主要的东西还是作品的主题思想，是作品在艺术上的要求。翻译艺术家的根本任务不是机械地重复原作的词句，而是创造性地再现原作的艺术现实。在这个意义上，文艺学翻译理论与语言学翻译理论是有根本区别的。"找出语言上的对应物是语言学家的任务，但这不是艺术创作分析的对象，而分析文艺翻译则是文艺创作的另一种形式……形象地说，文艺翻译领域的起点，就是语言对比领域的终点……应当把文艺翻译看成是语言艺术的另一种形式，也就是说，应该从文艺学的角度，而不是从语言学的角度来进行研究。"这就是说，文艺翻译理论并不属于语言学的研究范畴，它是一门独立的学科。

【小结】

回顾两千多年来的西方翻译理论史，自二次世界大战结束以来的当代可视为最具成就的时期。这不仅是因为在半个多世纪中，西方翻译理论作品数不胜数，而主要是因为翻译理论的发展出现了两大"质"的飞跃。一是40年代、50年代由奈达、费道罗夫等人把现代语言学的"科学"概念引入翻译研究；二是70年代、80年代有霍姆斯等翻译研究学派把"独立学科"概念引入译学领域。两次飞跃都在观念和方法论上给翻译研究带来了革命性的更新，使当代西方翻译研究从一个高峰走向另一个高峰。

西方翻译史，就是西方各民族文化内部交流与外部交流，并在交流中相互融合、不断发展的历史。没有翻译和借鉴，民族文化就只能在狭窄的小路上爬行，整个人类的文化也会因缺乏横向联系而徘徊不前。通过大规模的翻译和借鉴，西方各民族才有机会扩大精神视野、丰富知识宝库、更新价值观念、增强创造激情、提高文化水平，从而把西方文化铸成一个生机勃勃的实体。

我们研究西方翻译史，是为了开阔我们的视野，从别国的经验中汲取对我们有用的养分。尽管西方的翻译活动主要涉及拉丁语译希腊语、西方各民族语译希腊语和拉丁语，以及各民族语之间的互译，但人类的语言之间的翻译既有特殊性，也有普遍性。在任何两种语言的互译中，存在着适用于其他语言的普遍原理。当然，我们对于任何外来的理论和观点都不能盲目接受，而要根据我们的语言文化的特点，有目的、有鉴别地吸收对我们有用的东西。西方翻译理论有时脱离实际、过于抽象，有时过于追求形式，标新立异，在几个名词上兜圈子而显得空泛。这些都不是我们要学习的。正如谭载喜先生所说："我们主要学习西方翻译方法论的两点：一是在实践上不满足于现状，不停留在一个水平上。这是西方翻译传统的一个重要特点。二是比较重视理论研究，不断提出新的观点和模式。"

人物索引

（以拼音首字母为序）

中国部分

外国部分

参考文献

[1] Bassnett, Susan & H. Lefevere (eds.). 1998. *Constructing Cultures: Essays on Literary Translation.* Cleevedon: Multilingual Matters. 2000 年上海外语教育出版社影印本.

[2] Bassnett, Susan & H. Trivedi (eds.). 1999. *Post-colonial Translation: Theory and Practice.* London and New York: Printer.

[3] Hatim, Basil & Ian Mason. 1970. *Discourse and the Translator.* London and New York: Longman. 2001 年上海外语教育出版社影印本.

[4] Newmark, Peter. 1981. *Approaches on Translation.* Oxford and London: Pergamon Press. Reprint in 1988. New York: Prentice Hall International. 2001 年上海外语教育出版社影印本.

[5] Newmark, Peter. 1988. *A Textbook of Translation.* New York: Prentice Hall International. 2001 年上海外语教育出版社影印本.

[6] Nida, Eugene A. *Language, Culture, and Translating.* 上海：上海外语教育出版社，1993.

[7] Nord, Christinane. 1997. *Translating as a Purposeful Activity: Functional Approaches Explained.* Manchester: St. Jerome. 2001 年上海外语教育出版社影印本.

[8] Snell-Hornby, Mary. 1988. *Translation Studies: An Integrated Approach.* Revised edition. 1995. Amsterdam and Philadelphia: John Benjamins.

2001 年上海外语教育出版社影印本.

[9] Steiner, George. 1975. After Babel: *Aspects of Language and Translation*. Oxford and London: Oxford University Press. 2nd edition, 1992. 3rd edition, 1998. 2001 年上海外语教育出版社影印本.

[10] Toury, Gideon. 1995. *Descriptive Translation Studies and Beyond*. Amsterdam and Philadelphia: John Benjamins. 2001 年上海外语教育出版社影印本.

[11] Venuti, Lawrence. The Translators' Invisibility. 上海：上海外语教育出版社，2004. (国外翻译研究丛书)

[12] Wilss, Wolfram. 1982. *The Science of Translation: Problems and Methods*. Tubingen: Gunter Narr Verlag. 2001 年上海外语教育出版社影印本.

[13] 艾思奇. 翻译谈. 语文，1937，创刊号.

[14] 巴尔胡达罗夫著. 蔡毅，虞杰，段京华编译. 语言与翻译. 北京：中国对外翻译出版公司，1985.

[15] 曹靖华. 有关文学翻译的几个问题. 文汇报，1962.

[16] 陈福康. 中国译学理论史稿(修订本). 上海：上海外语教育出版社，2000.

[17] 董秋斯. 论翻译理论建设. 见：陈福康编：中国译学史稿. 上海：上海外语教育出版社，1996.

[18] 费道罗夫著. 李流等译. 翻译理论概要. 北京：中华书局，1995.

[19] 傅雷. 论文学翻译书. 见：罗新璋编. 翻译论集. 北京：商务印书馆，1984.

[20] 傅雷. 翻译经验点滴. 见：中国翻译工作者协会《翻译通讯》编辑部编. 翻译研究论文集. 北京：外语教学与研究出版社，1984.

[21] 傅雷. 傅雷文集. 北京：当代世界出版社，2006.

[22] 高华丽. 翻译教学研究：理论与实践. 杭州：浙江大学出版社，2007.

[23] 辜正坤. 翻译标准多元互补论. 中国翻译，1989(1).

[24] 顾长声. 传教士与近代中国. 上海：上海人民出版社，1981.

[25] 郭建中. 当代美国翻译理论. 武汉：湖北教育出版社，2000.

[26] 郭建中. 韦努蒂访谈录. 中国翻译，2008(3).

[27] 郭沫若. 关于"接受文学遗产". 见：郭沫若古典文学论文集. 上海：上海古籍出版社，1985.

[28] 贺麟. 论翻译. 今日评论，1940，4(9).

[29] 姜椿芳. 团结起来，开创翻译工作新局面. 中国翻译协会第二届全国理事会会议材料汇编，1986.

[30] 克罗齐著. 朱光潜译. 美学原理. 北京：外国文学出版社，1983.

[31] 劳陇. 丢掉幻想，联系实践——揭破翻译(科)学的迷梦. 中国翻译，1996(2).

[32] 勒代雷著. 刘和平译. 释意学派口笔译理论. 北京：中国对外翻译出版公司，2001.

[33] 黎难秋. 中国科学翻译史料. 合肥：中国科技大学出版社，1996.

[34] 李文革. 西方翻译理论流派研究. 北京：中国社会科学出版社，2004.

[35] 李亚舒，黎难秋. 中国科学翻译史. 长沙：湖南教育出版社，2000.

[36] 廖七一等. 当代英国翻译理论. 武汉：湖北教育出版社，2003.

[37] 刘宓庆. 现代翻译理论. 南昌：江西教育出版社，1990.

[38] 刘宓庆. 当代翻译理论. 台北：书林出版有限公司，1993.

[39] 刘宓庆. 文体与翻译. 北京：中国对外翻译出版公司，1998.

[40] 刘重德. 西方译论研究. 北京：中国对外翻译出版公司，2003.

[41] 鲁迅. 鲁迅全集. 海口：海南出版社，1997.

[42] 罗新璋. 翻译论集. 北京：商务印书馆，1984.

[43] 马祖毅. 汉籍外译史. 武汉：湖北教育出版社，1997.

[44] 马祖毅. 中国翻译简史(五四以前部分). 北京：中国对外翻译出版公司，2004.

[45] 茅盾. 茅盾译文集·序. 北京：知识产权出版社，1980.

[46] 茅盾. 为发展文学翻译事业和提高翻译质量而斗争. 见：中国翻译工作者协会《翻译通讯》编辑部编. 翻译研究论文集. 北京：外语教学与研究出版社，1984.

[47] 穆雷. 通天塔的建设者——当代中国中青年翻译家研究. 北京：开明出版社，1997.

[48] 钱锺书. 论"不隔". 学文，1934，(1)3.

[49] 钱锺书. 谈艺录. 上海：开明书店，1949.

[50] 钱锺书. 管锥篇. 北京：中华书局，1979.

[51] 钱锺书. 汉译第一首英语诗《人生观》及有关二三事. 见：钱锺书. 七缀集. 上海：上海古籍出版社，1979.

[52] 钱锺书. 林纾的翻译. 见：钱锺书. 七缀集. 上海：上海古籍出版社，1979.

[53] 塞莱丝柯维奇，勒代雷著. 孙慧双译. 口笔译概论. 北京：北京语言学院出版社，1992.

[54] 孙致礼. 新编英汉翻译教程. 上海：上海外语教育出版社，2003.

[55] 谭载喜. 必须建立翻译学. 中国翻译，1987(3).

[56] 谭载喜. 试论翻译学. 外国语，1988(3).

[57] 谭载喜. 翻译学. 武汉：湖北教育出版社，2000.

[58] 谭载喜. 再论翻译学. 见：刘靖之主编. 翻译新焦点. 香港：商务印书馆(香港)有限公司，2003.

[59] 谭载喜. 西方翻译简史. 北京：商务印书馆，2004.

[60] 王秉钦. 文化翻译学. 天津：南开大学出版社，1995.

[61] 王秉钦. 20世纪中国翻译思想史. 天津：南开大学出版社，2004.

[62] 王克非. 翻译文化史论. 上海：上海外语教育出版社，1997.

[63] 王佐良. 翻译与文化繁荣. 在福建省译协成立大会上作的学术报告，1984.

[64] 王佐良. 翻译中的文化比较. 见：王佐良文集. 北京：外语教学

与研究出版社，1997

[65] 王佐良. 新时期的翻译观. 见：王佐良文集. 北京：外语教学与研究出版社，1997

[66] 威尔·杜兰著. 台北幼狮文化公司译. 世界文明史. 北京：东方出版社，2005.

[67] 谢天振. 比较文学与翻译研究. 台北：台湾业强出版社，1994.

[68] 谢天振. 译介学. 上海：上海外语教育出版社，1999.

[69] 谢天振. 翻译的理论构建与文化透视. 上海：上海外语教育出版社，2000.

[70] 谢天振. 国内翻译界在翻译研究和翻译理论认识上的误区. 香港翻译学会国际学术会，2001.

[71] 谢天振. 翻译研究新视野. 青岛：青岛出版社，2003.

[72] 许均，袁筱一. 当代法国翻译理论. 南京：南京大学出版社，1998.

[73] 许渊冲. 翻译的艺术. 北京：五洲传播出版社，2006.

[74] 叶君健. 翻译也要出"精品". 译林，1998(5).

[75] 张柏然，许均. 面向 21 世纪的译学研究. 北京：商务印书馆，2002.

[76] 张柏然. 译学论集. 南京：译林出版社，2002.

[77] 张经浩. 翻译学：一个未圆且难圆的梦. 外语与外语教学，2000(10).

[78] 张南峰. 走进死胡同，建立翻译学. 中国翻译，1995(4).

[79] 张南峰，陈德鸿. 西方翻译理论精选. 香港：香港城市大学出版社，2000.

[80] 张南峰. 特性与共性——论中国翻译学与翻译学的关系. 中国翻译，2000(2).

[81] 张培基. 英汉翻译教程. 上海：上海外语教育出版社，1983.

[82] 郑海凌. 文学翻译学. 郑州：文心出版社，2000.

[83] 中国对外翻译出版公司编. 翻译理论与翻译技巧论文集. 北京：中国对外翻译出版公司，1983.

◆中外翻译简史

[84] 中国对外翻译出版公司编. 外国翻译理论译介文集. 北京：中国对外翻译出版公司，1983.

[85] 中国翻译工作者协会编. 翻译研究论文集. 北京：外语教学与研究出版社，1984.

[86] 朱生豪. 莎士比亚全集·译者自序. 上海：世界书局，1947.

后 记

　　综观中外翻译历史，我们可以看出，翻译实践活动推动了东西方文化和科技的交流，推动了世界文明的发展，无论在中国还是在外国，翻译活动从来就没有真正终止过。从翻译理论来看，在18世纪末，西方翻译理论研究就开始出现全面、科学而系统地论述翻译问题的大部头专著了。带来这一突破的理论家是坎贝尔的《四福音的翻译与评注》。西方从20世纪第二次世界大战开始就更加重视理论建设，在半个多世纪中，西方翻译理论新作层出不穷，流派纷呈，学者们从不同的角度、不同的层面研究翻译，提出了许多富有启发性的思想。而中国的翻译研究长期处在实践经验的总结阶段，20世纪80年代、90年代起，经过一批卓有远见的翻译工作者的努力，西方翻译理论便陆续被介绍到了中国，中国的许多翻译研究工作者已经认识到在翻译理论方面的不足，开始向西方学习翻译理论研究的精神并付之于行动，出现了一些翻译理论研究的著作，代表人物有谭载喜、刘宓庆、谢天振、许均、鲍刚等。在不久的将来，我们一定会看到中外翻译研究工作者共同努力，携手建设翻译学，为世界翻译史增添光辉篇章的美好前景。

图书在版编目（CIP）数据

中外翻译简史／高华丽编著. —杭州:浙江大学出版社，
2009.7(2023.8重印)
ISBN 978-7-308-06584-9

Ⅰ.中… Ⅱ.高… Ⅲ.①翻译－语言学史－中国 ②翻译－
语言学史－西方国家 Ⅳ. H159-092 H059-091

中国版本图书馆 CIP 数据核字(2009)第 0126776 号

中外翻译简史

A Short History of Translation and Interpretation in
China and Other Countries

高华丽 编著

责任编辑	陈丽勋 张颖琪
封面设计	刘依群
出版发行	浙江大学出版社
	（杭州市天目山路 148 号 邮政编码 310007）
	（网址：http://www.zjupress.com）
排 版	杭州青翔图文设计有限公司
印 刷	浙江新华数码印务有限公司
开 本	880mm×1230mm 1/32
印 张	11.75
字 数	305 千
版 印 次	2009 年 8 月第 1 版 2023 年 8 月第 8 次印刷
书 号	ISBN 978-7-308-06584-9
定 价	30.00 元